文庫

荒井 献

イエス・キリストの言葉

福音書のメッセージを読み解く

岩波書店

凡　例

一、聖書からの引用は原則として新共同訳の聖書による。ただし、〔　〕内は著者による補足あるいは修正である。

二、聖書からの引用の章・節の数字表記は、左記の形に統一した。

「マルコによる福音書」第三章五節から十節

――マルコ福音書三章5-10節、マルコ三5-10

三、引用文献の出典は巻末の「引用文献」を参照されたい。

新約聖書 諸文書略号表

マルコ　マルコ福音書	マルコによる福音書
マタイ　マタイ福音書	マタイによる福音書
ルカ　ルカ福音書	ルカによる福音書
行伝	使徒行伝
ヨハネ　ヨハネ福音書	ヨハネによる福音書
Ⅰヨハネ	ヨハネの第一の手紙
Ⅱヨハネ	ヨハネの第二の手紙
Ⅲヨハネ	ヨハネの第三の手紙
ローマ	ローマ人への手紙
Ⅰコリント	コリント人への第一の手紙
Ⅱコリント	コリント人への第二の手紙
ガラテヤ	ガラテヤ人への手紙
フィリピ	フィリピ人への手紙
Ⅰテサロニケ	テサロニケ人への第一の手紙
フィレモン	フィレモンへの手紙
エフェソ	エフェソ人への手紙
コロサイ	コロサイ人への手紙
Ⅱテサロニケ	テサロニケ人への第二の手紙
Ⅰテモテ	テモテへの第一の手紙
Ⅱテモテ	テモテへの第二の手紙
テトス	テトスへの手紙
ヘブル	ヘブル人への手紙
ヤコブ	ヤコブの手紙
Ⅰペトロ	ペトロの第一の手紙
Ⅱペトロ	ペトロの第二の手紙
ユダ	ユダの手紙
黙示録	ヨハネの黙示録

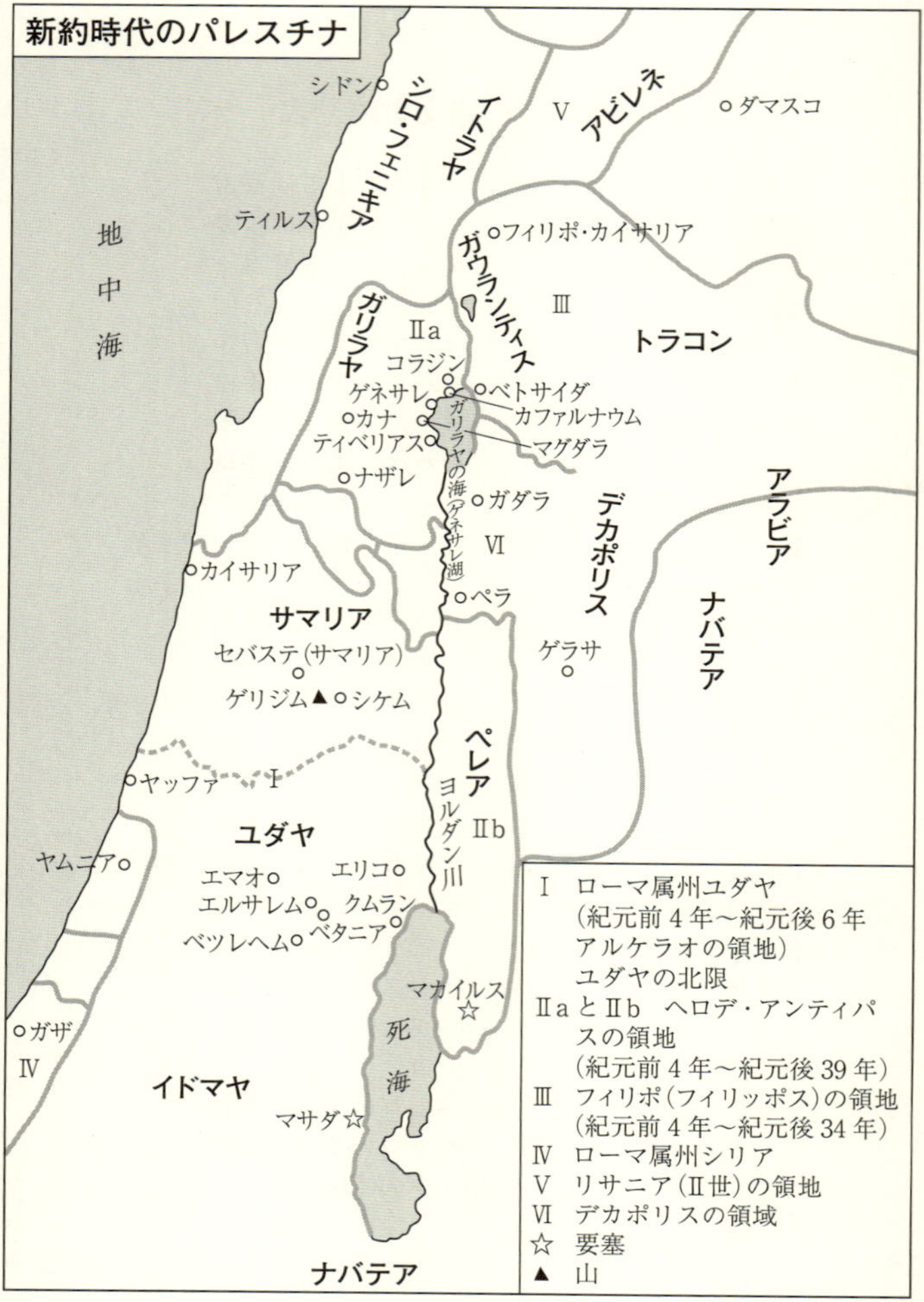
新約時代のパレスチナ
シドン
シロ・フェニキア
イトラヤ
V
アビレネ
ダマスコ
地中海
ティルス
フィリポ・カイサリア
ガウランティス
III
ガリラヤ
IIa
トラコン
コラジン
ゲネサレ
ベトサイダ
カフアルナウム
カナ
ティベリアス
マグダラ
ガリラヤの海(ゲネサレ湖)
ナザレ
ガダラ
デカポリス
アラビア
VI
カイサリア
ペラ
ナバテア
サマリア
ゲラサ
セバステ(サマリア)
ゲリジム
シケム
ペレア
ヤッファ
I
ヨルダン川
ユダヤ
IIb
ヤムニア
エマオ
エリコ
エルサレム
クムラン
ベツレヘム
ベタニア
マカイルス
ガザ
死海
IV
イドマヤ
マサダ
ナバテア
I　ローマ属州ユダヤ
(紀元前4年～紀元後6年
アルケラオの領地)
ユダヤの北限
IIaとIIb　ヘロデ・アンティパスの領地
(紀元前4年～紀元後39年)
III　フィリポ(フィリッポス)の領地
(紀元前4年～紀元後34年)
IV　ローマ属州シリア
V　リサニア(II世)の領地
VI　デカポリスの領域
☆　要塞
▲　山

目　次

序

以下において私は、『聖書』のテキストを読み解きながら、テキストの中に宿されているイエスの問いかけに応える形で、イエス・キリストを語ることとする(「イエス」と「キリスト」の関係については後述)。その場合、資料となるのは『新約聖書』、とくに「福音書」である。その際、『聖書』をどう読むかによって、イエス・キリストを語る際の「語り方」も異なってくる。

私にとって聖書は、「教典」であると同時に「古典」である。

私は一人のキリスト教徒として、教会では信仰の教典として聖書の言葉に耳を傾け、時には牧師の「説教」を代行することもある。他方、過去四〇年余り、大学では——とくに東京大学では「西洋古典学」の講座で——聖書を古典として研究の対象としてきた。そしてその後一〇年間、「福音主義キリスト教の信仰」(プロテスタンティズム)を教育理念とする女子大学で学長職にあった。私にとって聖書は、「教典」であると同時に「古典」であるのは、一方において、このような私の生活の現実によって規定されている。

しかし、それだけではない。私が聖書を「教典」と「古典」の統合体とみなすのは、他方において、私自身の聖書観と深くかかわっている。すなわち、私は聖書、とりわけ新約聖書を、キリスト教の成立期に結集された、信仰の多様な文学的証言であるとみている。この場合、「多様な文学的証言」を生み出した原初的「信仰」に即して聖書を読めば、それは信仰者にとって教典となる。しかし、一つの「信仰」がそのままストレートに、しかも均質に「聖書」の中に証言されているのではない。「信仰」証言には多様性と豊かな文学性がある。それゆえに、「聖書」は「古典」としても読み継がれてきたのである。この意味では、信仰者と非信仰者の別なく、聖書は古典である。

もちろん、このような聖書観は、キリスト教のいわゆる「ファンダメンタリズム」(原理主義)の立場からはとうてい許容されるものではない。この立場からみると、聖書はその一字一句が神の霊感によって書かれたものであり(逐語霊感説)、その中に信仰証言の多様性、ましていわんや文学性などというものは認められない。しかし、このような原理主義、あるいはそれに基づく聖書「逐語霊感説」を標榜する「信仰者」は、現代ではむしろキリスト教の少数派である。ただ始末が悪いのは、とりわけわが国のキリスト教界において、その大半は原理主義を採らないけれども、それはあくまで建前であって、本音のところでは聖書は全体として誤りなく完全であり、その信仰証言の多様性を前提した上で文献批判的あるいは文学批評的に聖書を読むことには拒絶反応を示す。

たとえば小著『イエスとその時代』(岩波新書)は、あるキリスト教主義大学では一時禁書になったといわれる。ところが、狭義のキリスト信徒ではないが、——少なくとも私には——ほとんどイエス・キリストを「追体験」したかに見える在日韓国人・徐《ソ》俊植《ジュンシク》氏(彼はソウル大学に留学中、「国家保安法」「反共法」違反の罪名で実兄徐《ソ》勝《スン》氏と共に逮捕・投獄され、実に一七年間の厳しい獄中生活を送っていた)の『全獄中書簡』(柏書房)を読むと、徐氏はこの『書簡』の中で何度も小著に言及し、私のイエス理解を——私からみると高すぎるほど——高く評価している。

ところで、作家の大江健三郎氏は、ロシア文学者の江川卓氏との対談の中で(『八事』第五号所収)、『旧約聖書』の「詩篇」を「完全に古典」とみなし、その理由に「編集したものという感じ」を挙げている。その後の文脈における江川氏とのやりとりから推定すると、大江氏が聖書を古典ととらえるのは、それが単なる神話の再録ではなくて、神話を素材としつつも、それに文学的な編集の手が加えられている部分が存在するからである。大江氏は、この意味で「編集したもの」に「詩篇」だけを挙げているが、最近の聖書学の知見では、『旧約聖書』では、いわゆる「モーセ五書」(「創世記」「出エジプト記」「レビ記」「民数記」「申命記」)や「預言書」、『新約聖書』では「福音書」がまさにこれにあたるであろう。

私の専門領域である『新約聖書』、とくに「福音書」についていえば、イエスの死(紀元後三〇年頃)後、その大部分がいわゆる復活信仰を介して成立し、言い伝えられていた各種キリスト伝承の断片を、はじめて「福音書」に編集したのがマルコである。マタイとルカは、一方においてマルコ福音書を、他方において——マルコの知らない——イエスの語録伝承(いわゆるQ資料〔Q伝承〕)と、彼らが独自に収集したイエスの言葉伝承や物語伝承(いわゆるマタイ特殊資料とルカ特殊資料)とを、それぞれ資料として、彼らに固有の立場から「マタイ福音書」あるいは「ルカ福音書」を編集した(このように、マルコ、マタイ、ルカの各福音書には相互関係があり、三福音書は対照しながら共に観ることができるので、この三福音書は「共観福音書」と総称される)。

最後にヨハネが、最初の三つの福音書(いわゆる「共観福音書」)とは直接的関係なしに、彼に独自なキリスト神話を伝承資料として「福音書」を編んだ。こうして紀元七〇年代から九〇年代にかけて四つの福音書が出揃うことになる。したがって、私どものいわゆる「編集史的研究」の課題は、前提資料に対する各福音書記者の編集作業を通して、彼らに固有な文学的手法によって伝達される思想を確認し、それに基づく多様なキリスト理解を明確にすることにある。

実は私は、もう一冊の著書『イエス・キリスト』(講談社『イエス・キリスト(上)』、『イエス・キリスト(下)』)の中で、「編集史的方法」により、マルコ、マタイ、ルカという三人の福音書記者に固有なイエス・キリスト理解を明確にしたつもりである。それに対して、前著『イエスとその時代』では、これらの福音書記者、とくに最初に福音書を著したマルコが用いた伝承資料から、紀元一世紀の初頭に生きたイエスの思想と行動の歴史的復元を試みた。したがって、これから改めてイエス・キリストを語るに際しても、右の二著を前提とする限り、それらと重なる部分が出てこざるをえない。この点はご了解いただきたい。

ただし、本書において、イエス・キリストを語る場合、その内容の新しさは、次の点にある。すなわち、前著において私は、伝承の古層からイエスを、あるいは伝承を素材としてそれぞれの福音書を編んだ三人の福音書記者のイエス・キリスト理解をそれぞれの時代へともどし、それぞれの時代に生きた、イエスの福音の聴衆、あるいは福音書の読者とのかかわりにおいて歴史的に復元することを試みた。これに対し、以下においては、そのような歴史的研究を踏まえながらも、イエスあるいはイエス・キリスト理解の意味を、現代に生きる読者に伝達しようと願っている。この意味で、先に言及した私的生活の現実とのかかわりでいえば、以下に語るはずの内容は、むしろ私が時折り教会の礼拝において、牧師に代って行う「説教」のスタイルに近いといえるであろう。

それにしても、私の本務はあくまで研究と教育にあり、「教会」にはない。しかも、以下に語る場合の読者は、教会の成員には限られず、広く一般の人々である。それだけに私は、キリスト教徒であろうとなかろうと、だれにでもわかるようにイエス・キリストを語ることを試みたい。そうすることは、——すでに述べたように——私にとって聖書は、教典であると共に古典であるからこそ可能となるのである。

このような立場から福音書を読み解くために、私は福音書、とりわけ最初の三つの福音書(いわゆる「共観福音書」)の中から、現代に生きる読者に対してメッセージになるようなイエス自身の言葉を選び、それらを各講のタイトルとした(サブタイトルは、これらの言葉を含む段落の通称である)。これらの言葉(あるいはこれらに対応する各講)の配列は、一応福音書——とくに最古のマルコ福音書——におけるイエス物語の順序に従っている。しかし、もともと各福音書の間において、この「順序」が必ずしも正確に対応していない(とくに「共観福音書」には入らないヨハネ福音書にこの傾向が著しい)ので、本書における言葉の配列も部分的にアトランダムにならざるをえなかった(部分的には「たとえ」や「奇跡物語」など文学様式別に配列されている)。

I　ガリラヤにて

第一講　福音書を読み解くために

言葉を読み解くレベルの区別

これから私は、イエス・キリストの言葉を福音書におけるその文脈とのかかわりにおいて読み解くことになるが、そのための前提として読者に了解を願いたいことがある。それは、一つの「言葉」をどのレベルで読むのか――それを、福音書が編まれる以前の時代に流布されていた伝承あるいは資料のレベルで読むのか、それとも伝承・資料を素材にして福音書を編んだ福音書記者の意図がこめられた編集のレベルで読むのか、という問題である。

ここで、福音書の成立事情をもう一度思い起こしていただきたい。先に言及したように、イエスが紀元三〇年頃に十字架刑に処せられたのち、生前のイエスに従って来た人々の間に、そのイエスが彼らの面前に現れたという体験(いわゆる「顕現体験」)を媒介として、そのイエスこそ「キリスト」であるという信仰が成立した。この信仰を宣教するために、彼らは生前のイエスの言葉やイエスに関する物語を収集し、それをはじめは口頭で、そして次第に文書化しつつ、後世に言い伝えていった。これを私どもは「イエス伝承」と呼ぶ。この伝承には、大きく分けて二つの「様式」がある。一つは「言葉伝承」であり、もう一つは「物語伝承」である。

さて、これらの伝承を集めて、最初に「福音書」を編んだのがマルコであった。マルコは、自ら収集したイエスに関する諸伝承を素材として、マルコに独自なキリスト理解から、イエスの生涯を編集し、これを「イエス・キリストの福音」と呼んだ(マルコ一1)。こうしてマルコが「福音書」という文学形式を創り出したのは、紀元六〇年代の終わり、あるいは七〇年代の初めといわれるので、それ以前にイエス伝承は約四〇年間、口頭で言い伝えられていたのである。

したがって、イエス伝承のレベルとマルコがそれを素材として「福音書」を編集したレベルは、まず時代的に区別されなければならない。それは、時代的のみならず、内容的にも区別すべきだ、というのが私どもの立場である。なぜなら、ごく一般的にみても、歴史文学というもの(ちなみに「福音書」も、古典文学の一つとしてみれば、広い意味の「歴史文学」である)は、全体としてみれば、それを書くために集めた資料に対する著者の、彼に独自なイマジネーションに基づくフィクションだからである。たとえば、遠藤周作のようなクリスチャンの作家が、『イエスの生涯』のような作品を編むとする。その際、作品の主人公(イエス)に対する作家の信仰的・文学的思い入れと、その作家が用いた資料(福音書など)それ自体における主人公(イエス)の位置づけとは区別されなければならない。もちろん、両者が重なっている場合もある。マルコ福音書では、この両者が重なっている例が多いことは事実であろう。

しかし、マタイ福音書とルカ福音書の場合は、事態がより複雑である。これもすでに言及したように、マタイとルカは主として二つの資料を用いて、彼らに固有の視点から福音書を編んだ。その資料とは、第一に、イエスの業に関してはマルコ福音書であり、第二に、イエスの言葉に関しては、マタイとルカが共に用いたイエス語録伝承(いわゆる「Q資料」)であった。

マタイとルカの場合は、彼らの作品(「マタイ福音書」「ルカ福音書」)と彼らが作品に用いた資料(その一つが「マルコ福音書」)とを実際に比較してみることができるので、作者の編集のレベルにおけるイエス理解と、彼らが用いた資料の一つ(マルコ福音書)におけるイエス理解との間の差異がよくわかるのである。

たとえば、「レビの召命」物語(マルコ二13-17)の最後に、「わたしが来たのは、正しい人を招くためではなく、罪人を招くためである」というイエスの有名な言葉が置かれている。

ところがルカ福音書の同じ物語(ルカ五27‐32)では、そのイエスの言葉は、「わたしが来たのは、正しい人を招くためではなく、罪人を招いて悔い改めさせるためである」となっている。なぜルカは、独自の福音書を編集する際に、マルコ福音書にはない、「悔い改めさせるため」の一句(このような句をルカの「編集句」という)を書き加えたのか。

マタイ福音書の場合はどうか。この福音書では、マルコ福音書やルカ福音書の「レビ」が「マタイ」となっているが、「召命物語」の内容はほぼ同じである(マタイ九9‐13)。問題はやはり、この物語を締めくくるイエスの言葉にある。マタイ九13の場合、その後半が「わたしが来たのは、正しい人を招くためではなく、罪人を招くためである」となっているので、一見してマルコ二17の場合と差異はない。しかし、マタイ福音書では、この言葉の直前、すなわち13節の前半に、マルコにはない(そしてルカにもない)イエスの言葉が置かれている。——「『わたしが求めるのは憐れみであって、いけにえではない』とはどういう意味か、行って学びなさい」。なぜマタイは、自らの福音書を編集する際に、マルコ福音書にはない、旧約聖書の中のホセア書六6の言葉を引用して、その「意味」を「学んできなさい」という編集句を書き入れたのか。

これらの問いについては、第八講でこの物語を直接のテーマにしたときに答えることとする。ここでは、ルカの場合もマタイの場合も、マルコとはイエス・キリストのとらえ方が違っているからだ、とだけ答えておこう。こういう意味で、私どもは資料のレベルと編集のレベルを区別すべきだ、ということである。

　第二講でテーマとする、「心の貧しい人々は、幸いである」というイエスの言葉(マタイ五3)の場合も同様である。この言葉は、ルカ福音書では、「心の」はなく、端的に「貧しい人々は、幸いである」となっている(ルカ六20)。これらの言葉はQ伝承における一つの言葉にさかのぼり、第二講で詳述するように、この伝承のレベルでは、文言としてはルカ福音書の場合と同じであったと思われる。しかし、伝承のレベルにおいてもっていたこの言葉の意味と、マタイの場合はもちろんのこと、文言は同じルカの場合でさえ、彼による編集のレベルにおける意味づけは異なっている。どう異なっているか。それは第二講にゆずることとしよう。

四福音書の特徴

　ここで、四人の福音書記者(マルコ、マタイ、ルカ、ヨハネ)による編集に視点を置いて、四福音書の特徴について短く述べておく。

　まずマルコは、ヨルダン河畔における受洗とガリラヤにおける宣教活動からエルサレムにおける受難・復活に至るイエスの生涯を、上記諸伝承の編集によって復元し、それを

「イエス・キリストの福音」として読者(マルコ教会)に提示した。この中でマルコは、ユダヤの支配勢力により「罪人」として差別され、交わりを禁じられていたガリラヤの民衆の位置に立ち尽くし、彼らの病気をいやし、ユダヤ教の律法を破ったために、「十字架への道」をとる結果となったイエスの言動を、これに「従う」べき弟子たちの振舞いのモデルとして描き出した。

マタイの場合は、マルコ福音書とQ資料、および彼に固有な伝承に拠り、独自の福音書を編集して、読者(主としてユダヤ人キリスト者から成るマタイ教会)に対し、イエスの教えを多くの場合「精神化」してとらえ、それを旧約聖書における「預言の完成」とみなす立場を打ち出した。

これに対してルカは、マタイと同様にマルコ福音書とQ資料、および彼に特殊な伝承に拠りながらも、主として異邦人(非ユダヤ人)の読者(ルカ教会)を意識して福音書を著し、その中で弟子たる者には一切の財産放棄を勧め、「罪人」には悔い改めを迫るイエス・キリストを前景に押し出した。

他方ヨハネの場合は、「共観福音書」伝承と一部は共通しながらも、その大半はそれとは異なる伝承に拠りながら、地上のイエスの言行を、十字架を通して天に挙げられた「人の子」または「栄光のキリスト」の「しるし」として描き出した。そしてヨハネ福音書では、このイエスに従う人々には救いが約束され、彼を拒む者には審きが宣言されて、両者（「光の子」としてのキリスト者と「闇の子」としてのユダヤ人）は二元的に峻別されている。

「イエス」と「キリスト」

さて、私は今まで、「イエス」と「キリスト」という呼び名を必ずしも区別することなしに用いてきたが、「イエス・キリストを語る」ための前提として、ここで、「イエス・キリスト」という呼び名の問題について言及しておこう。

実は私は十数年ほど前に、ラジオのある番組で「イエス・キリスト」というテーマで話をしたことがある。その時、放送のための録音に立ち会った担当者が私に、「先生の放送を聴くまで自分はイエスのことを姓名の名、キリストのことを姓だと思っていました」とつぶやいた。私はそれを聞いて啞然とした。しかし、キリスト教にあまりなじみのないわが国において、「イエス・キリスト」を「名」と「姓」だとは思わないまでも、「キリスト」は「イエス」の別名ぐらいに思っている人が多いのではなかろうか。

確かに「イエス」（正確にはヘブライ語の「イェホーシュア」の短縮形「イェーシュア」）は、ユダヤ人の間で広く採用されていたごく普通の人名であり、「キリスト」もすでに新約聖書において「イエス」と共にほとんど固有名詞であるかのように用いられている場合がある。「キリスト」が「イエス」の場合と同様に単独で用いられている場合、あるいは「主イエス・キリスト」の用語法においてそのようにみえる(「主イエス・キリスト」のギリシア語原文 Kyrios Jesous Christos は、元来「イエス・キリストは主である」という告白文である)。また、——後述する——「キリスト」の原意が不明となったギリシア・ローマ社会では、「キリスト」が「イエス」と並んで固有名詞と思われやすかった。

しかし、「キリスト」は元来、普通名詞である。これは、「油を注がれた者」を意味するヘブライ語の「マーシアッハ」——日本語表記のいわゆる「メシア」がこれにあたる——のギリシア語訳で、正確には「クリストス」(christos)と発音された。具体的には、油を注がれて「王」となったダビデの子孫から出て、この世の終末の時にイスラエルを解放する政治的救世主として、ユダヤ人によりその来臨を待望されていた存在である。最初のキリスト教徒——その多くはユダヤ人で元来ユダヤ教徒——は、この「メシア」=「キリスト」を十字架上に死んで甦ったと信じたナザレ出身のイエスと同定したのである。そもそも、「イエス・キリスト」(Jesous Christos)とは——「主イエス・キリスト」が原語では「イエス・キリストは主である」の意であったのと同様に——「イエスはキリストである」との告白文なのである(ギリシア語では多くの場合、Be 動詞が省略される)。

要するに、「イエス」は人名、「キリスト」はこの人名に付与された称号、あるいは尊称である。なお、新約聖書では、この「キリスト」のほかに、「人の子」「主」「神の子」「救い主」などの尊称がイエスに付与されている。これらの尊称のことを、いわゆる「キリスト論的尊称」という。ただし、「主」「神の子」「救い主」はユダヤ教に限られず、当時のヘレニズム世界で神的英雄や神話的存在に対する尊称として広く用いられていた。これに対して「人の子」はユダヤ教に由来するが、元来は「キリスト」と異なり、神と共にあった天的存在で、終末の時に「雲に乗って」イスラエル解放のために天降ると信じられていた。この用例は、ダニエル書七13の「人の子のような者」にさかのぼる。

こうしてみると、イエス・キリストを語るといった場合、厳密には、「キリストと信じられたイエスを語る」ということになろう。実際、福音書記者が福音書を編むにあたって資料と仰いだイエス伝承には、総じてイエスを「キリスト」と信ずる「信仰」が前提されている。もともと——すでに本書の序の部分で言及したように——イエスの言葉や業に関する伝承の大部分は、イエスの死後いわゆる復活信仰を介して成立し、後世に言い伝えられたのである。

しかしこのことは、イエス伝承のすべてにキリスト信仰が前提されていることを必ずしも意味するものではない。

第一に、少なくとも共観福音書において、イエス自身は一度も自らを「キリスト」と称していない。

このことと関連して、第二に、イエスは必ずしも積極的に「キリスト」(あるいは「メシア」)称号を自らに受け入れてはいない。

第三に、イエスの言葉伝承、とくにイエスの語りの様式に特徴的なたとえ話には、多くの場合、自らの死と復活信仰が前提されていない。

第四に、マルコは、生前のイエスが活躍したガリラヤの村々に――すでに、復活信仰成立以前に、あるいはそれとは無関係に――流布されていた、治癒奇跡物語を主とするイエスに関する民間説話を収集した可能性がある(詳しくは『イエスとその時代』参照)。

とすれば、イエスに関する伝承の成立と流布に対して、キリスト信仰が大きな、そして決定的な動機となったことは事実であったとしても、イエス伝承にそのような信仰が前提されていない段階が存在したこともまた承認されなければならない。そしてこの段階に――当然のことながら――歴史上のイエスの言葉と行動が最も色濃くその影を落としているとみてさしつかえなかろう。もっとも私は、だからといって、イエス・キリスト伝承やそれを素材として編まれた福音書のイエス・キリスト理解には「信仰」が前提されているゆえに、それらにはイエスに関する史料として価値がないなどと主張するものではない。

そもそも歴史上の存在の「事実性」はともかくとしても、その「真実性」――歴史上の存在の、それを後世に伝える者にとっての有意義性――は、伝え手が存在に対する信頼・信仰に基づいて存在の体験を自ら追体験することなしに、後世に伝えられるものではないからである。

それでもなお私は、本書において福音書を読み解くに際し、各講で福音書の中からテーマとして選んだ「言葉」に、福音書記者の編集のレベルでかかわるのか、彼らがそのための資料としたイエス・キリスト伝承のレベルでかかわるのか、伝承のレベルでも、未だキリスト信仰が前景に出されていないイエス伝承の最古のレベルでかかわるのか、――少なくとも私が、これらのレベルの区別にこだわることをゆるされたい。もしそれを度外視すると、「言葉」の多義性、その多義性の元となる伝承者や福音書記者の個性、あるいは彼らが身を置いた社会的状況の差異などが無視されて、問題とする言葉の中に贖罪論など特定の信仰的立場や三位一体論など教会のドグマ(教義)が読み込まれ、どの言葉からも同一の抽象的神学的意味内容が引き出され、「説教」される危険に陥ると思うからである。

第二講「心の貧しい人々は、幸いである」

――山上の説教(1)――

マタイ五3

「山上の説教」

イエスの教えの中でも最も有名な「山上の説教」(マタイ五―七章)の中からいくつかの言葉を選び、それに託して福音書のメッセージを読み解くことにしよう。この「山上の説教」は、次のようなイエスのいわゆる「八至福の教え」で始まる。

3「心の貧しい人々は、幸いである、天の国はその人たちのものである。
4 悲しむ人々は、幸いである、その人たちは慰められる。
5 柔和な人々は、幸いである、その人たちは地を受け継ぐ。
6 義に飢え渇く人々は、幸いである、その人たちは満たされる。
7 憐れみ深い人々は、幸いである、その人たちは憐れみを受ける。

8 心の清い人々は、幸いである、その人たちは神を見る。
9 平和を実現する人々は、幸いである、その人たちは神の子と呼ばれる。
10 義のために迫害される人々は、幸いである、天の国はその人たちのものである」(マタイ五章)。

ところが、この教えは、より短い形(「四至福の教え」)で——ただし、それに「四災禍の教え」が加えられた形で——ルカ福音書六章にも見出される。

20「貧しい人々は、幸いである、神の国はあなたがたのものである。
21 a 今飢えている人々は、幸いである、あなたがたは満たされる。
b 今泣いている人々は、幸いである、あなたがたは笑うようになる。
22 人々に憎まれるとき、また、人の子のために追い出され、ののしられ、汚名を着せられるとき、あなたがたは幸いである。23 その日には、喜び踊りなさい。天には大きな報いがある。この人々の先祖も、預言者たちに同じことをしたのである。
24 しかし、富んでいるあなたがたは、不幸である、あなたがたはもう慰めを受けている。

25今満腹している人々、あなたがたは、不幸である、あなたがたは飢えるようになる。
今笑っている人々は、不幸である、あなたがたは悲しみ泣くようになる。
26すべての人にほめられるとき、あなたがたは不幸である。この人々の先祖も、偽預
言者たちに同じことをしたのである」(ルカ六章)。

そして、マタイ福音書のほうでは、イエスがその教えを「山に登られ」(マタイ五1)て語ったといわれているので、これは「山上の説教」と呼ばれるのだが、ルカ福音書のほうでは、イエスが「山から下りて、平らな所にお立ちになっ」(ルカ六17)て教えを説いたことになっている。そのために、正確にはこちらのほうは「平地の説教」と呼ばれるべきであろう。ただ、一般的には、マタイ福音書に即して、いずれの場合も「山上の説教」といわれることが多い。

それはともかくとして、イエスはほぼ同じような内容の教えを、「山」と「平地」で二度説いたのであろうか。その可能性を完全に排除することはできないであろう。しかし、現代の新約聖書学の成果として、マタイ版とルカ版の「山上の説教」は、共通の一つの「説教」にさかのぼる、——これを逆にいえば、イエスの言葉伝承がまずあって、マタイとルカがそれに適当な修正・加筆をしながら、各福音書に編集した——とみるのが、ほぼ

定説となっている。すでに第一講で言及したように、マタイとルカは、それぞれの福音書を編むに際し、主としてイエスの業に関してはマルコ福音書を、主としてイエスの言葉に関してはマタイ福音書とルカ福音書に共通する語録伝承（いわゆる「Q資料」）を資料として用い（二資料仮説）、さらにそれぞれに固有の資料（マタイ特殊資料、ルカ特殊資料）を書き加えた。とすれば、マタイとルカの「山上の説教」は、共にQ資料にさかのぼるということになる。

「至福の教え」の伝承復元

それでは、「山上の説教」のマタイ版とルカ版のどちらにQ資料の元の形が反映しているのであろうか。これも現代の新約聖書学者たちのほぼ一致した意見として、ルカ版のほうに原型が保存されているといわれる。

まずこのことを確認するために、ルカ版とマタイ版とを比較してみよう。最初の「三至福の教え」を例にとる。

「貧しい人々は、幸いである、神の国はあなたがたのものである」（ルカ六20）。
「心の貧しい人々は、幸いである、天の国はその人たちのものである」（マタイ五3）。

ルカの文章とマタイの文章では、まず主語の人称が異なる。ルカでは、「貧しい人々」が「あなたがた」で受けられているように、主語は「(あなたがた)貧しい人々」、つまり二人称複数形である。それに対して、マタイでは、「その人たち」で受けられているように、主語は「(彼ら)心の貧しい人々」、つまり三人称複数形である。ルカでは読者(あるいは聴衆)が「あなたがた」と直接的に臨場感をもって呼びかけられているのに対し、マタイではそれが「彼ら」と一般化されている。

第二に、ルカでは「あなたがたのもの」とされているのが「神の国」、マタイでは「その人たちのもの」といわれているのが「天の国」となっている。マタイには、彼が福音書を編む際に資料としたマルコ福音書で用いられている「神の国」を「天の国」に書き直す傾向が認められる(たとえばマルコ四11とマタイ一三11とを、マルコ四30とマタイ一三31とを比較せよ)ので、今の場合も、ルカ版に保持されている伝承の「神の国」をマタイが「天の国」に替えた可能性がある。これはおそらく、マタイがユダヤ人で、マタイ福音書の読者も多くの場合ユダヤ人であったために、モーセの十戒の第一戒「あなたの神、主の名をみだりに唱えてはならない」(出エジプト記二〇7)に従って、「神」をその代替語である「天」に替えたことに帰因すると思われる。

さて、ルカの文章とマタイの文章で最も大きい、そして最も重要な相違点は、ルカの「貧しい人々」が、マタイでは「心の貧しい人々」(原語を直訳すれば「霊において貧しい人々」)となっていることである。すなわち、ルカの「貧しい人々」がマタイでは「心の」あるいは「霊において」という修飾語によって限定されている。

そもそも「貧しい人々」と訳されているギリシア語のptōchoi(その単数形はptōchos)は、「ちぢこまる」「うずくまる」を意味する動詞ptōssōに由来する形容詞の名詞的用法で、元来は「物乞い」「極貧者」の意味なのである。少なくとも「山上の説教」のルカ版において、この表現が、まず第一に経済的な意味において「極めて貧しい人々」の意味で用いられていることは、この「幸い」の教えに続く「不幸」の教えの冒頭で、「しかし、富んでいるあなたがたは、不幸である」と断言されている(ルカ六24)ことからみても、明らかであろう。

ところがマタイ版では、この意味における「貧しい人々」という表現が、「心の」――より正確には「霊において」――という修飾語で限定されている。もともと、「心の貧しい人」とか「霊において貧しい人」という表現は日本語としてなじまない。しかし、このような表現は、日本語だけではなく新約聖書の原語であるギリシア語においても、珍しい、あるいはむしろ奇妙な言い回しなのである。これは、すでにギリシア語の段階で、経済的な意味における「貧しい人々」に「心」あるいは「霊」——現代的に表現すれば「精神において」——をとってつけた、一種の造語なのである（岩波版では「乞食の心を持つ者」）。

しかし、イエスの言葉伝承がギリシア語に移される以前のセム語の段階では、これにあたるヘブライ語の表現がある。今世紀最大の考古学的発見といわれる「死海文書」（あるいは「クムラン文書」「死海文書（写本）」ともいう。一九四七年以来、数回にわたり死海北西岸のクムランその他の洞穴から発見された多数の古文書（写本）の総称。その内容は、㈠旧約聖書の写本（ヘブライ語）と翻訳（ギリシア語、アラム語）、㈡注解書、㈢外典・偽典、㈣独自の宗団（おそらくエッセネ派）文書。この中に、『共同体の規律』『感謝の詩篇』『戦いの書』などが含まれる）の中に、ギリシア語の「霊において貧しい人」(ptōchoi tōi pneumati)にそのまま当てはまるヘブライ語の表現 ʿanwēy rûaḥ が見出され（『感謝の詩篇』一四3、『戦いの書』一四7）、これは「精神において貧しい人」「神の前に乞う者として立っている人」「心のへりくだった人」「謙虚な人」を意味する。あとでも指摘するように、マタイの「山上の説教」には、このほかにも死海文書の用語に類似する表現が多いので、「心の貧しい人」というギリシア語の表現も、元来はセム語にさかのぼる、「精神的に神にのみより頼む人」「心のへりくだった人」の意味とみてまちがいないと思われる。

したがって、私どもはここに、言語上の変化だけではなく、内容上の移動をも確認しなければならない。マタイ版では、ルカ版に保持されている社会的・経済的貧しさの意味は後退する。それに代わって、心理的困窮の意味が前景に出され、謙虚という精神的・倫理的態度へと意味が変化している。そして、この第一至福で確認された内面化・倫理化への傾向がルカの第二、第三至福のマタイ版でも見出されるのである。

さて、ルカ版の第二至福はマタイ版の第四至福に相当する。

「今飢えている人々は、幸いである、あなたがたは満たされる」(ルカ六21a)。
「義に飢え渇く人々は、幸いである、その人たちは満たされる」(マタイ五6)。

この場合は一目瞭然、マタイ版では、ルカ版の「飢えている」に「渇いている」という動詞が重ねられ、それに「義に」という目的語が付加されている。「義」(ギリシア語でdikaiosynē)とは、神により人間に賜物として与えられる、神と人との間の正しい関係を意味し、四福音書では、とくにマタイが好んで用いる概念である(マタイ五10、20、六33など参照)。ここでも、ルカ版のパンに「飢える人々」が、マタイ版では「義に飢え渇く人々」に替えられ、精神化・倫理化が進められていることは明らかである。

ルカ版第三の至福は、マタイ版では第二の至福にあたる。

「今泣いている人々は、幸いである、あなたがたは笑うようになる」(ルカ六21b)。
「悲しむ人々は、幸いである、その人たちは慰められる」(マタイ五4)。

ここにも、私どもは一般化・精神化への傾向を読み取ることができる。ルカ版では極めて具体的に「今泣いている人々」が考えられているのに、マタイ版ではおそらく精神的な罪一般に「悲しむ人々」が問題にされているのであろう。

なお、ルカ版にはない、マタイに固有な至福の第三「柔和な人々」(5節)、第五「憐れみ深い人々」(7節)、第六「心の清い人々」(8節)、第七「平和を実現する人々」(9節)、第八「義のために迫害される人々」(10節)は、いずれも人間の心情にかかわる。つまり、マタイ版「山上の説教」の「至福の教え」は、総じて内面的・精神的態度に関係することとなろう。

こうしてみると、第一講で予備的に注意を喚起した事柄、つまり同種のイエスの言葉に基づいてイエス・キリストを語る場合、それをどのレベルで読み解くのかという問題を避けて通るわけにはいかなくなる。

「第一至福の教え」の伝承

「至福の教え」のルカ版に最も濃くその影を落としているイエス伝承のレベルで、あるいはさらに歴史のイエスと重なるであろう伝承の古層のレベルでは、イエスは「あなたがた貧しい者は、幸いである」と呼びかけている。「あなたがた」とは、まず疑いなく、貧しくて飢え、「今」差別に泣いている、抑圧された民衆のことである。

当時、ローマ帝国の一属州「ユダヤ」にゆるされた自治機関の宗教的・経済的中枢はエルサレム神殿であり、宗教的・政治的・法的中核は「サンヘドリン」と呼ばれる最高法院であった。エルサレム神殿を支えていたのは貴族祭司と「レビ人」と呼ばれる下級祭司であり、最高法院のメンバーは、大祭司と祭司長たちを筆頭として、経済的には大土地所有者を代表した「長老たち」、とりわけ宗教的には大祭司「サドク」の家系の出自を誇る保守派の「サドカイ人」と、経済的には都市の中小手工業者の利害を代表し、宗教的には民衆の教師(ラビ)を自認する進歩派の「律法学者」であった。この「律法学者」の中のエリート集団で、「不浄な民」から自らを「分離」して宗教的「清浄」を誇ったのが「ファリサイ派」である(「ファリサイ派」は「分離者」を意味するヘブライ語「ペルーシーム」に由来するといわれる)。

このような神殿勢力と最高法院の議員がユダヤ自治機構の三権(司法・立法・行政)を独占し、一般民衆に対する差別構造を、彼らの宗教的代弁者(主としてラビたち)によって正当化していた。彼らが民衆を差別した理由は、要するに、彼らがその絶対的価値基準とした「律法」(旧約聖書の律法と彼らの解釈に基づくその細則)を守らないことにあった。しかし、実際は民衆がそれを守らないのではなく、それを守ることができなかった、あるいは守ることができない状況に置かれていたのである。つまり、民衆はローマ当局から人頭税と間接税を徴収され、ユダヤ自治機関から神殿税と十分の一税を課されており、なおその上に大土地所有者による経済的投機の被害をもろに受ける状態に立たされていた(拙著『イエスとその時代』三六頁以下参照)。そのような状況において律法を守りえなかったことはむしろ当然であろう。しかも、彼らがとくにファリサイ派などにより「不浄」と判定されたのは、単なる貧困のゆえだけではなく、彼らが文化人類学的にタブー視された「不浄」な事柄や領域(血、毛髪、皮膚、皮革、荒野、海上、外国人)に接触して生活せざるをえなかったからである。しかも、病人や障害者は、当人ないしはその係累が律法を犯した、あるいは不浄に汚染された結果であるとみなされていた。

飢饉の時に語ったという一人のラビの言葉が伝えられている。――「地の民(つまり不浄の民。その多くが極貧者であり、彼らは飢え、泣いていた！)にパンを与えたこの私は災いだ」。

また、ヨハネ福音書に登場するファリサイ派の人々は、「律法を知らないこの群衆は、呪われている」(ヨハネ七49)と言っている。

これらラビたち、とりわけファリサイ派の多くは、この世の終末が来た時、彼ら「清浄な民」がまず「神の国」に迎え入れられ、「不浄な民」はそれから閉め出されると確信していた。

このような状況下にあって、イエスは群衆に向かい、「貧しい人々は、幸いである、神の国はあなたがたのものである」と宣言した、というのである。イエスが約束する「神の国」の至福は、彼の業においてすでに始まっている。貧しい者、飢えている者、泣いている者に約束された救いの将来は、イエスが極貧者の位置に立ち尽くすことにおいて、彼が彼らと共にする食事において、また「今」分かち合う神の愛に対する喜びにおいて、すでに現実となっている。「貧しい人々」にとって、これが「よき音信《おとずれ》」―「福音」でなくて何であろうか。同じQ資料に、次のようなイエスとイエスの先駆者ヨハネの二人の弟子との問答が伝えられている(ルカ七18―23/マタイ一一2―6)。

18 ヨハネの弟子たちが、これらすべてのことについてヨハネに知らせた。そこで、

ヨハネは弟子の中から二人を呼んで、19主のもとに送り、こう言わせた。「来るべき
方は、あなたでしょうか。それとも、ほかの方を待たなければなりませんか」。20二
人はイエスのもとに来て言った。「わたしたちは洗礼者ヨハネからの使いの者ですが、
『来るべき方は、あなたでしょうか。それとも、ほかの方を待たなければなりません
か』とお尋ねするようにとのことです」。21そのとき、イエスは病気や苦しみや悪霊
に悩んでいる多くの人々をいやし、大勢の盲人を見えるようにしておられた。22それ
で、二人にこうお答えになった。「行って、見聞きしたことをヨハネに伝えなさい。
目の見えない人は見え、足の不自由な人は歩き、重い皮膚病を患っている人は清くな
り、耳の聞こえない人は聞こえ、死者は生き返り、貧しい人は福音を告げ知らされて
いる。23わたしにつまずかない人は幸いである」。

「貧しい人々」――虐げられた人々にとって、イエスによる「神の国」の至福の告知は、まさに福音であった。しかし、他方それは同時に、「貧しい人々」を「不浄な民」として差別して生きていた自称「清浄な民」にとって「不幸」―「災い」の告知となる。実際、ルカ福音書には、四至福の告知に続いて、「富んでいる人々」「今満腹している人々」「今笑っている人々」「すべての人にほめられる」人々に対して、「不幸」―「災い」が宣言さ

れていた(ルカ六24-26)。「祭司長や民の長老たち」(マタイ二一23)、すなわち神殿勢力や最高法院の議員たちに対するイエスのさらに強烈な批判は、次の一句に尽きるであろう。――「はっきり言っておく。徴税人や娼婦たちの方が、あなたたちより先に神の国に入るだろう」(マタイ二一31)。

イエスは、こうして律法と「清浄」に基づくユダヤ人の価値基準を逆転したのである。そして彼自身が、「呪われた者」として十字架刑に処せられた。

「第一至福の教え」のマタイ版

さて、マタイはその編集のレベルにおいて、伝承のレベルで保持されていた「貧しい人々」のもつ経済的・社会的意味の広がりを、「心の貧しい人々」に限定することにより、内面化・精神化・倫理化して、キリスト教共同体の一員としての個人の宗教心に訴えようとした。同様のことは、伝承資料の「今飢えている人々」を「義に飢え渇く人々」に替えている事実によっても確認されたとおりである。

なぜマタイにとって、ただ単に「貧しい人」ではなく、「心の貧しい人」――「精神面で神にのみより頼む人」――「謙虚な人」が「幸い」なのか。それは、マタイが「福音書」を編んで語りかけている読者が、伝承のレベルでイエスが呼びかけた聴衆と、その社会層において異なっていたからである。

新約聖書学者のほぼ一致した見解によれば、マタイ福音書は、第一次ユダヤ戦争(対ローマ帝国ユダヤ解放戦争(六六—七〇年))後、すでにエルサレム神殿はローマ軍によって破壊され、ユダヤの自治機構は解体され、わずかにユダヤ教のみがユダヤ人のユダヤへの帰属意識(アイデンティティー)を保持させることができた時代、したがって、サドカイ派に代わり、ファリサイ派がユダヤ人の宗教的指導者として君臨していた時代に、主としてユダヤ人キリスト者を読者として著作されたものである。しかも、この「読者」の社会層は「ファリサイ派」と共通しており、彼らは比較的に富裕層に属し、しかも知識人であった。「人はパンだけで生きるものではない。神の口から出る一つ一つの言葉で生きる」と言って悪魔の誘惑を退けたというイエスの言葉(マタイ四4)、山上の説教でいえば、「言っておくが、あなたがたの義が律法学者やファリサイ派の人々の義にまさっていなければ、あなたがたは決して天の国に入ることができない」というイエスの言葉(マタイ五20)が十分に通ずる社会層が、マタイ福音書の主たる読者なのである。マタイは、このような読者にイエス・キリストの「福音」を、いわば「伝え直した」のである。

ただしマタイは、イエス・キリストの「福音」のすべてを精神的・宗教的レベルに限定したわけではない。至福の教えでも、第二の「悲しむ人々」、とりわけ第七の「平和を実現する人々」は、それを精神的領域でのみ問題にしきれるものではなかろう。これについては、また次の講で詳論することとする。

「第一至福の教え」のルカ版

最後に、ルカの編集のレベルではどうであろうか。確かに、至福の教えのルカ版には、マタイに比較すれば、伝承のレベルが色濃く保存されていた。しかし、だからといって、ルカとルカの読者が、イエス伝承の受け手と同じ社会層に帰属するわけではない。これも新約聖書学の成果の一つであるが、ルカとルカの読者もまた、その点ではマタイと同じように、比較的富裕層であったと思われる。ただ、マタイの場合と違う点は、ルカの読者がユダヤ人というよりは、主として異邦人であったこと、またルカは、マタイにおけるように福音書に登場するイエスの「弟子」たちを(山上の説教は直接的には「弟子たち」に向けて語られている)「読者」と同一化して読ませようとしてはおらず、「弟子たち」を(ルカ版でも「平地の説教」は直接「弟子たち」に向けられている)全所有を放棄してイエスに従った存在として理想化して描いている。この意味で、ルカにとって「弟子たち」は、その所有を貧者に喜捨すべき「理念化された」存在なのである。したがって「貧しい人々は、幸いである」といわれる「貧者」とは、伝承のレベルにおける「極貧者」というよりも、むしろ自らの所有を放棄してイエスに信従した、いわゆる「清貧」に生きる人々のこと、[†1]仏教用語でいえば「乞食《こつじき》僧」にあたる。

現代に生きるわれわれ「読者」は、どのレベルでイエス・キリストの言葉を読むべきであろうか……。

†1　詳しくは拙稿「理念としての貧者」参照。

第三講「平和を実現する人々は、幸いである」
――山上の説教(2)――

マタイ五9

イエスの「山上の説教」の冒頭、いわゆる「至福の教え」の七番目に、「平和を実現する人々は、幸いである」という言葉が編まれている(マタイ五9)。ただしこの言葉には、――「第一至福の教え」(「心の貧しい人々は、幸いである」)の場合とは異なって――ルカ福音書の「至福の教え」(ルカ六20-23)の中に並行する言葉がない。マルコ福音書にも、これに相当する言葉はないのである。したがってこの言葉は、マタイが所属する教団に伝えられていた、三福音書記者の中ではマタイだけが知っていた、いわゆるマタイ特殊伝承にさかのぼるか、あるいはマタイが創作して、イエスの「至福の教え」の中に書き加えたものか、そのいずれかであろう。そのいずれかに決定する決め手はないが、私には、たとえこの言葉がマタイの創作であったとしても、この中にイエス伝承あるいはイエス自身の「平和」についての考え方が的確に伝えられていると思われる。

「平和ではなく、剣を」

ところで、同じマタイ福音書の中に、これとはまったく違う意味で、つまり「平和」を否定的な意味で用いているイエスの言葉が編まれている(マタイ一〇34-38)。

34「わたしが来たのは地上に平和をもたらすためだ、と思ってはならない。平和で
はなく、剣をもたらすために来たのだ。35 わたしは敵対させるために来たからである。
人をその父に、娘を母に、嫁をしゅうとめに。
36 こうして、自分の家族の者が敵となる。
37 わたしよりも父や母を愛する者は、わたしにふさわしくない。わたしよりも息子や
娘を愛する者も、わたしにふさわしくない。38 また、自分の十字架を担ってわたしに
従わない者は、わたしにふさわしくない。39 自分の命を得ようとする者は、それを失
い、わたしのために命を失う者は、かえってそれを得るのである」。

この言葉には、ルカ福音書に並行句がある。すなわち、その前半(マタイ一〇34-36)はルカ一二49-53に、その後半(マタイ一〇37-38)はルカ一四25-27に、それぞれ対応している。したがっ

てこの言葉は、マタイとルカが福音書を編集する際に共に資料として拠ったイエスの語録伝承(いわゆるQ資料)にさかのぼることとなる。

それはともかくとして、この言葉には、キリスト教だけではなく、およそ宗教が成立するプロセスにおいて、その宗教に入信しようとする者(多くの場合「子」)とそれを家族という秩序の中に押しとどめておこうとする「自分の家族の者」(多くの場合「父母」)との間にひき起こされる、いわゆる親と子の「葛藤状況」がよく映し出されている。日本の「新宗教」あるいは最近の「新新宗教」の場合——たとえば、「イエスの方舟」「真理《みち》の友」「オウム真理教」等々——、あるいは韓国から日本に布教されたといわれる「統一原理」の場合も、親子の「葛藤」をひき起こす限りにおいて、決してその例外ではないことは、テレビや新聞の報道でよく知られているとおりである。

さて、イエスの場合、マルコ福音書三20以下によると、「身内の人たち」——「イエスの母と兄弟たち」——は、イエスを取り押さえようとさえしている。「あの男は気が変になっている」という噂を真に受けたからだ、という。イエスの母と兄弟たちがイエスのもとにやって来て、人を遣わし彼を呼ばせた。ところがイエスは、「わたしの母、わたしの兄弟とはだれか」と答え、さらに、彼の周りに座っている民衆を見回して言った。「見なさい。ここにわたしの母、わたしの兄弟がいる。神の御心を行う人こそ、わたしの兄弟、姉妹、また母なのだ」と。

このマルコ福音書三章の文脈では、「ここにわたしの母、わたしの兄弟がいる」(34節後半)という場合の「ここに」いる人々とは、イエスの「周りに座っている人々」(34節前半)すなわち「民衆」(32節)のことである。

ところがマタイは、これに並行する一二章46節以下で、「ここに」いる「わたしの母、わたしの兄弟」(49節後半)を——マルコ福音書におけるごとく——「民衆」ではなく、「弟子たち」とみなしている(49節前半)。つまり、マタイによれば、「天の父の御心を行う人」とは「弟子たち」のことであり、彼ら彼女らが、「わたしの兄弟、姉妹、また母である」(50節)。

すでに前講で確認したように、マタイ福音書でイエスの「山上の説教」は直接的には「弟子たち」に向けられていた(マタイ五1)。そして、この「弟子たち」はマタイ福音書の読者、つまりマタイがそこに向けて福音書を書いているキリスト教共同体(教会)のメンバーと重なっていた。とすれば、「平和を実現する人々」もまた、「心の貧しい人々」と同様に、マタイ共同体の成員の理想的ありようということになろう。

要するに、イエスが人間にイエスへの信従を勧めて「血縁的同胞関係」からの自立を促すとき、彼は「平和ではなく剣をもたらす」存在となるが、その結果成立する「信仰的同胞関係」の中では、信仰に基づく真の「平和を実現する」ことを期待する、ということになろう。

こうしてみると、「平和を実現する人々は、幸いである、その人たちは神の子と呼ばれる」といわれる場合も、この言葉は共同体倫理の一つにとどまり、この場合の「平和」の範囲も、共同体の内部にとどまるのであろうか。私には、マタイの編集のレベルに固執する限り、おそらくそうならざるをえないと思われる。しかし、そのレベルをマタイから、マタイが受けた伝承に移し、伝承のレベルに立って、「平和を実現する人々」とはだれのことかと問うてみると、「平和」の範囲は共同体を超えて社会にまで拡がるのではないか。少なくともこのレベルでマタイ福音書におけるイエスの言葉を読むと、その言葉は私ども読者に、信仰共同体の内側にだけではなく、教会がその只中に置かれている社会そのものに「平和を実現する」ことを促す効果を有する、と私は思うのである。

そこで、「平和」という言葉は直接用いられていないけれども、「平和を実現する人々」と深くかかわる、マタイ福音書における三つのイエスの言葉に注目してみたい。

「最も小さい者」

第一は、「諸国民の審判」に関するイエスの比喩的発言である(マタイ二五31-46)。

31「人の子は、栄光に輝いて天使たちを皆従えて来るとき、その栄光の座に着く。
32そして、すべての国の民がその前に集められると、羊飼いが羊と山羊を分けるよう
に、彼らをより分け、33羊を右、山羊を左に置く。34そこで、王は右側にいる人たち
に言う。『さあ、わたしの父に祝福された人たち、天地創造の時からお前たちのため
に用意されている国を受け継ぎなさい。35お前たちは、わたしが飢えていたときに食
べさせ、のどが渇いていたときに飲ませ、旅をしていたときに宿を貸し、36裸のとき
に着せ、病気のときに見舞い、牢にいたときに訪ねてくれたからだ』。37すると、正
しい人たちが王に答える。『主よ、いつわたしたちは、飢えておられるのを見て食べ
物を差し上げ、のどが渇いておられるのを見て飲み物を差し上げたでしょうか。38い
つ、旅をしておられるのを見てお宿を貸し、裸でおられるのを見てお着せしたでしょ
うか。39いつ、病気をなさったり、牢におられたりするのを見て、お訪ねしたでしょ
うか』。40そこで、王は答える。『はっきり言っておく。わたしの兄弟であるこの最も
小さい者の一人にしたのは、わたしにしてくれたことなのである』。
41それから、王は左側にいる人たちにも言う。『呪われた者ども、わたしから離れ
去り、悪魔とその手下のために用意してある永遠の火に入れ。42お前たちは、わたし

が飢えていたときに食べさせず、のどが渇いたときに飲ませず、43 旅をしていたときに宿を貸さず、裸のときに着せず、病気のとき、牢にいたときに、訪ねてくれなかったからだ』。44 すると、彼らも答える。『主よ、いつわたしたちは、あなたが飢えたり、渇いたり、旅をしたり、裸であったり、病気であったり、牢におられたりするのを見て、お世話をしなかったでしょうか』。45 そこで、王は答える。『はっきり言っておく。この最も小さい者の一人にしなかったのは、わたしにしてくれなかったことなのである』。46 こうして、この者どもは永遠の罰を受け、正しい人たちは永遠の命にあずかるのである」。

この比喩的発言の中で、「最も小さい者」(40、45節)とは、飢え、渇き、宿なく、衣服なく、病気で、投獄されている、社会の最底辺にいる人々のことである。この人々のことを、「平和」との関連で考えるためには、彼らを「戦争」の犠牲者と思えばよい。この意味で「最も小さい者」とは、現代ではだれのことを指すのであろうか。

十数年前、しばしばテレビで放映されたソマリアの惨状に思いを馳せていただきたい。この国は、元来平和な楽園であった。それなのになぜあのとき、飢え、渇き、宿なく、衣服なく、病気に倒れ、不当に投獄されている人々が、とりわけ社会的に弱い立場になる

「婦女子」たちの間に続出したのか。その原因は、民族戦争であるという。しかし、その「戦争」の指導者は、飢えても、渇いてもいなかった。武装して戦争を勝利に導こうとしていた。しかもソマリアの場合、彼らに武器を売りつけたのは、冷戦時代の二大強国、旧ソ連とアメリカであった。旧ソ連やアメリカの武器商人がむしろ、ソマリアの「平和」を破壊し、「戦争」を促進することによって、自国ではなくソマリアに「最も小さい人々」を輩出する原因をつくったのである。当時アメリカ軍が、国連の「平和維持軍」の名のもとに、この国に武力をもって介入したが、それは真の平和を希求する人々、とりわけソマリアの民衆に説得力をもたず、結局撤退せざるをえなかった。現在でもアメリカは同じ愚をイラクやアフガニスタンで繰り返している。

こうしてみると、「平和を実現する」ために為すべきことは、戦争になると最も不当な犠牲となりやすい、社会的に弱い立場に置かれている人々を大切にすることである。彼ら「最も小さい者」の位置に立ち、もしゆるされるならば、「最も小さい者の一人」になりきって、彼らのためにではなく、彼らと共に生きることである。

イエスは、先ほど引用した比喩的発言の中で、驚くべきことに、自らをこの「最も小さい者」と同一化している。――「はっきり言っておく。わたしの兄弟であるこの最も小さい者の一人にしたのは、わたしにしてくれたことなのである」(40節)。

もっとも、この比喩的発言そのものの中では、「わたし」とは直接的にイエスではなく、世界の終末の時に、最後の審判者として登場する「人の子」(31節)あるいは「王」(34節)である。しかし、すでに第一講で確認したように、「キリスト」とは「油を注がれた者」すなわち、「王」の意味であったし、「人の子」は福音書では多くの場合、いわゆる「キリスト論的尊称」の一つであった。しかも、イエス伝承はキリスト信仰を基盤として後世に伝達されていったのである。

このような伝承のレベルでこの比喩的発言を読めば、「最も小さい者の一人」として十字架上に死んだイエスこそが「キリスト」であり、だからこそ彼は、「人の子」「王」として、自らを「最も小さい者」に同一化できたのだ、といえるであろう。

いずれにしても、マタイはこれを、ここでも「共同体倫理」として読み解くように読者に促している可能性がある。40節の「この最も小さい者」の前に置かれている「わたしの兄弟である」という表現は、すでに「イエスの母、兄弟」に関する発言のマタイ版(マタイ一二46-49)で確認したように、マタイ福音書ではイエスの弟子たち、マタイの著作意図ではマタイ福音書の読者、マタイ共同体(教会)のメンバーを示唆している。とすれば、マタイのレベルで「最も小さい者」は、マタイ共同体に所属する者の一部「弱者」ということになり、彼らに対する配慮を、イエスは共同体の「強者」メンバーに勧めていることになる。

しかし、もしわれわれがこの「わたしの兄弟」を——たとえば「イエスの母、兄弟」に関する発言のマルコ版(マルコ三31-35)におけるように——「民衆」と同一視することができるとすれば、「諸国民の審判」に関する比喩的表現も、「共同体倫理」の地平を超えて意味づけられることとなろう。

「剣を取る者は皆、剣で滅びる」

さて、「平和を実現する人々」にかかわる第二のイエスの言葉は、マタイ二六52——「剣を取る者は皆、剣で滅びる」という、無抵抗主義の典拠としてよく引き合いに出される句である。ところが、実はこの言葉も、マタイ福音書だけに編まれている。まず、この句の文脈を読んでおこう。イエスが裏切られ、逮捕される場面(マタイ二六47-56)。

47イエスがまだ話しておられると、十二人の一人であるユダがやって来た。祭司長
たちや民の長老たちの遣わした大勢の群衆も、剣や棒を持って一緒に来た。48イエス
を裏切ろうとしていたユダは、「わたしが接吻するのが、その人だ。それを捕まえろ」
と、前もって合図を決めていた。49ユダはすぐイエスに近寄り、「先生、こんばんは」

と言って接吻した。50 イエスは、「友よ、しようとしていることをするがよい」と言
われた。すると人々は進み寄り、イエスに手をかけて捕らえた。51 そのとき、イエス
と一緒にいた者の一人が、手を伸ばして剣を抜き、大祭司の手下に打ちかかって、片
方の耳を切り落とした。52 そこで、イエスは言われた。「剣をさやに納めなさい。剣
を取る者は皆、剣で滅びる。53 わたしが父にお願いできないとでも思うのか。お願い
すれば、父は十二軍団以上の天使を今すぐ送ってくださるであろう。54 しかしそれで
は、必ずこうなると書かれている聖書の言葉がどうして実現されよう」。55 またその
とき、群衆に言われた。「まるで強盗にでも向かうように、剣や棒を持って捕らえに
来たのか。わたしは毎日、神殿の境内に座って教えていたのに、あなたたちはわたし
を捕らえなかった。56 このすべてのことが起こったのは、預言者たちの書いたことが
実現するためである」。このとき、弟子たちは皆、イエスを見捨てて逃げてしまった。

この場面を、マタイが資料として拠ったと思われるマルコ福音書の同じ場面(マルコ一四43-50)と比較して読んでみると明らかなように、この「剣」の句を含むマタイ二六52-54の部分は、マルコ福音書にはないのである(ちなみにルカ福音書の並行箇所(ルカ二二47-53)にもない)。したがって、この言葉も、マタイの特殊伝承にさかのぼるか、あるいはマタイの

創作であろう。

いずれにしても、この言葉は、とくにマタイ福音書の読者(マタイ共同体のメンバー)に対して「共同体倫理」としての効果を強くもつと思われる。すでに前講で言及したように、マタイが福音書を著したのは、ローマ帝国に対して「剣」によって解放戦争に打って出たユダヤが、ローマ帝国の「剣」によって滅ぼされ、エルサレム神殿が破壊された後の時代であった。しかもその時代、ユダヤ人のユダヤに対する帰属感(アイデンティティー)は、ユダヤ教のみによって確保され、それゆえにこそ、ユダヤ教徒、とくにその指導者的立場にあったファリサイ派は、キリスト教徒を敵視していたのである。このような時代にあって、「剣を取る者は皆、剣で滅びる」というイエスの言葉は、とりわけマタイ福音書の主たる読者であったユダヤ人キリスト者に容易に受容されたであろう。[†1]

しかし、この言葉はそれ自体として、「共同体倫理」を超える射程をもっている。そもそもローマ帝国によって実現された「ローマの平和」(Pax Romana)は、剣に基づくものであった。これに対して、「キリストの平和」(Pax Christi)は、剣を放棄することによって実現される。だからこそ、キリストに従って「平和を実現する人々は、幸い」なのである。この言葉は、かつてのソマリアや現在のイラク・アフガニスタンの現実にも十分通ずる効力を有するのではないか。

それはともかくとして、マタイ福音書とほぼ同じ頃に「パウロ」の名によって書かれた「コロサイ人への手紙」では、「平和を実現する」という言葉が、「共同体論」的意味を超え、「宇宙論」的意味で用いられている。――「神は、御子の十字架の血によって平和を実現し（新共同訳では「平和を打ち立て」）、地にあるものであれ、天にあるものであれ、万物をただ御子によって、御自分と和解させられました」†2（コロサイ一20）。

†1　「剣を取る者は皆、剣で滅びる」に先行する「剣をさやに納めなさい」の一句は、マタイ福音書と伝承史的にも直接関係のないヨハネ福音書にも並行句が見出されるので（一八11）、少なくともこの句は伝承の古層にさかのぼる可能性がある。

†2　この最後の一句中の「ただ御子によって、御自分と」は、岩波版によれば、「御子を通して、御子に向けて」と訳されるべきである。

「敵を愛しなさい」

最後に、「敵を愛しなさい」という、同じ「山上の説教」のあとの文脈に編まれているイエスの有名な言葉を挙げておこう。この言葉については、あとで講を改めて詳論する予定なので（第六講）、ここでは、この講のテーマとしたイエスの言葉「平和を実現する人々は、幸いである、その人たちは神の子と呼ばれる」に関連する限りにおいて、短く言及しておく。

まず、この愛敵の教えの文脈を読んでおこう（マタイ五43-45）。

43「あなたがたも聞いているとおり、『隣人を愛し、敵を憎め』と命じられている。
44しかし、わたしは言っておく。敵を愛し、自分を迫害する者のために祈りなさい。
45あなたがたの天の父の子となるためである」。

この愛敵の教えと平和の教えを比較して目立つのは、両方の教えに、「迫害」と「神の子」が共通して出てくることである。

「平和を実現する人々は、幸いである」（マタイ五9）の場合、すぐそのあとに「義のために迫害される人々は、幸いである」（マタイ五10）という第八至福の教えが続く。「敵を愛しなさい」の場合も、すぐそのあとに、「自分を迫害する者のために祈りなさい」という勧めが続いている（マタイ五44）。しかも、「平和を実現する人々」にも、「敵を愛」する人々にも、「神の子」（マタイ五45の場合は「天の父の子」）となることが約束されている。とすれば、「平和を実現する人々」とは、自分の「敵を」、とりわけ「迫害する者を」「愛する」人々のことである、ということになろう。

そもそも、「山上の説教」の前の文脈(マタイ三13―四11)で、イエス自身が神により(マタイ三17)、あるいは悪魔によって(マタイ四3)、「神の子」と呼ばれている。この文脈から読む限り、愛敵によって「平和を実現する人々」に、イエス・キリストと共に「神の子」となることが約束されている。イエス・キリストが神の御「心に適う者」(マタイ三17)であるとすれば、「弟子たち」はイエスの「兄弟」として「御心を行う人」(マタイ一二50)なのである。しかも、あの「最も小さい者」も、「わたしの兄弟」と呼ばれていた(マタイ二五40)。

なお、愛敵の教えも、第五講でこの教えの後の文脈から明らかにするように、マタイの編集のレベルでは、マタイ「共同体」の結束を強化するための「倫理」となっている。

しかし、「敵を愛しなさい」という勧めそれ自体は、「敵」と「味方」の境界線をむしろ取りはらう結果をひき起こすはずで、これは「共同体」を相対化する方向に機能するはずである。ユダヤの指導者たち、とくに「清浄な民」から成る自らの共同体とその外にある「不浄な民」との間の境界を明確化し、それを強化することによって、ユダヤへの帰属意識を確保しようとしていたファリサイ派にとって、イエスの愛敵の教えは極めて危険なものであったろう。イエスはこのような危険を身に引き受けて「平和を実現する人々」に「神の子」となる「至福」を約束したのである。

第四講「誓ってはならない」

——山上の説教(3)——

マタイ五33-37

イエスの「アンチテーゼ」

イエスの「山上の説教」(マタイ五―七章)の中心的位置を占める箇所(マタイ五21-48)に、イエスの「アンチテーゼ」(反対命題)と呼ばれる六つの教えが編まれている。

(1)「あなたがたも聞いているとおり、昔の人は『殺すな。人を殺した者は裁きを受ける』と命じられている。しかし、わたしは言っておく。兄弟に腹を立てる者はだれでも裁きを受ける」(マタイ五21-22前半)。

(2)「あなたがたも聞いているとおり、『姦淫するな』と命じられている。しかし、わたしは言っておく。みだらな思いで他人の妻〔私見では「女」と訳すべき〕を見る者はだれでも、既に心の中でその女を犯したのである」(マタイ五27-28)。

(3)「『妻を離縁する者は、離縁状を渡せ』と命じられている。しかし、わたしは言っておく。不法な結婚（私見では「不倫」と訳すべき）でもないのに妻を離縁する者はだれでも、その女に姦通の罪を犯させることになる。離縁された女を妻にする者も、姦通の罪を犯すことになる」（マタイ五31－32）。

(4)「また、あなたがたも聞いているとおり、昔の人は、『偽りの誓いを立てるな。主に対して誓ったことは、必ず果たせ』と命じられている。しかし、わたしは言っておく。一切誓いを立ててはならない」（マタイ五33－34前半）。

(5)「あなたがたも聞いているとおり、『目には目を、歯には歯を』と命じられている。しかし、わたしは言っておく。悪人に手向かってはならない」（マタイ五38－39前半）。

(6)「あなたがたも聞いているとおり、『隣人を愛し、敵を憎め』と命じられている。しかし、わたしは言っておく。敵を愛し、自分を迫害する者のために祈りなさい」（マタイ五43－44）。

これらの教えが、イエスの「アンチテーゼ」（反対命題）と呼ばれる理由は、そのいずれもがほぼ同じ文章様式で、まず旧約聖書の言葉――あるいはそれに類似する言葉――が引用され（これを「テーゼ」つまり「命題」とする）、次に、「しかし、わたしは言っておく」

という定型句に導かれて、引用された「テーゼ」（命題）に対して「反対する命題」（アンチテーゼ）が対置されているからである。

もっとも、六つの教えをよく読んでみると、六つがすべて、そこで引用されているテーゼに反対する「アンチテーゼ」とはなっていない。⑶、⑸、⑹は、確かにアンチテーゼであるが、⑴と⑵と⑷は、テーゼに必ずしも真っ向から「反対」してはおらず、むしろテーゼを「徹底」して守ることを勧めている。したがって、これらはむしろ「徹底命題」と呼ばれるべきであろう。

私がここで「反対命題」と「徹底命題」の区別にこだわったのは、この「区別」が、これらのいわゆる「アンチテーゼ」を私どもがどう読むべきかという問題と深くかかわるからである。イエスは聴衆に、旧約聖書のテーゼを――⑴と⑵の場合は、心情の領域に至るまで――「徹底」させて守るべきことを教えたのか。それとも、旧約聖書の教えにあえて「反対」したのか。――少なくとも、マタイの編集のレベルでこれを読むと、マタイ福音書の文脈においてイエスは聴衆（弟子たち）に、旧約聖書の教えを徹底して守るように勧めている。

まず、先に引用したイエスの六つの教えを、そのすべてをアンチテーゼという文章様式にして、山上の説教の中心的部分に置いたのは、イエスの言葉伝承に対するマタイの編集作業と思われる。

実は、(3)についてはルカ一六18に、(5)に続くマタイ五39後半と40については、ルカ六29に、(6)のうちマタイ五44については、ルカ六27-28に、それぞれ並行するイエスの言葉がある。すなわち、ルカ福音書ではこれらの言葉は、マタイ福音書の「アンチテーゼ」のような順序でまとまってはおらず、そのすべてが「アンチテーゼ」の文章様式にもなっていない。いずれにしても、これらの言葉は、マタイ福音書とルカ福音書に並行して見出されるので、マタイとルカが福音書を編む際に共に資料として用いたイエス語録伝承(Q資料)にさかのぼるであろう。マタイは、Q資料に発見したイエスの言葉に、自ら収集したイエスの言葉(マタイ特殊資料(1)、(2)、(4)の場合)を加えて、すべてを「アンチテーゼ」の文章様式にし、山上の説教の中心的部分に位置づけた、ということになるであろう。

「アンチテーゼ」の「プロローグ」

次にマタイは、このアンチテーゼの直前(五17-20)に、いわばそのための「プロローグ」として律法についてのイエスの教えを置き、山上の説教の読者に対して、アンチテーゼをどのように読むべきか――私が先に立てた問いに対する示唆を与えようとしている。

17「わたしが来たのは律法や預言者〔すなわち、旧約聖書〕を廃止するためだ、と思ってはならない。廃止するためではなく、完成するためである。18はっきり言っておく。すべてのことが実現し、天地が消えうせるまで、律法の文字から一点一画も消え去ることはない。19だから、これらの最も小さな掟を一つでも破り、そうするようにと人に教える者は、天の国で最も小さい者と呼ばれる。しかし、それを守り、そうするように教える者は、天の国で大いなる者と呼ばれる。20言っておくが、あなたがたの義が律法学者やファリサイ派の人々の義にまさっていなければ、あなたがたは決して天の国に入ることができない」。

もっとも、このプロローグの部分を全部マタイが創作したわけではない。少なくとも18節の言葉「すべてのことが実現し、天地が消えうせるまで、律法の文字から一点一画も消え去ることはない」には、ルカ一六17に並行句がある。――「しかし、律法の文字の一画がなくなるよりは、天地の消えうせる方が易しい」。とすれば、マタイは、天地が続く限り、「律法は永遠に廃止されることはない」という意味のイエスの言葉伝承(この場合もQ資料)を手掛りとして、「プロローグ」を構成した、とみてよいであろう。しかも、ルカ福音書でも、今引用した一六17は、マタイ福音書における第三のアンチテーゼにあたる、離縁禁止の言葉(ルカ一六18)の直前に置かれている。

こうしてマタイ自身が構成した文章の中で、イエスはまず、自分が「律法や預言者」つまり旧約聖書全体を廃止するためではなく、それを「完成するため」に来た、と宣言する。そして、これらの最小の掟の一つでも破り、そうするようにと人に教える者は、「天の国で最も小さい者」と呼ばれ、逆にそれを守り、そうするように教える者は「天の国で大いなる者」と呼ばれることを確認し、最後に、「あなたがたの義が律法学者やファリサイ派の人々の義にまさっていなければ、あなたがたは決して天の国に入ることができない」と宣言する。

とくに最後の宣言に用いられている二つの言葉、「義」(神によって判定される、神に対する人間の正しいあり方)と「天の国」(「神の国」の代替語)は、すでに前講で確認したように、共にマタイが好んで用いる用語であった。また、これも先に言及したように、マタイが福音書を編んでいる時代(おそらく八〇年代)は、キリスト教がファリサイ派の律法学者を指導者と仰ぐユダヤ教とライバル関係に置かれていた。しかも当時、キリスト教の中には、「律法を廃止する」とまではいわないものの、律法に対して批判的なキリスト教の一派が存在したことも事実である。

たとえば、すでに五〇年代に、キリストの福音を地中海沿岸諸都市からローマに至るまで宣べ伝え、キリスト教を「世界宗教」とする基盤を据えたパウロは、「ローマ人への手紙」一〇4で、「キリストは、すべて信じる者に義を得させるために、律法の終りとなられたのである」と宣言している(日本聖書協会訳による。新共同訳では、「律法の終り」〔ギリシア語でtelos〕を「律法の目標」と訳しているが、私はこれを採らない。この訳には、律法に対するパウロとマタイの立場の差異を曖昧にする、あるいはむしろそれを調和しようとする傾向がみられる)。もちろんパウロは、「キリストは律法を廃止するために来られた」などとは言ってはいない。神によって人間が「義」とされる条件としての律法に——パウロによれば——キリストは終止符を打った。しかし、こうして神から信仰のみによって「義」とされた信仰者にとって、律法はむしろ彼らの生活を倫理的に維持していく手段として是認されるべきだ。この意味で、「信仰によって律法を確立する」(ローマ三31)というのがパウロの真意である。しかし、このようなパウロの主張を、パウロはキリストの名によって律法のすべてを廃止した、と誤解し(誤解の責任の一切がパウロになかったとはいえない!)、「すべてのことが許されている」と主張して(Iコリント六12、一〇23)、自由奔放な生き方をしたキリスト教徒が実在した。

マタイはアンチテーゼのプロローグの中で、「これらの……掟を……破り、そうするようにと人に教える者」に——イエスの口を借りて——言及しているが(マタイ五19)、ここでマタイは、今確認したような律法から自由に生きたキリスト教の一派を念頭に置いている可能性は十分にあろう。マタイは、山上の説教の終わりの部分（マタイ七21）にも、「わたしに向かって、『主よ、主よ』と言う者が皆、天の国に入るわけではない。わたしの天の父の御心を行う者だけが入るのである」というイエスの言葉を編んでいる。この言葉もマタイ福音書にしか存在しないので、ここにもイエスの口を借りたマタイ自身の主張が垣間みられるであろう。他方、パウロは、「口でイエスは主であると公に言い表し、心で神がイエスを死者の中から復活させられたと信じるなら、あなたは救われる」（ローマ一〇9）と宣言している！

こうしてみると、アンチテーゼのプロローグの冒頭で、マタイがイエスをして、「わたしが来たのは律法や預言者を廃止するためだ、と思ってはならない。廃止するためではなく、完成するためである」（マタイ五17）と言わしめている意図は、マタイの読者（マタイ教会のメンバー）に、21節以下の「アンチテーゼ」と呼ばれているイエスの教えを、旧約の律法に対する「反対命題」としてではなく、むしろそれを「徹底」し、「完成」する、「徹底命題」として読むべきことを勧めることにある、とみてまちがいないであろう。

さて、私は以下において、紙幅の都合上、六つのアンチテーゼのうち後半の三つ——第四の「誓ってはならない」、第五の「復讐してはならない」、第六の「敵を愛しなさい」

──だけを読み解いていくことにする。

第四のアンチテーゼ──マタイのレベルから

まず、この講のテーマである、誓いを禁止する、イエスの第四のアンチテーゼを読むことにしよう(マタイ五33-37)。

33「また、あなたがたも聞いているとおり、昔の人は、『偽りの誓いを立てるな。主に対して誓ったことは、必ず果たせ』と命じられている。34しかし、わたしは言っておく。一切誓いを立ててはならない。天にかけて誓ってはならない。そこは神の玉座である。35地にかけて誓ってはならない。そこは神の足台である。エルサレムにかけて誓ってはならない。そこは大王の都である。36また、あなたの頭にかけて誓ってはならない。髪の毛一本すら、あなたは白くも黒くもできないからである。37あなたがたは、『然り、然り』『否、否』と言いなさい。それ以上のことは、悪い者から出るのである」。

これをプロローグ(マタイ五17-20)に提示されているマタイの意図に沿って読むならば、

イエスは人間に、たとえば旧約聖書のレビ記一九12に命じられている、偽りの誓いの禁止を超えて、誓いそのものの原則的かつ無制限な禁止を要求しており、しかもこのアンチテーゼの結びの句(37節――「然り、然り」「否、否」と言う以上のことは、「悪い者から出る」)から判断すると、この禁止命令の文字どおりの実行を迫っていることになる。

果たして人間は一切の誓約なしにこの現実社会の中で生きていけるであろうか。この問いは、実は、第一、第二、第三のアンチテーゼにも当然立てられるべきであろう。人間は、他人に怒りを感ずることなしに(マタイ五22)、男の場合、女に何らかの思いを抱くことなしに(マタイ五28)、絶対的に離婚を禁じられて(マタイ五32)、この世の中で人間らしい生活を送ることができるであろうか。マタイの視座から見ると、イエスは人間に、文字どおりそのように生活することを命じている。

とすれば、人間は現実の社会から離脱して、現実社会を超えた、文字どおりの「聖徒」をメンバーとする、特殊な生活共同体を形成し、その中でアンチテーゼを実行する以外に道はないことになる。実際、同時代のユダヤ教に、「ファリサイ派の義にまさる義」の実践を志向した「エッセネ派」と呼ばれる一派が実在し、彼らの一部が死海の西北岸の町クムランに一つの「禁欲共同体」を形成していたことが、いわゆる「死海写本」(あるいは「クムラン写本」)の発見と同地の発掘によって、次第に明らかにされつつある。彼らは自らの共同体(これを「クムラン教団」という)のメンバーを男性に限り、メンバー同士のいさかいを戒め、誓約をも否定している。しかし、実際には彼らは、教団に入団する際に誓約を義務づけており、在野のエッセネ派の人々には、私的な誓約を禁止してはいるが、裁判での誓約は認めている。

とすれば、マタイ教会は、ファリサイ派はもとより、エッセネ派にもまさる「義」を自らのメンバーに義務づけたのであろうか。

マタイ教会には、そのような極端な禁欲主義を称揚する傾向がある。たとえば、「離縁についての教え」(マルコ一〇1-12)のマタイ版(マタイ一九1-12)最後の場面(マタイ一九10-12)で、イエスが離縁を禁止したのに対して、弟子たちが、それなら結婚しないほうがましだ、と言った。それに対して、イエスは次のような奇妙な言葉(マタイ一九11-12)で応じたという(ちなみに、この言葉はマタイ福音書以外に存在しない)。

11「だれもがこの言葉を受け入れるのではなく、恵まれた者だけである。12結婚できないように生まれついた者(文字どおりには「生まれながらの去勢者」――性能力のない者」)、人から結婚できないようにされた者(文字どおりには、「人によって去勢された去勢者」)もいるが、天の国のために結婚しない者(文字どおりには、「天の国のため自らを去勢した去勢者」)もいる。これを受け入れることのできる人は受け入れなさい」。

マタイ教会には「去勢者」のグループが存在した。とりわけ第二、第三のアンチテーゼを文字どおり守ろうとすれば、人間は「性」を絶ち切らねばならぬ。そのような状態に自らを置いて、はじめて「一切誓いを立て」ないですむのだ。

ただ、注意していただきたいのは、先に引用したマタイ一九12のイエスの言葉で、「去勢者」は、とくに「恵まれた者」といわれ、「弟子たち」(マタイ教団の一般のメンバー、マタイ福音書の読者)には、これを「受け入れなさい」と勧められている特別な存在である。つまり、マタイ自身、一般の信徒にとってアンチテーゼはそのまま実践可能ではないことを知っていた。だからこそ、マタイ福音書の「山上の説教」において(しかも「山上の説教」ではマタイ福音書においてのみ！)イエスは、戒めを実践できない「人の過ちを赦す」ことを、同じ「弟子たち」に教えることとなる(六14―15)。

14「もし人の過ちを赦すなら、あなたがたの天の父もあなたがたの過ちをお赦しに
なる。15しかし、もし人を赦さないなら、あなたがたの父もあなたがたの過ちをお赦

しにならない」。

伝承のレベルから

ところで、マタイのレベルから自由になって、イエス自身の教えが色濃くその影を落としている伝承のレベルからみれば、アンチテーゼはどう読まれるべきであろうか。そこでイエスは、少なくとも禁欲生活を実践するためにこの世から離脱することを勧めてはいない。彼はむしろ、「大食漢で大酒飲み、徴税人や罪人の仲間」と非難されている(マタイ一一19／ルカ七34)。ここで「罪人」とは、たとえばファリサイ派からみれば「律法を守らない者」「不浄な民」のことである。イエスは、まさにこの人々の位置に立ち、彼らに「罪人」のレッテルを貼るユダヤの宗教的エリートたちに対し、「わたしが来たのは、正しい人を招くためではなく、罪人を招くためである」(マルコ二17)、あるいは「はっきり言っておく。徴税人や娼婦たちの方が、あなたたちより先に神の国に入るだろう」(マタイ二一31)と宣言している。

とすれば、このイエスが、旧約聖書のテーゼ(律法)をさらに強化して、それを守らせるためにアンチテーゼを立てた、つまり「律法」という「屋上に屋を重ねた」はずはない。このレベルにおける第二、第三のアンチテーゼの意味については、本書の第二〇講で「姦通の女」の物語(ヨハネ七53-八11)との関連で私見を述べるつもりである。ここでは「誓い」を禁ずる第四のアンチテーゼに限って、その原意を問うておこう。

実は、このアンチテーゼ(マタイ五33-37)には、「ヤコブの手紙」五12に並行句があって、新約聖書学者たちの間では、後者のほうに伝承のより古い文言が保存されているとみなされている。

> 12わたしの兄弟たち、何よりもまず、誓いを立ててはなりません。天や地を指して、あるいは、そのほかどんな誓い方によってであろうと。裁きを受けないようにするために、あなたがたは「然り」は「然り」とし、「否」は「否」としなさい。

もっとも、「ヤコブの手紙」でこの言葉は、イエスにではなくヤコブ(おそらくイエスの弟の「ヤコブ」)に帰されている。しかし、この手紙には、イエスの「山上の説教」、とりわけ「アンチテーゼ」の中の文言と並行する言葉がほかにも見出される(とくにヤコブ二5、8、10、11)。おそらくこの手紙の著者は、イエスの弟ヤコブの口を借りて、イエスの言葉伝承を読者に伝えようとしたと思われる。

もう一つ、この手紙の著者も、「律法」の実践については、マタイとほぼ同じ立場にある。そもそも、ペトロがエルサレム教会を去ったのち、同教会の指導者的地位についたヤコブは(使徒行伝三17、一五13以下、ガラテヤ二9など参照)、当時ユダヤ教徒からさえ「義人」と称賛されるほど律法には忠実であった。ヤコブの手紙は、このような「ヤコブ」の名によって書かれた文書と想定される。したがって、「伝承のレベル」といった場合、ヤコブやマタイのレベルでの解釈以前の「レベル」ということになる。

さて、第四のアンチテーゼのマタイ版とヤコブ版を比較して目立つのは、第一に、ヤコブ版のほうが、マタイ版のごとく、もともと「アンチテーゼ」の文章様式になっていないことである。「わたしの兄弟たち、何よりもまず、誓いを立ててはなりません」。こちらのほうが伝承の元の形であろう。

次に、「……にかけて」あるいは「……を指して」誓ってはならない、といわれる場合の文章も、ヤコブ版のほうが極めて短い。「天や地を指して(誓いを立ててはなりません)」。マタイは「天」を「神の玉座」(イザヤ書六六1参照)、「地」を「神の足台」(イザヤ書六六1参照)と説明し(マタイ五34-35前半)、さらに「エルサレムにかけて誓ってはならない。そこは大王〔つまり神〕の都である」(詩篇四八2参照)の一句を加筆している(マタイ五35後半)。

第三に、ヤコブ版では「そのほかどんな誓い方」も禁じているが、これをマタイ版は、「また、あなたの頭にかけて誓ってはならない。髪の毛一本すら、あなたは白くも黒くもできないからである」(マタイ五36)という文章で例示しているのであろうか。この禁令は、前の文脈の場合と、誓いを禁ずる理由が違っている。すなわち、前の文脈では、神の名が誓いに利用されるがゆえに誓いが禁じられているのに対し、ここでは、「髪の毛一本すら白くも黒くもできない」人間の無力が、禁令の理由にされている。

第四に、このアンチテーゼを締めくくる句が、ヤコブ版とマタイ版とでは微妙に違っている。ヤコブ版では、「『然り』は『然り』とし、『否』は『否』としなさい」であるが、マタイ版ではこれが、「『然り、然り』『否、否』と言いなさい」となっている。この句の場合も、おそらく伝承の元の形はヤコブ版のほうに保たれていると思われる。ただし、マタイ版の「『然り、然り』『否、否』」をいわゆる「是々非々」の意味にとって、マタイのイエスはここで、提起されている問題に「日和見主義」的に対応することを勧めている、と解釈することはできない。ギリシア語でも、セム語でも、語の重複は、語意を強めるための手段として用いられているからである。だから、この表現は、「本当に『然り』、本当に『否』と言いなさい」という意味で、その限りではヤコブ版と大きな相違はないのである。

さて伝承の元の形では、イエスはどのような意味で「誓いを立てる」ことを禁じたのであろうか。彼は最後に、相手の問いに対して、諾否を正直に答えることを勧めているのであるから、近代的・現代的意味で誓約の一切を禁止した、ととるべきではない、と私には思われる。古代においては(もちろん現代においてもその例は多いが)、誓いは何かに「かけて」行われた。とくに、それが「神の名にかけて」なされることが一般的であった。何よりもまず、そうすることをイエスは禁じている。とすればイエスは、人が神の名にかけて誓うことにより、自分の責任を神に転嫁し、それによって自分の行動を正当化することを禁じたことになろう。これから為そうとする自分の応答あるいは行動については、正直に、自分で責任をとれ、ということである。これが本当の「成人」の生き方ではないか。

一九九一年の一月、アメリカのブッシュ大統領が「湾岸戦争」の開始を宣告した時、その演説をこう締めくくっている。——「すべての同盟国に神の恩寵あれ。米国に神の恩寵あれ」と。これに対して、イラクのフセイン大統領は、こう応酬した。——「神はわれらと共にある。神は偉大なり(アラー・アクバル)!」。よく知られているように、イスラム教の「神」とキリスト教の「神」は、共にユダヤ教の「神」にさかのぼる。天にまします神さまは、フセインとブッシュの両方に頼られて、お困りになっているのではないか。イエスの眼から見ると、こういう仕方で神を味方につけようとする人間の振舞いは、まさに「児戯」なのだ。ブッシュもフセインも、「大統領」と称してはいるが、人間としてはまだ「成人」していないのである。

それなら、成人にとって神は要らないのか。自分の責任を転嫁する神、自分の行動の正当性を絶対化する神は不要である。そのような「神は死んだ」。しかし、成人した人間にとって神そのものが不要なのではない。

「責任」を意味する英語のResponsibility、ドイツ語のVerantwortungは、共に、自分の行動に対する他人の問いに「応答する」(response, antworten)こと、そのような能力をそなえていることである。そのためには、自分の行動を、自分の力で絶対化してはならない。人が常に他者と同じ地平に立ち、他者の問いに開かれているためには、自己絶対化を否定する神によって、人間とはそもそも無力であることを知らされていなければならない。自己を絶対化し、他者の問いに自らを閉ざす者は、神の裁きを受ける。——第四のアンチテーゼの最後の言葉は、このことを私どもに示唆しているのではないか。「裁きを受けないようにするために、あなたがたは『然り』は『然り』とし、『否』は『否』としなさい」(ヤコブ五12)。「あなたの頭にかけて誓ってはならない。髪の毛一本すら、あなたは白くも黒くもできないからである。あなたがたは、『然り、然り』『否、否』と言いなさい」(マタイ五36-37)。

成人した人間は、自らの責任で、しかも常に自らが相対的存在であることを自覚しつつ、正直に、「然り」を「然り」と言い、「否」を「否」と言うであろう。

第五講 「悪人に手向かってはならない」

——山上の説教(4)——

マタイ五38−42

「だれかがあなたの右の頬を打つなら、左の頬をも向けなさい」というイエスの有名な言葉を含む第五のアンチテーゼは、かのマーチン・ルーサー・キング牧師の非業の死に極まるキリスト教「非暴力」レジスタンス運動の典拠とされてきた。まず、その文脈（マタイ五38−42）を読んでみよう。

38「あなたがたも聞いているとおり、『目には目を、歯には歯を』と命じられている。
39しかし、わたしは言っておく。悪人に手向かってはならない。だれかがあなたの右
の頬を打つなら、左の頬をも向けなさい。40あなたを訴えて下着を取ろうとする者に
は、上着をも取らせなさい。41だれかが、一ミリオン〔約一四八〇メートル〕行くように
強いるなら、一緒に二ミリオン行きなさい。42求める者には与えなさい。あなたから

借りようとする者に、背を向けてはならない」。

ルカ版との関係

ところで、この第五のアンチテーゼにも、これに対応するイエスの言葉が、ルカ福音書六章にある。ただし、ルカ福音書の場合は、マタイ福音書の第五のアンチテーゼにあたるイエスの言葉が、同福音書の第六のアンチテーゼに対応する言葉(「敵を愛しなさい」)のあとに置かれている(ルカ六27-36)。

27「しかし、わたしの言葉を聞いているあなたがたに言っておく。敵を愛し、あなた
がたを憎む者に親切にしなさい。28悪口を言う者に祝福を祈り、あなたがたを侮辱す
る者のために祈りなさい。29あなたの頬を打つ者には、もう一方の頬をも向けなさい。
上着を奪い取る者には、下着をも拒んではならない。30求める者には、だれにでも与
えなさい。あなたの持ち物を奪う者から取り返そうとしてはならない。31人にしても
らいたいと思うことを、人にもしなさい。32自分を愛してくれる人を愛したところで、
あなたがたにどんな恵みがあろうか。罪人でも、愛してくれる人を愛している。33ま
た、自分によくしてくれる人に善いことをしたところで、どんな恵みがあろうか。罪

人でも同じことをしている。34返してもらうことを当てにして貸したところで、どん
な恵みがあろうか。罪人さえ、同じものを返してもらおうとして、罪人に貸すのであ
る。35しかし、あなたがたは**敵を愛しなさい**。人に善いことをし、何も当てにしない
で貸しなさい。そうすれば、たくさんの報いがあり、いと高き方の子となる。いと高
き方は、恩を知らない者にも悪人にも、情け深いからである。36あなたがたの父が憐
れみ深いように、あなたがたも憐れみ深い者となりなさい」。

さて、先に引用した第五のアンチテーゼのマタイ版（マタイ五38-42）と今引用した愛敵の教えのルカ版（ルカ六27-36）とを注意深く比較して読んでみると、次の諸点が明らかになる。

第一に、マタイ版39節後半と40節の二つの教え「あなたの右の頰を打つなら……」と「あなたを訴えて下着を取ろうとする者には……」は、ルカ版29節「あなたの頰を打つ者には……」と「上着を奪い取る者には……」に対応し、マタイ版42節前半「求める者には与えなさい」は、そのままルカ版30節前半に、マタイ版42節後半「あなたから借りようとする者に……」は、ルカ版34節前半「返してもらうことを当てにして貸したところで……」に、それぞれ対応する。ここに見出される三つ（あるいは四つ）の教えは、マタイとルカが福音書を編む際に共通して用いたイエスの語録伝承（Q資料）にさかのぼるであろう。

これに対して、マタイ版41節「一ミリオン行くように強いるなら……」に対応する教えは、ルカ版には見出されない。とすれば、この教えは、マタイ特殊資料にさかのぼるか、マタイ自身に由来することとなる。ただし私には、41節の教えも、39節後半と40節の教えとともに伝承にさかのぼる可能性が強いと思われる。しかも、ここに見出される三つの教えは、元来ともにQ伝承に属していたのに、ルカがマタイ五41に保存されている教えを削除した可能性を、私は捨てがたいと思っている。

あとでも指摘するように、41節の教えの背景には、ローマの軍隊による属州民に対する強制労働があったと思われる。ところでこれは、シリア州やユダヤ州など、そこにローマ軍が派兵されていた皇帝直轄属州では、日常的に起こることであった。しかし、ルカが著作活動をした場所は、ローマ軍が駐留していないアカイア州(ギリシア)などの元老院管轄属州かローマと想定されるので、そこでは41節の教えはルカの読者に通じにくい。だから、ルカはこれをカットした、というのである(ちなみに、マタイ福音書はシリアで成立したというのが、学者たちのほぼ一致した見解である)。

以上要するに、マタイ五39後半-42節に編まれている四つ(あるいは五つ)の教えは、いずれも、おそらくQ資料の伝承にさかのぼる、ということである。

第二に、この「アンチテーゼ」そのもの(マタイ五38-39前半)は、ルカ福音書に並行箇所はなく、マタイ福音書にしか存在しない。これはおそらくマタイ自身にさかのぼるであろう。39節前半に用いられている「悪人」(ギリシア語でponēros、これは中性形「悪」とも訳しうる)は、第四のアンチテーゼの結びの句(マタイ五37)の場合と同じように、マタイが好んで用いる名詞である。マタイは、この教えを導く「しかし、わたしは言っておく」という定型句を、第六のアンチテーゼの導入句「しかし、わたしは言っておく」(マタイ五44)と揃えて(この44節はルカ六27に保存されているQ伝承にさかのぼる)、その前の38節に旧約聖書の掟、「目には目を、歯には歯を」(出エジプト記二一24、レビ記二四20、申命記一九21)を引用し、全体としてアンチテーゼを構成したと思われる。

マタイの強調点

こうしてみると、マタイが構成したアンチテーゼ(マタイ五38−39前半)と、それに続く、伝承にさかのぼる三つの教え(マタイ五39後半−41)との間には、強調点に差異があることに気づくであろう。すなわち、三つの教えは、いずれも個別的・肯定的であるのに対して、アンチテーゼは総括的・否定的である(「悪人に手向かってはならない!」)。マタイはこうして、後世の教会の、権力に対する受動的抵抗(兵役拒否や裁判官職拒否など)に道を開くこととなる。しかし、これに続く三つの教えは、元来(伝承のレベルでは)——あとで詳しく述べるように——単なる「拒否」を超えた、権力に対する「示威」あるいは「挑発」的姿勢をも宿していた。

この関連で注目すべきは、三つの教えに続く42節の総括的教え「求める者には与えなさい。……」である。この句は、前に指摘したように、それ自体としてQ資料(ルカ六30、34)にさかのぼる。しかし、マタイ五42の前半とルカ六30の前半では共に、「求める者には、(だれにでも)与えなさい」といわれているのに、それぞれの後半の言葉が微妙に違っている。すなわち、マタイ五42の後半では、「あなたから借りようとする者に、背を向けてはならない」と言われているのに対し、ルカ六30後半では、「あなたの持ち物を奪う者から取り返そうとしてはならない」となっている。マタイはおそらく、ルカ六34「返してもらうことを当てにして貸したところで、どんな恵みがあろうか」にあたるQ伝承を書き換えて42節後半の文章を作ったのであろう。いずれにしても、ルカ六30に反映しているQ伝承では、イエスが「持ち物を奪」われる者、つまり被害者に向かって語りかけているのに対し、マタイ五42でイエスは、「借りようとする者」にはいつでも貸すことのできる所有者一般を対象にして教えている。マタイはここでも、比較的に富裕なマタイ教会のメンバーを自らの福音書の読者として意識しているのではないか。もしそうだとすれば、第五のアンチテーゼも、マタイのレベルでいえば、全体として「共同体倫理」となろう。

「プロローグ」との関係

それでは、この第五のアンチテーゼと、——前講で確認したように——マタイが六つのアンチテーゼ全体の「プロローグ」としてこれらアンチテーゼの前に編んだイエスの言葉(マタイ五17-20)との関係はどうなるのであろうか。この言葉は、「わたしが来たのは律法や預言者を廃止するためだ、と思ってはならない。廃止するためではなく、完成するためである」という宣言で始まっていた。第五のアンチテーゼは、「目には目を、歯には歯を」という律法を廃止することになるのではないか。

そうではない、これも、文字どおりの「反対命題」ではなく、マタイ福音書のイエスが意図する「徹底命題」だ、と解釈する伝統が古代からあった。すなわち、「相手によって目を奪われるならば、相手の目を奪ってそれに報いなければならない」という「同害報復法」(申命記一九21)は、この法が成立した元来の精神からみれば、「自分が受けた害以上の害を相手に報復してはならない」という、相手に対する配慮から出た否定的表現を内に含む禁令である(岩波版『旧約聖書I』七〇七頁、注二〇参照)。したがって、「悪(人)に手向かってはならない」というイエスの戒めは、同害報復法を、その精神において「徹底」し、それを「完成」するものだ、というのである。

しかし、少なくとも旧約聖書の中からは、同害報復法の「精神」を読みとることはできないし、「目には目を、歯には歯を」という同害報復の勧めに対し、そのような法的権利の放棄と一切の暴力の否定が対置されている以上、率直に言って、これはやはり「アンチテーゼ」(反対命題)と受けとらざるをえないのではないか。

あるいはマタイは、ユダヤ人として、状況により旧約聖書の個々の戒律を無効にしても、律法全体を貫く神の意志は完成されるという、ユダヤ教の現実的律法解釈をここに前提しているのであろうか。それにしても、プロローグの中の、とくに五章18、19節のイエスの言葉(「天地が消えうせるまで、律法の文字から一点一画も消え去ることはない。……」)と、このアンチテーゼとは、やはり矛盾してしまう。

マタイはマタイ教会が置かれている現実——ローマの官憲とユダヤ教徒による二重の迫害にさらされているという現実に直面して(マタイ三34参照)、それに耐えうる唯一の共同体倫理として、「悪人に手向かってはならない」という法的権利の放棄と非暴力を説くイエスの言葉を、その「プロローグ」の一部に矛盾してまで、総括的に構成したのであろうか。マタイ福音書によれば、イエス自身が、至福の教えの中で「柔和な人々は、幸いである、その人たちは地を受け継ぐ」と宣言し(マタイ五5)、自ら「柔和な」「王」としてエルサレムに入城し(マタイ二一5)、ユダに裏切られ、逮捕されても「剣」による抵抗を戒め(マタイ二六52)、十字架への道を歩んで神により復活へと導かれた。ここに、マタイによれば、キリスト者が非暴力に生きる根拠とその可能性が保証されている。「悪(人)に手向かってはならない」という総括的・原則的教えに続く五39後半-42の戒めは、マタイ共同体の中で生活している個々人に対する、原則的教えの事例として考えられているとみてよいであろう。

伝承のレベルからイエスの声を

しかし、これらの戒めをそれ自体として、つまり伝承のレベルで読めば、私どもはここから、圧倒的権力による抑圧の下にあっていかなる力をもってする抵抗の手段をも奪われた民衆個々人の位置に立ち、彼らの呻きに応えようとするイエス自身の声を聞き取ることができるのではないか(ちなみに、五38-39前半は、二人称複数形で「あなたがた」と呼びかけられているのに対し、五39後半からは二人称単数形で「あなた」と語りかけられている)。

39節――「だれかがあなたの右の頬を打つなら、左の頬をも向けなさい」。平手打ちは、旧約聖書では「嘲り」(イザヤ書五〇6)と不当な「懲らしめ」(哀歌三30)とみなされている。打たれる者にとって、それは屈辱以外の何ものでもない。しかも、「右の頬」を打つというのは異常である。打つ者がサウスポーか、あるいは逆手(手の甲)で打つことを前提しなければならない。そして、もし後者ならば、当時のユダヤ教の文献では、相手に二倍の侮辱を与える振舞いとみなされている。——それなら、「左の頰をも向けなさい」とは、決して暴力に対する譲歩の勧めではない。これにはむしろ、権力に対して力による抵抗の手段を一切奪われた被抑圧者に残された、権力に対する非暴力による「示威」あるいは「挑発」の容認が前提されている、とみなすべきであろう。

ここで、この勧めの理解の一助として、私自身の経験を述べることをゆるされたい。私は、中学三年生の夏に「終戦」を迎えたので、それまでの小・中学時代は戦時下にあった。その時代、とくに中学校における上級生と下級生の関係は、軍隊における上官と部下の関係のコピーであった。すなわち、下級生は上級生に対して軍隊におけると同様の絶対的服従を強いられ、上級生による度重なる暴力行為に対して、下級生は力による一切の抵抗手段を奪われていた。その上、私の父は牧師で、「敵性宗教」(キリスト教)の宣伝者として、日頃、「特高」(思想を取り締まる「特別高等警察」)によって見張られていた。そのために、私はよく「スパイの子」と呼ばれたものである。このこともあって、私は些細な理由づけでしばしば上級生による「鉄拳制裁」にさらされた。理不尽に頰を打たれながら、私は何度、教会の「日曜学校」(今の「教会学校」あるいは「子どもの礼拝」)で当の父親から習ったあのイエスの教え「だれかが右の頬を打つなら、左の頬をも向けなさい」を思ったであろうか。私は歯を食いしばり、相手を睨みつけ、一方の頬を打たれたら、もう一方の頬を差し出したものである（ちなみに、この勧めのルカ版〔ルカ六29前半〕では、より一般的表現になっている。――「あなたの頬を打つ者には、もう一方の頬をも向けなさい」）。私の振舞いは、さしあたっては、敵を愛する行為などというものではなく、相手に対する恨みに基づく示威あるいは挑発であった。それは、当時の私に唯一可能な抵抗の手段だったのである。

40節――「あなたを訴えて下着を取ろうとする者には、上着をも取らせなさい」。この勧めは、たとえば借金を返すことのできないほどの貧困者に向けられている。彼は下着まで差し押さえられる。その上、上着（外套）をも差し出せ、というのは異常な勧めである。旧約聖書の法には、自分の上着を抵当に差し出さざるをえない貧しい者には、日没までにそれを返さなければならない、それは彼の肌を覆う唯一の上着だから、という文言がある（出エジプト記三25-26、申命記二四12-13）。とすれば、この勧めは、貧民を救済する法の最小限をも放棄せよ、ということになるであろう。ここには、身の危険を冒してまでも、権力者から与えられる法のお恵みを返上しようとする極貧者の示威的、あるいは挑戦的心意気が認められるのではなかろうか。

なお、この勧めのルカ版(ルカ六29後半)では、「上着を奪い取る者には、下着をも拒んではならない」となっている。このほうが、現代に生きる私どもにはわかりやすいであろう。ルカは、旧約聖書に固有な、必ずしも合理的ではない貧民救済法を知らない読者のために、このマタイの勧めが前提している状況を、強盗に襲われた人物の状況に換えた可能性がある。

41節――「だれかが、一ミリオン行くように強いるなら、一緒に二ミリオン行きなさい」。ここで「強いる」と訳されているギリシア語の動詞 aggareuō の原意から想定して、この勧めには、軍隊あるいは権力者の手先による民衆の徴発と強制労働が前提されている(岩波版では「徴用する」)。たとえば、戦中・戦前に朝鮮半島において日本人が行ったといわれる、朝鮮人の強制連行を考えてみるがよい。――畑で働いているとき、いきなり徴用され、この武器あるいは荷物を担いでついて来い、と命令されたら、命令された距離の二倍を行ってやれ、というのである。これもまた、元来は示威的行動の容認であろう。

以上三つの勧めは、いずれも権力によって虐げられている貧しい民衆一人ひとりに向けられている。このような、文字どおり「法外」な勧めから、私どもは権力に対する民衆の挑発的抵抗を容認するイエスの姿勢を読み取ることができると思う。

しかし、この第五のアンチテーゼを総括的に締めくくる42節になると、――すでに確認したように——その語調は、再び比較的に富裕なマタイ教会のメンバーに対する「共同体倫理」的勧めにもどっている。——「求める者には与えなさい。あなたから借りようとする者に、背を向けてはならない」。

つまり、マタイ福音書では、39節から41節にかけての三つの勧めが、持てる者は持たざる者の願いを拒否してはならない、むしろ願い以上のものを与えてやりなさいという、持てる者の「愛の倫理」のレベルで総括されている。これは、38-39節前半の場合と同様に、マタイの編集作業とみなすべきであろう。

「愛敵の教え」との関係

さて、すでに指摘したように、マタイ五39後半以下の個々の勧めは、そのルカ版ではイエスの「愛敵の教え」(ルカ六27-36)の中に入っている。それだけではなく、実はこれらの勧め(ルカ六29、30、34)は、「敵を愛しなさい」という二度の教え(ルカ六27、35)によって挟み込まれているのである。これは「挟み込み」という文章技法上の一つで、挟み込んでいるテーマに視点をおいて、そこから、挟み込まれている部分のサブテーマを読むべきことを示唆するものである。とすればルカ版の場合、「愛敵」を視点に置き、それのいわば具体化として、個々の勧めを読むべきであろう。そして、もしこの「挟み込み」がルカ自身に由来するのではなく、ルカが採用した伝承の段階にすでに存在していたとすれば(その可能性は十分にあると私は思う)、マタイ五39後半以下の三つの勧めも、少なくとも伝承のレベルでは、愛敵の教えに基づく具体的行動のありようとして受けとられるべきであろう。とすればイエスは、権力者の圧倒的暴力支配に対する、被支配者の示威的・挑発的行動を容認しながらも、それを「敵」に対する「愛」の行動へと昇華させることを勧めているとみてよいであろう。

ここで思い出されるのが、一九九二年の一一月に開かれた第一回日韓神学者交流会の席上で、著名な韓国の新約聖書学者・(故)安炳茂《アンビョンム》先生が、二度の講演で繰り返し強調された事柄である。それは、「民衆の自己超越」ということであった。安先生は、韓国における民主化闘争の指導者として大学教授の職を追放されただけではなく、何度も投獄されている。そのような苛酷な経験を通して、先生は、権力の暴力的弾圧に対する民衆の「恨《ハン》」を内に取り込んだ「民衆の神学」の提唱者の一人となられた。その場合の「民衆」とは、自己に対する愛を、敵をも含む隣人に対する愛に転化し、昇華することのできる存在であることを発見した、といわれるのである。私自身、中学生時代に上級生に対して抱いた恨みと、それに基づく挑発行為を、愛敵の行為に転化することを、現在に至るまで求められている。私にとって、それはいかにして可能となるのであろうか。——このテーマは次講で扱うことにしよう。

第六講　「敵を愛しなさい」

――山上の説教(5)――

マタイ五43-48

「敵を愛しなさい」というイエスの戒めは、新約聖書――あるいは新約聖書を教典とするキリスト教――の中心的メッセージである、と思っている人々が多いのではなかろうか。それなのにキリスト教徒は、魔女裁判、十字軍からユダヤ人迫害、ベトナム戦争、湾岸戦争、そして最近の民族紛争に至るまで、異端とりわけ異教徒を「敵」視し、彼らに迫害を加えるか、そこまではいかないまでも、彼らに対する迫害を黙視してきた、あるいは現在も黙視しているのではないか。それなのに、今もって「愛敵」を説くのは、キリスト教徒の偽善ではないのか。

このような問いには、さしあたって、次のように答えておこう。――イエスの愛敵の教えは新約聖書の中心的メッセージではない、と。この勧めは、マタイ五44とそれに並行するルカ六27-28、35にしかない。それは、マルコ福音書にも、ヨハネ福音書にも、新約聖書の大半を占めるパウロの手紙にもないのである。もちろん、ヨハネもパウロも「愛」を説く(ヨハネ一三34、一五12、17、Ｉテサロニケ四9、ローマ一二10、一三8-10、ガラテヤ五13-14)。しかし、ヨハネの場合は「兄弟愛」、パウロの場合は「兄弟愛」および「隣人愛」で、いずれもキリスト教共同体内のメンバーに向けられるべき「愛」であって、「愛敵」ではない。

実はこのことは、当のマタイ福音書にも妥当するのである。この福音書でも、二二34-40では、神への愛と隣人への愛が「最も重要な掟」として評価されている。

34 ファリサイ派の人々は、イエスがサドカイ派の人々を言い込められたと聞いて、
一緒に集まった。35 そのうちの一人、律法の専門家が、イエスを試そうとして尋ねた。
36「先生、律法の中で、どの掟が最も重要でしょうか」。37 イエスは言われた。「『心を
尽くし、精神を尽くし、思いを尽くして、あなたの神である主を愛しなさい』。38 こ
れが最も重要な第一の掟である。39 第二も、これと同じように重要である。『隣人を
自分のように愛しなさい』。40 律法全体と預言者は、この二つの掟に基づいている」。

この箇所を、マタイが資料として拠ったマルコ一二28-34と比較して読んでみるとわかるように、この箇所を締めくくる句(40節「律法全体と預言者は、この二つの掟に基づいて

いる」)は、マルコ福音書の並行箇所にはない。これは、とりわけマタイが強調する事柄なのである。

こうしてみると、イエスの愛敵の教えは、新約聖書全体の中で、マタイ福音書の中でさえも、例外的な極めて突出したメッセージであることがわかるであろう。

それでは私どもは、この教えを第六(そして最後)のアンチテーゼの文脈の中で、どのように読み解くべきであろうか。そのためにはまず、マタイ福音書の本文とルカ福音書の本文を比較検討して、本文と伝承資料との関係を確定する必要がある。

マタイ本文とルカ本文の比較

マタイ福音書の本文(五43-48)と、これに対応するルカ福音書の本文(六27-36)は、次のとおりである。

43「あなたがたも聞いているとおり、『隣人を愛し、敵を憎め』と命じられている。
44しかし、わたしは言っておく。敵を愛し、自分を迫害する者のために祈りなさい。
45 a あなたがたの天の父の子となるためである。 b 父は悪人にも善人にも太陽を昇ら
せ、正しい者にも正しくない者にも雨を降らせてくださるからである。46自分を愛し

てくれる人を愛したところで、あなたがたにどんな報いがあろうか。徴税人でも、同
じことをしているではないか。47 自分の兄弟にだけ挨拶したところで、どんな優れた
ことをしたことになろうか。異邦人でさえ、同じことをしているではないか。48 だか
ら、あなたがたの天の父が完全であられるように、あなたがたも完全な者となりなさ
い」（マタイ五章）。

27「しかし、わたしの言葉を聞いているあなたがたに言っておく。敵を愛し、あな
たがたを憎む者に親切にしなさい。28 悪口を言う者に祝福を祈り、あなたがたを侮辱
する者のために祈りなさい。㉙あなたの頬を打つ者には、もう一方の頬をも向けなさ
い。上着を奪い取る者には、下着をも拒んではならない。㉚求める者には、だれにで
も与えなさい。あなたの持ち物を奪う者から取り返そうとしてはならない。31 人にし
てもらいたいと思うことを、人にもしなさい。32 自分を愛してくれる人を愛したとこ
ろで、あなたがたにどんな恵みがあろうか。罪人でも、愛してくれる人を愛している。
33 また、自分によくしてくれる人に善いことをしたところで、どんな恵みがあろうか。
罪人でも同じことをしている。㉞返してもらうことを当てにして貸したところで、ど
んな恵みがあろうか。罪人さえ、同じものを返してもらおうとして、罪人に貸すので

ある。35 しかし、a あなたがたは敵を愛しなさい。b 人に善いことをし、何も当てにしないで貸しなさい。c そうすれば、たくさんの報いがあり、いと高き方の子となる。d いと高き方は、恩を知らない者にも悪人にも、情け深いからである。36 あなたがたの父が憐れみ深いように、あなたがたも憐れみ深い者となりなさい」(ルカ六章)。

すでに前講で、第五のアンチテーゼについて指摘したように、マタイは第五のアンチテーゼの資料として、今引用したルカの本文に保存されているQ伝承の一部(ルカ六29、30、34——引用本文の節番号に○印を付した箇所)を利用していた。マタイは第六のアンチテーゼを同じルカの本文のうち残された箇所に保存されているQ伝承(ルカ六27、28、32、33、35、36——引用本文に傍線を付した箇所)に拠って構成している。マタイとルカの関係は次の通り。

マタイ五章	ルカ六章
43 あなたがたも聞いているとおり、「隣人を愛し、敵を憎め」と命じられている。44 しかし、わたしは言っておく。敵を愛し、自分を迫害する者のために祈りなさい。	27 しかし、わたしの言葉を聞いているあなたがたに言っておく。敵を愛し、あなたがたを憎む者に親切にしなさい。28 悪口を言

45 a あなたがたの天の父の子となるためである。
45 b 父は悪人にも善人にも太陽を昇らせ、正しい者にも正しくない者にも雨を降らせてくださるからである。
46 自分を愛してくれる人を愛したところで、あなたがたにどんな報いがあろうか。徴税人でも、同じことをしているではないか。
47 自分の兄弟にだけ挨拶したところで、どんな優れたことをしたことになろうか。異邦人でさえ、同じことをしているではないか。
48 だから、あなたがたの天の父が完全であられるように、あなたがたも完全な者となりなさい。

う者に祝福を祈り、あなたがたを侮辱する者のために祈りなさい。
35 a あなたがたは敵を愛しなさい。
35 c そうすれば、たくさんの報いがあり、いと高き方の子となる。
35 d いと高き方は、恩を知らない者にも悪人にも、情け深いからである。
32 自分を愛してくれる人を愛したところで、あなたがたにどんな恵みがあろうか。罪人でも、愛してくれる人を愛している。
33 また、自分によくしてくれる人に善いことをしたところで、どんな恵みがあろうか。罪人でも同じことをしている。
36 あなたがたの父が憐れみ深いように、あなたがたも憐れみ深い者となりなさい。

マタイの「愛敵」理解

この表をみれば明らかなように、マタイはルカ福音書に保存されているQ伝承からイエスの言葉をピック・アップして、その元来の順序を換え、文章を整理・短縮し、第一から第五のアンチテーゼの文体と構成に合わせて、第六のアンチテーゼを作成したと思われる。

その中でまず目立つのは、アンチテーゼの中の「テーゼ」にあたる、冒頭の43節に対応する句がルカ福音書には欠けていることである。第五のアンチテーゼの場合と同様に、この43節もマタイによって書き加えられた句とみてよいであろう。

この言葉のうち、「隣人を愛しなさい」は旧約聖書のレビ記一九18からの引用である。ところが、「敵を憎め」という戒めは、旧約聖書の中にはどこにもない。これは、44節のアンチテーゼ「敵を愛しなさい」に逆対応させるためにマタイがつくりだした戒めであろうか。私にはそう思われる。マタイにとって、先に確認したように、「隣人愛」は「最大の掟」の一つであった。それは、マタイ福音書のイエスによれば、「愛敵」にまで徹底されなければならない。ところがユダヤ教徒は、「隣人」をユダヤの「同胞」、とりわけ「同信」の「同胞」(同じユダヤ教徒)に限定し、この意味の同胞に敵対すると彼らがみなしたユダヤ教の分派(成立しつつあるキリスト教もその当初はこの中に入る)や、律法を知らない異邦人を憎しみの対象としている。これでは、「隣人愛」を強調すればするほど、敵に対する憎悪が強化される。こうなると、「隣人を愛しなさい」と「敵を憎め」は、同じ戒めの表と裏の関係になり、要するに同一の事柄なのである。それは本当の「隣人愛」ではない。本物の「隣人愛」は、それを徹底すれば、「愛敵」となる。こうしてみると、44節のアンチテーゼは、マタイのレベルでは、「反対命題」というよりは、むしろ「徹底命題」となろう。

なお、「敵を憎め」という戒めは、「死海写本」の中の『共同体の規律』一・九—一〇に見出される。すでに言及したように、「死海写本」はユダヤ教の一派「エッセネ派」によって書き残された文書群であり、『共同体の規律』は、彼らが死海の西北岸の町クムランに形成した、財産の共有に基づく禁欲共同体の規則集である。彼らは共同体のメンバーを「光の子」と称し、「隣人愛」による結束を促したが、それと対照的に、共同体の外側の輩、とりわけ彼らに迫害を加えた「不浄な民」を「闇の子」と貶めて、憎悪の対象とした。ここではまさに、「隣人」を愛することと「敵」を憎むことは、同一の事柄だったのである。マタイが、クムラン教団のことを知っていたかどうか、それは不明である。しかし、マタイと同時代のユダヤ教に、そのような実例があったことは、この第六のアンチテーゼの理解のためには助けとなるであろう。

44節の後半「自分を迫害する者のために祈りなさい」は、ルカ六27後半から28節にかけての「あなたがたを憎む者」「悪口を言う者」「侮辱する者」という三つの用語を「迫害する者」の一句にまとめた戒めとみてよいであろう。前講で指摘したように、マタイ教会は、ローマ帝国とユダヤ教(とくにファリサイ派)による「迫害」下にあった。

45節では、「愛敵」は、「あなたがたの天の父の子となるため」といわれる。「天の父」は、これに対応するルカ六35では「いと高き方」となっているが、いずれも「神」の代替語である。すでに第七の「至福の教え」――「平和を実現する人々は、幸いである」(マタイ五9)――との関連で確認したように、「平和を実現する人々」と「敵を愛する」人々には、ともに「神の子」となる約束が与えられている。実際に愛敵による平和を十字架上に実現したイエスが「神の子」と呼ばれたように、イエスとその道行きを共にするキリスト者は「神の子」とされるのである。

45節の後半では、愛敵を、善人と悪人に対する神の慈しみ(ルカ六35では「父」の「情け深さ」)によって理由づけている。神はすべての者に対して寛大である。だからわれわれも、今の時点で「悪人」に寛大であり、「敵」を愛すべきである。終末の時に、はじめて神は、だれが「神の子」なのかを明らかにするであろう。ここにはマタイに特徴的な共同体理解――教会は「善人」と「悪人」の混成体であって、両者の区別は最後の審判の時に神によって明らかにされるという考え(マタイ一三24-30の「毒麦」のたとえ参照)——が前提されているのであろうか。

46節と47節では、愛敵とは無償の愛であることが説かれている。問題はここで、その反対の例として「徴税人」と「異邦人」が挙げられていることである。これに対応するルカ六32、33では、ともに「罪人」となっているが、この場合は、マタイの「徴税人」と「異邦人」のほうにQ伝承の元の形が残っているとみてよいであろう。ルカがこれらを一括して「罪人」に書き換えたととるのが新約聖書学者たちの一致した意見である。

それはともかくとして、ここでは——マタイが採用したQ伝承の段階ですでに——「徴税人」や「異邦人」が、「愛敵」あるいは「無償の愛」に生きえないマイナスの実例としてあげられていることに注意したい。「愛敵」が「隣人愛」の戒めの徹底・強化として要求される限り、この戒めに生きえない者、あるいは生きえないと判断される者は、「愛敵」から除外され、その反対の例となり、究極的には「敵」とされてしまう。「愛敵」は、それが共同体内倫理に限定される限りにおいて、皮肉にも、新しい「敵」をつくりだすのである。「愛敵」を説きながら、「敵」を迫害するキリスト教の悪しき伝統には、聖書的根拠があることを、私は率直に認めるべきだと思う。

48節で最後に、マタイ福音書のイエスは、「天の父が完全であられるように、あなたがたも完全な者となりなさい」と戒める。この戒めは、ルカ福音書の並行句(ルカ六36)では、「あなたがたの父が憐れみ深いように、あなたがたも憐れみ深い者となりなさい」となっている。しかもここ(Q資料)では、その前の文脈で、愛敵の根拠に「悪人」に対する神の「情け深さ」をあげ(ルカ六35)、それを受けて、「父が憐れみ深いように、あなたがたも憐れみ深い者となりなさい」と勧められている。[†1] ところがマタイは、右の「憐れみ」を、「完全」に換えて、「憐れみ」の勧めを「完全」の勧めとした。この「完全」の勧めがマタイ自身にさかのぼることは、たとえば「金持ちの青年」の物語のマタイ版(マタイ一九16-22)と、マタイが拠ったマルコ版(マルコ一〇17-22)を比較して読んでみれば明らかとなる。マルコ版ではイエスが青年に、「行って持っている物を売り払い、貧しい人々に施しなさい」と勧めているが(マルコ一〇21)、マタイ版では、この勧めの冒頭に、「もし完全になりたいのなら」という条件文が加筆されている(マタイ一九21)。「完全」主義はマタイに最も特徴的な思想なのだ。

こうして、この「完全」の勧めは、第六(最後)のアンチテーゼを締めくくる言葉であると同時に、六つのイエスのアンチテーゼ全体を結ぶ役割を果たすこととなる。このことは、アンチテーゼ全体(マタイ五21-48)の「プロローグ」の位置を占めていた「律法に関する教え」(マタイ五17-20)の導入句(17節)とアンチテーゼの結び(48節)とが、見事に対応している事実によって証明されるであろう。——「わたしが来たのは律法や預言者を廃止するためだ、と思ってはならない。廃止するためではなく、完成するためである」「だから、あなたがたの天の父が完全であられるように、あなたがたも完全な者となりなさい」。

完全主義は、律法の徹底・強化として主張されると、「愛敵」を勧めながら「敵」をつくり、人に対する裁きを禁じながら(マタイ七1-5)、人を「犬」あるいは「豚」呼ばわりする(マタイ七6)結果を伴う。イエス・キリストの「福音」宣教の歴史は、「未開人」の人権蹂躙の歴史でもあった。ペトロの名によって書かれた第二の手紙の著者は、「自分たちに伝えられた聖なる掟から離れ去った」輩を、次のように罵倒している(IIペトロ二10後半―22)。

10彼らは、厚かましく、わがままで、栄光ある者たちをそしってはばかりません。
11天使たちは、力も権能もはるかにまさっているにもかかわらず、主の御前で彼らを
そしったり訴え出たりはしません。12この者たちは、捕らえられ、殺されるために生
まれてきた理性のない動物と同じで、知りもしないことをそしるのです。そういった
動物が滅びるように、彼らも滅んでしまいます。13不義を行う者は、不義にふさわし
い報いを受けます。……21義の道を知っていながら、自分たちに伝えられた聖なる掟

から離れ去るよりは、義の道を知らなかった方が、彼らのためによかったであろうに。
22 ことわざに、
「犬は、自分の吐いた物のところへ戻って来る」

また、

「豚は、体を洗って、また、泥の中を転げ回る」

と言われているとおりのことが彼らの身に起こっているのです。

†1　この勧めについて詳しくは拙稿「憐れみ――女と男の視点から」参照。

イエスの「愛敵」

しかし、イエス自身が「敵を愛しなさい」と戒めたのは、それによって旧約聖書の中の「最大の掟」の一つである「隣人愛」を徹底し、強化するためであったのか。私には、そうではないと思われる。もしそうだとしたら、イエスはなぜファリサイ派の律法学者たちにより「律法を知らない」「不浄な民」として差別されていた「徴税人や罪人」と食事を共にし、そのことを非難されたとき、「わたしが来たのは、正しい人を招くためではなく、罪人を招くためである」と宣言したのか（マルコ二13-17）。なにゆえにイエスは、ユダヤの指導者「祭司長や民の長老たち」に向かい、彼らが敵視し軽蔑していた「徴税人や娼婦たちの方が、あなたたちより先に神の国に入るだろう」と断言できたのか(マタイ二一31)。それはイエスが、この世に実現されつつある「神の国」(「神の愛の支配領域」の意)において、神の愛は「無資格者」にこそ注がれると説き、イエス自身に、そのような人々の位置に立ち、そのような人々の一人になりきって、つまり「呪われた者」として十字架上に処刑される用意があったからである。

こうしてみると、「敵を愛しなさい」というラディカルな要求も、この世に開始しつつある神の国における「無資格者」に対する神のラディカルな愛に一致するのではなかろうか。この世の価値基準からみて愛するに値しない、あるいはむしろ「憎しみ」の対象となる「無資格者」をこそ愛しなさい、ということである。そもそも「善人」と「悪人」を区別する人間の価値基準は、神の愛に直面して、取り払われなければならない。神は人間をまるごと無条件に肯定する。「愛敵」は、このような人間に対する神の恵みへの自発的応答ということになるだろう。

私どもはすでに、マタイ福音書の中で、否、それ以前に、マタイが採用した伝承の中で、「愛敵」を「隣人愛」の徹底・強化として理解すると、「愛敵」の実践者がそれを実践できないと判断した者を敵視する仕方で、再び「敵」をつくりだしていることを確認した。イエスは元来「愛敵」の教えによって、こうして無限に「敵」をつくりだす「律法」そのものの廃絶を志向したのである。その意味で、イエスの勧めは「アンチテーゼ」（反対命題）であったのだ。

それにしても、イエスの「反対命題」がその受け手(キリスト教共同体)により、イエスの死後まもなく「徹底命題」として理解されていく現実に、私は人間の「弱さ」を思うのである。私自身も決してその例外ではない。神はこの弱い人間をもそのまま肯定するのであろうか。前講で確認したように、イエスは少なくとも迫害者に対する被迫害者の恨《ハン》に基づく示威的抵抗を是認した。もしそうであるとすれば、私にとって「愛敵」は、この神の恵み、あるいは神の赦しに対する、できうる限りの応答として、「敵」への「恨み」を「愛」に転化していくことであろう。こうして、「神の子」となることが許される以外に、宗教的敵対の連鎖は断ち切れない、と私には思われるのである。

第七講　「空の鳥、野の花」

――山上の説教(6)――

ルカ一二22-32

童謡「チューリップ」によせて

かなり以前のことであるが、一仕事を終えて夜、床に就く前にテレビをつけたら、歌手のアグネス・チャンがニュース・キャスターの(故)筑紫哲也と日本の童謡について対談していた。アグネスによれば、中国の童謡には親子関係を主題にしたものが多いのに対して、日本の童謡は多くの場合、自然から素材を取っている。その中でも、彼女が大好きな童謡は、「チューリップです」とのこと。この童謡は、一一歳年下の私の妹が子供の頃よく歌っていたので、私もよく憶えている。

咲いた　咲いた
チューリップの花が

並んだ　並んだ
赤　白　黄色
どの花見ても
きれいだな

アグネス・チャンは、チューリップが「赤　白　黄色」と咲き並び、その中の「どの花見ても　きれいだな」と歌われているのが「すばらしい」と言っていた。それらが、赤一色、白一色、あるいは黄色一色に染まらないで、赤・白・黄色がそれぞれの色合いで「きれい」に咲いている。そのように歌えるということが、「すばらしい」という。

もちろんアグネスは、赤・白・黄色というチューリップの花の色から、黒人や白人、あるいは東洋人という異なった人種を読み取っている。どのような人種に属していても、どのような肌の色をしていても、どの色の人を見ても「きれいだ」。国際人アグネス・チャンのこのような童謡の解釈はさすがだ、と私はそのとき感じ入ったものである。

しかし、今にして思えば、この「チューリップ」という童謡には、もっと深い意味が隠されているのかもしれない。――チューリップは種々の色合いの花を咲かせて存在している。確かに彼女らは、それぞれ差異をもって自立している。でも、自分の力だけによって自立しているのであろうか。チューリップの場合、彼女らの自立を促しているもの――土壌や肥料――が存在している。われわれ人間の場合も同様であって、自ら在ると思いがちであるが、むしろ在らしめられているのかもしれない。チューリップが、赤・白・黄色と「きれい」に咲き並んでいるのは、「今ここに生かされて在ることの喜び」をわれわれにアピールしているのではないか。われわれ人間は、今の時にこそ、このような自然の声に耳を傾けるべきではなかろうか。

創造物語の自然観

もっとも、キリスト教の教えでは、自然が人間の下位に置かれて、人間が自然を利用し尽くすことを正当化している、とよくいわれる。確かに、自然を人間の生活の手段とみなす生き方を裏付けるようにみえる聖書のテキストがあることも事実である。たとえば旧約聖書巻頭にある「天地の創造」物語の中で、神は創造の六日目に、ご自分にかたどって人を造られ、彼らを祝福して言われた。

「産めよ、増えよ、地に満ちて地を従わせよ。海の魚、空の鳥、地の上を這う生き物をすべて支配せよ」(創世記一28)。

また、神は言われた。

「見よ、全地に生える、種を持つ草と種を持つ実をつける木を、すべてあなたたちに与えよう。それがあなたたちの食べ物となる」(創世記一29)。

しかし、これに続く「エデンの園」の物語(創世記二―三章)では、自然に対する人間による全的支配に重大な歯止めがかけられていることを見逃してはなるまい。

まず主なる神は、人(アダム)を土(アダマ)の塵で形づくり、エデンに園を設け、人をこの園に住まわせ、「人がそこ(大地)を耕し、守るようにされた」といわれる(創世記二15)。注目すべきは、この場合に用いられている「耕す」という動詞の意味である。この動詞(「アーバード」)は、「耕す」のほかに、「(奴隷として)仕える」の意味がある。一26における人間による自然支配の思想は、二15で自然に対する人間の奉仕の思想に転換されている(岩波版『旧約聖書I』六頁参照)。

次に神は、園の中央に「命の木」と「善悪の知識の木」を生えいでさせられ、人(アダム)に命じて言われた。

16「園のすべての木から取って食べなさい。17ただし、善悪の知識の木からは、決して食べてはならない。食べると必ず死んでしまう」(創世記二16後半－17)。

ところが、アダムとあばら骨から造られたエバは、蛇の誘惑にあって、神から食べることを禁じられていた「善悪の知識の木」の実を取って食べてしまう(創世記三1－6)。こうして人間は、神のように「善悪を知る者」となった(創世記三22)。しかし神は、人間がさらに「命の木」の実をも取ってそれを食べ、「永遠に生きる者となる」ことのないように、アダムとエバをエデンの東に追放し、「命の木」に至る道をケルビムときらめく剣の炎で守らせた、といわれる(創世記三22－24)。

この物語には、「木」に象徴される自然と人間の関係についての深い洞察が隠されていると思う。神は自然を、人が自然に対して支配者にならないために、それに仕えるようにされた。ところが、人は自然を、自分が「知識」を得るための手段として扱い、今や永遠の命をもその掌中に収めようとしている。神は、少なくとも「命の木」を人間のエゴイズムから守り、それによって人間にその限界を知らしめ、人間が神にならないように、人間が常に人間としてとどまるようにされた、ということであろう。

「空の鳥、野の花」——マタイとルカの本文の関係

それなら、この「創世記」を含む聖書を日頃読んで育ったであろうイエスは、自ら自然というものをどのように理解していたのであろうか。この関連でよく引き合いに出されるのが、「空の鳥、野の花」に言及している、イエスの次の言葉である(マタイ六25-34)。

25「だから、言っておく。自分の命のことで何を食べようか何を飲もうかと、また
自分の体のことで何を着ようかと思い悩むな。命は食べ物よりも大切であり、体は衣
服よりも大切ではないか。26空の鳥をよく見なさい。種も蒔かず、刈り入れもせず、
倉に納めもしない。だが、あなたがたの天の父は鳥を養ってくださる。あなたがたは、
鳥よりも価値あるものではないか。27あなたがたのうちだれが、思い悩んだからとい
って、寿命をわずかでも延ばすことができようか。28なぜ、衣服のことで思い悩むの
か。野の花がどのように育つのか、注意して見なさい。働きもせず、紡ぎもしない。
29しかし、言っておく。栄華を極めたソロモンでさえ、この花の一つほどにも着飾っ
てはいなかった。30今日は生えていて、明日は炉に投げ込まれる野の草でさえ、神は
このように装ってくださる。まして、あなたがたにはなおさらのことではないか、信

仰の薄い者たちよ。31 だから、『何を食べようか』『何を飲もうか』『何を着ようか』
と言って、思い悩むな。32 それはみな、異邦人が切に求めているものだ。あなたがた
の天の父は、これらのものがみなあなたがたに必要なことをご存じである。33 何より
もまず、神の国と神の義を求めなさい。そうすれば、これらのものはみな加えて与え
られる。34 だから、明日のことまで思い悩むな。明日のことは明日自らが思い悩む。
その日の苦労は、その日だけで十分である」。

実は、この本文にはルカ福音書にも並行句がある(ルカ一二22-34)。

22……「だから、言っておく。命のことで何を食べようか、体のことで何を着よう
かと思い悩むな。23 命は食べ物よりも大切であり、体は衣服よりも大切だ。24 烏《からす》のこ
とを考えてみなさい。種も蒔かず、刈り入れもせず、納屋も倉も持たない。だが、神
は烏を養ってくださる。あなたがたは、鳥よりもどれほど価値があることか。25 あな
たがたのうちのだれが、思い悩んだからといって、寿命をわずかでも延ばすことがで
きようか。26 こんなごく小さな事さえできないのに、なぜ、ほかの事まで思い悩むの
か。27 野原の花がどのように育つかを考えてみなさい。働きもせず紡ぎもしない。し

かし、言っておく。栄華を極めたソロモンでさえ、この花の一つほどにも着飾っては
いなかった。28 今日は野にあって、明日は炉に投げ込まれる草でさえ、神はこのよう
に装ってくださる。まして、あなたがたにはなおさらのことである。信仰の薄い者た
ちよ。29 あなたがたも、何を食べようか、何を飲もうかと考えてはならない。また、
思い悩むな。30 それはみな、世の異邦人が切に求めているものだ。あなたがたの父は、
これらのものがあなたがたに必要なことをご存じである。31 ただ、神の国を求めなさ
い。そうすれば、これらのものは加えて与えられる。32 小さな群れよ、恐れるな。あ
なたがたの父は喜んで神の国をくださる。33 自分の持ち物を売り払って施しなさい。
擦り切れることのない財布を作り、尽きることのない富を天に積みなさい。そこは、
盗人も近寄らず、虫も食い荒らさない。34 あなたがたの富のあるところに、あなたが
たの心もあるのだ」。

このように、「空の鳥、野の花」に言及するイエスの言葉は、マタイ福音書とルカ福音書に見出され、マルコ福音書にはない。したがって、この言葉は、マタイとルカが福音書を編む際に共通して資料として用いたイエスの語録伝承(Q資料)にさかのぼることになる。

これら二つの本文のうち、ほぼ正確に対応するのは、マタイ六25-33とルカ一二22-31であ

る。この対応部分からはみ出るマタイ六34とルカ一二32-34は、それぞれマタイとルカの編集句と思われる。

もっとも、ルカの福音書の場合、33節後半-34節は、マタイ六19-21に並行する、「天に富を積む」ことを勧めるイエスの言葉である。ルカはこの言葉をQ資料から採用して、これを――マタイの場合とは順序を逆に――「空の鳥、野の花」によせたイエスの言葉のあとに編んだ。そしてルカは、この両方のイエスの言葉のつなぎとして、32-33節前半を書き込んだ。したがって、ルカ福音書の場合は、厳密には32-34節が編集句ということになろう。いずれにしても「空の鳥、野の花」によせたイエスの言葉については、マタイ六25-33、ルカ一二22-31にQ資料のイエスの言葉が反映していることになる。

もっとも、この対応部分の中でも、マタイ六32における「天の父」の「天の」は、マタイの加筆であろう。「神」の代替語である「父」に「天」を付加するのは、マタイ福音書の特徴だからである(たとえば、「主の祈り」の導入句「天におられるわたしたちの父よ」(マタイ六9)と「父よ」(ルカ一一2)を比較されたい)。また、マタイ六33の「神の義」も、マタイの加筆である。「義」は、「義に飢え渇く人々」(マタイ五6)について第二講で、イエスの「アンチテーゼ」の「プロローグ」における「あなたがたの義」(マタイ五20)について第四講で、それぞれ確認したように、「神により人間に賜物として与えられる、神と人との間の正しい関係」を意味し、四福音書では、とくにマタイが好んで用いる概念だからである。とすれば、これらの「天の」や「神の義」がないルカのテキストのほうが、Q資料の元の形に近いといえるであろう。

さらに、マタイ六26の「鳥」よりもルカ一二24の「烏《からす》」のほうに、Q資料の原型が反映されているように思われる。烏は古代パレスチナにおいて多くの場合汚れた鳥の一つに数えられている（たとえば、レビ記一一15、申命記一四14。イザヤ書三四11参照）。それだけに、人間に対する神の配慮の比喩的比較表現が、口頭で言い伝えられていく際に、「鳥」という一般的表現から「烏」という特殊な個別的な表現に変わっていくよりも、逆に「烏」から「鳥」に変わるほうが自然であろう。しかも、あとでその理由を述べるように、「烏」を比較語として用いるほうがイエスの自然観にふさわしいように思われる。

以上の根拠から、マタイのテキストよりもルカのテキストのほうにQ資料のイエスの言葉が保存されているとみてよいであろう。

ただし、ルカの本文の中でも、一二30前半の「それはみな、世の異邦人が切に求めているものだ」という文言は、イエス自身に由来しないと思われる。これは、マタイの本文にも並行句（マタイ六32）があるので、それ自体としてはQ資料に属するとしてもである。この句で「異邦人」はマイナスに評価されている。しかし、このような「異邦人」観は、異邦人に仕えた「徴税人」や「異邦人」を含むことになる「罪人」と食事を共にし、「わたしが来たのは……罪人を招くためである」と宣言したイエスの言行にふさわしくない(マルコ二17。詳しくは第八講「罪人を招くために」参照)。同様のことは、すでに第六講で、マタイ五47のイエスの言葉(「自分の兄弟にだけ挨拶したところで、どんな優れたことをしたことになろうか。異邦人(ルカ六33では「罪人」)でさえ、同じことをしているではないか」)について指摘したとおりである。

とすれば、ルカ三30前半を別とすれば、ルカの本文(ルカ三22-29、30後半-31)にイエス自身の言葉が最も色濃く映し出されていることになる。ただしルカは、この言葉を「愚かな金持ち」のたとえ(ルカ三13-21)とこの言葉に対する自らの編集句(ルカ三32-34)の間に編み込むことにより、「自分のために富を積む」ことなく(ルカ三21)、「尽きることのない富を天に積む」ために(ルカ三33)、「命のことで思い悩むな」という意味に解釈するように読者に促している。このような、イエスの言葉に対するルカの意味づけは度外視して、すでに復元したQ資料の古層に即し、イエスの自然観を読み取ってみれば、ほぼ次のようになるのではないか(以下の論述は、大貫隆「初期キリスト教における信仰と自然」に多くを負っている)。

イエスの自然観

第一に、ここでイエスは、今ここに生かされている人間一人ひとりの命のすばらしさを、蒔かず、刈らず、倉に納めずに養われている「空の鳥」の命、また働きもせず紡ぎもしないで養われている「野の花」の命、すなわち自然が自然のままで生かされ在ることのすばらしさから学んでいる。こうしてイエスは、人間の命を論ずる際に、その視点を自然に移して、人間が自然に学び、自然に生きることを勧めている。私どもはこの意味で、自然の美しい、すばらしい命の営みから、私ども人間が今ここに生かされて在ることのすばらしさを学んでいきたいと思う。

第二に、イエスがここで「空の鳥」や「野の花」に言及するときに、鳥の中でも、当時のイスラエルにおいては、人間にとって忌むべき鳥、汚らわしい鳥の中に数えられている鳥を引き合いに出していること(ルカ三24)に注意したい。花の場合も、今日は野にあって明日は炉に投げ込まれる、価値のない、何でもない野辺の花、とりわけ草を引き合いに出している(ルカ三27、とりわけ28)。このような汚れたと考えられていた鳥、あるいは保存すべき価値のない野辺の草花を指して、それを人間の今生かされて在る命へのアピールとして受けとるように求めているイエスの発言は、当時のユダヤ人の価値観からみれば、それを転倒するような衝撃を与えたはずである。イエスがこのように通常嫌われ、無視された自然の小さな命にその眼差しを注がれたということは、福音書の他の箇所でイエスが、「子供たちをわたしのところに来させなさい。妨げてはならない。神の国はこのような者たちのものである」（マルコ一〇14）と言われたことに通ずると思う。実際、今われわれが読んでいるルカの本文でも32節に、「小さな群れよ、恐れるな。あなたがたの父は喜んで神の国をくださる」といわれている（この32節は、前述のように、ルカの編集句である。しかし、この句はそれ自体として、直前に引用した——おそらくイエス自身に由来する——マルコ一〇14に通ずると思う）。「神の国」とは、「神の愛が支配する領域」のことである。この神の愛の支配領域においては、この世の価値基準からみれば最も小さいもの、最も弱いものが、最も大切にされる、ということなのだ。

ちなみに、27節に言及されている「野の花」とは、一時代前までは、「百合の花」と解釈されていた。クリスチャンの家庭に「野百合」とか「小百合」という名のお嬢さんが多いのは、この「野の百合」に由来する。ところが残念なことに、この「野の花」が「百合」だという解釈は、現在では採られていない。最近では一般的に、アネモネのことを指しているといわれる。

しかし私は、元来イエスは「アザミ」といったのだと想定する。イザヤ書三四章の11節と13節という非常に近い箇所で、神の審判による自然の荒廃のシンボルとして、烏と同様に、茨とアザミが言及されている。しかも聖書でアザミが出てくる箇所は、だいたい茨と一緒に出てきており、アザミと茨は代替可能だといってよい。

アザミだと私が考える理由を四つ挙げておこう。一つは、烏と同じようにマイナスのイメージをもっているということ。一つは、色の連想である。古代オリエントの文献によれば、当時、高貴な人は紫色の着物をよく着ていたという。紫アザミという花があり、ガリラヤにはそれが多い。だから同じ色の連想で、アザミとソロモン王の衣服とを対照させたのだと思われる。もう一つは、アザミは茨と代替可能だということである。イエスは処刑される前にローマの兵卒によって茨の冠をかぶせられ、紫の衣を着せられた。そして「ユダヤ人の王万歳」と揶揄される。そういうイメージの連なりがある。最後に、アザミと茨は枯れると燃料にされたということ。これも旧約の多くの箇所で確かめられ、新約ではマタイ七16-19やヘブル六8に出てくる。ルカ一二28で「今日は野にあって、明日は炉に投げ込まれる草でさえ、神はこのように装ってくださる」とあるが、「炉に投げ込まれる」というのは燃料として用いられることを意味する。そのようにみてくると、やはりこれはアザミだったと考えざるをえないのである。

第三に、このイエスの言葉の中に、五回も繰り返して否定形が出てくることに注目したい。24節には、「鳥」によせて、「種も蒔かず、刈り入れもせず、納屋も倉も持たない」といわれており、27節には、「野の花」について、「働きもせず、紡ぎもしない」といわれている。この否定形が意味するところは、――大貫隆によれば――「無為」ということである。「無為」は、在るがままにして作為しないこと。ことさらに何も作為しなくても在るがままで今生かされて在る小さな命を神はいとおしみ養っておられる、とイエスは言う。私どもは、これからどう生きようかと思い悩む前に、今私どもは生かされてしまっているという事実に気づくべきであろう。この意味で、自然が人間に対するアピールになっている。自然が私ども人間に何を語りかけようとしているのか。私どもは、静かに自然の声に耳を傾けてみたい(以上、聖書の自然観について詳しくは、荒井献「『野の花』はあざみ――イエスの自然観によせて」「神と人間と自然」参照)。

まどみちおの詩によせて

この自然の声を、詩に託して私どもに語りかけている一人の詩人がいる。まどみちおという詩人である。「ぞうさん」という歌を知っているだろう。

ぞうさん　ぞうさん

おはながながいのね
そうよ　かあさんも
ながいのよ

ぞうさん　ぞうさん
だれがすきなのよ
あのね　かあさんが
すきなのよ

この歌の作詩をした人がまどみちおさんである。まどさんは「ぼくがここに」という詩を発表している。この詩を読んで、「空の鳥、野の花」の本文をめぐる私の読み解きを終わらせていただく。

ぼくがここに

ぼくがここにいるとき

ほかのどんなものも
ぼくにかさなって
ここにいることはできない

もしもゾウがここにいるならば
そのゾウだけ
マメがいるならば
そのひとつぶのマメだけしか
ここにいることはできない

ああ　このちきゅうのうえでは
こんなにだいじに
まもられているのだ
どんなものが　どんなところに
いるときも

その「いること」こそが
なににもまして
すばらしいこととして

第八講　「罪人を招くために」
――「レビの召命」の物語――

マルコ二13-17

今まで私は、マルコ二17に編まれているイエスの言葉「わたしが来たのは、正しい人を招くためではなく、罪人を招くためである」を、イエス自身の思想と行動を締めくくる言葉として何度も引用した。この講では、この言葉が置かれている、マルコ、マタイ、ルカの各福音書の文脈から、これら三人の福音書記者たちがイエスの言葉を介して読者に何を訴えようとしているか――この問題を読み解くこととしよう。

マルコ福音書の場合

まず、マルコ福音書から読んでいく。この講のテーマとなるイエスの言葉(マルコ二17)をその頂点に置く、いわゆる「レビの召命」の物語は、マルコ福音書では「中風の人のいやし」の物語(マルコ二1-12)のあとの文脈に編まれている。そして、この「いやし」の奇跡は、「ガリラヤの海」(ゲネサレ湖)沿いの町「カファルナウム」で行われたといわれる(マルコ二1以下)。「レビの召命」の物語(二13–17)も、このカファルナウムの町を背景として展開される。

13イエスは、再び湖のほとりに出て行かれた。群衆が皆そばに集まって来たので、
イエスは教えられた。14そして通りがかりに、アルファイの子レビが収税所に座って
いるのを見かけて、「わたしに従いなさい」と言われた。彼は立ち上がってイエスに
従った。15イエスがレビの家で食事の席に着いておられたときのことである。多くの
徴税人や罪人もイエスや弟子たちと同席していた。実に大勢の人がいて、イエスに従
っていたのである。16ファリサイ派の律法学者は、イエスが罪人や徴税人と一緒に食
事をされるのを見て、弟子たちに、「どうして彼は徴税人や罪人と一緒に食事をする
のか」と言った。17イエスはこれを聞いて言われた。「医者を必要とするのは、丈夫
な人ではなく病人である。わたしが来たのは、正しい人を招くためではなく、罪人を
招くためである」。

13節――舞台は「再び湖のほとり」である。イエスによる四人の漁師(ペトロと呼ばれ

るシモンとその兄弟アンデレ、ゼベダイの子ヤコブとその兄弟ヨハネ)の召命物語(マルコ一16-20)も、「ガリラヤ湖のほとり」を舞台として展開された。「再び」でマルコは、読者にこのことを想起させようとしている。なお、「湖」と訳されているギリシア語 thalassa は、正確には「海」の意。「ガリラヤ湖」を「ガリラヤの海」と呼ぶのはマルコ福音書の特徴である。イエスが大勢の群衆に囲まれ、彼らに教えを説く、という風景も、マルコが好む状況描写である。

14節――イエスは「通りがかりに、アルファイの子レビが収税所に座っているのを見かけた」。当時、ガリラヤはユダヤその他の地域とともにローマ帝国の直轄属州「ユダヤ」の一地方であった。ローマ皇帝から「代官」として属州に派遣されたローマ総督が、ユダヤ州において所有していた最大の権限に徴税権がある。これは「住民登録」(ルカ二1。岩波版では「戸口調査」)によって課せられた人頭税・地租の直接税と、関税・市場税などの間接税から成っており、ローマ総督と契約を結んだ「徴税請負人」(プブリカーニ)によって、――直接的には彼らが現地民から雇った「徴税人」によって――徴収され、直接皇帝の私的財庫(フィスクス)に納入されたのである。ただし、ローマ帝国によって領域支配を承認されていた領主(ガリラヤの場合は、ヘロデ大王の息子ヘロデ・アンティパス)も領域内で関税を徴収し、それを自らの財庫に入れることが許されていた。カファルナウムはガリラヤ湖の西北岸に位置するから、レビが座っていた「収税所」は、ガリラヤからヘロデ大王のもう一人の息子フィリッポスの領域(ガウランティス、トラコン、デカポリス)へ出る境界にあったはずである。彼は、ここを通過して二つの領域に出入りする旅人から関税を取り立てていたのである。

「徴税人」

当時、「徴税人」は、主として二つの理由から、ローマ帝国のユダヤ州に編入されていたユダヤやガリラヤの住民によって憎しみの対象とされていた。第一に、徴税人は律法を知らない不浄な「異邦人」、しかも彼らを弾圧していたローマ人、あるいはローマ帝国の傀儡である領主の手先となって、つまり自ら「不浄」に身を染めてまで、自国民から重税を取り立てている。第二は、徴税が請負制度であったので、徴税人は請負額を超えて税金を取り立て、差額を自分のポケットに入れて私腹を肥やすケースが多くあった。彼らは道義的にも許せない存在だったのである。

イエスは、このいわば「被差別者」である徴税人レビに向かって自らへの信従を命ずると、あのペトロをはじめとする四人の弟子たちの場合と同じように(マルコ一18)、イエスに「従った」。もっとも、マルコ福音書の場合、レビはペトロらとは異なって、自分の所有を捨てて(マルコ二20)イエスに同行してはいない。

15節によると、イエスはレビの家に招かれ、食事の席についている。しかも、「多くの徴税人や罪人」、さらにイエスの弟子たちも同席した、というのであるから、レビはかなり大きな家に住んでいたことになる。彼は、たとえばルカ一九1以下に登場するエリコの徴税人ザアカイのような「徴税人の頭で、金持ちであった」のであろうか。

ユダヤ人にとって「食事」には二つの儀礼的意味があった。第一は、「過越の食事」の想起である。「過越」とは、紀元前一二〇〇—一三〇〇年頃、当時エジプトで奴隷状態に置かれていたイスラエルの民が神によってこの国から救い出されるのに先立ち、エジプト人の長子と家畜を滅ぼした神の使いが、イスラエル人の家を「過ぎ越し」たという伝説に基づいた名称である。神はこの「過ぎ越し」を記念し、子羊を屠って焼き、種なしパンとともに食べるようモーセに命じたという(出エジプト記一二1-28、43-50)。ユダヤ人は現在に至るまで、この神の命令に従い、彼らの太陰暦でニサンの月の一四日(太陽暦では三月末から四月初め頃)に「過越の食事」を共にして、彼らの信仰の根源をなすエジプト脱出を祝っている。日ごとの食事もまた、これを憶えてとられたのである。

ところで、イエスは受難の前夜十二人の弟子たちと「最後の晩餐」を共にしたといわれる。ルカ二二15-16によると、これも「過越の食事」であった。イエスはその際に、「神の国で過越が成し遂げられるまで、わたしは決してこの過越の食事をとることはない」と言っているが、この言葉の背景には、この世の終わりに先立ってメシア(キリスト)が来臨し、「神の国」を実現したとき、メシアはイスラエルの聖徒たちと共に究極の「過越の食事」として「聖宴」を開かれる、というユダヤ人の信仰がある。日ごとの「食事」は、第二に、この「聖宴」の先取りとしても意義づけられていた。

このように「食事」は、ユダヤ人の歴史の過去からも将来からも儀礼的に意義づけられていただけに、とくにファリサイ派など自らイスラエルの民の「清浄」を誇っていた宗教的エリートは、「不浄な民」と食事を共にすることを禁じていたのである。イエスとその弟子たちが食事を共にしたといわれる「徴税人や罪人」は、まさにこの「不浄な民」にあたる。

「罪　人」

当時のユダヤ教において、特定の人間、あるいは人間集団を「不浄」と決めつける基準は二つあったと思われる(もっとも、あとで述べるように、この二つは多くの場合一つに重なる)。その一つは、ユダヤ教の律法(トーラー)とこれを解釈して後世に伝えた律法学者たちによる律法の細則(ミシュナー)である。たとえば、モーセの十戒でユダヤ人は偶像礼拝を禁じられている(出エジプト記二〇4−5)。だから、ユダヤ人からみれば偶像を礼拝している「異邦人」は「不浄な民」の筆頭であり、彼らに仕える「徴税人」も、異邦人の不浄に染まっている。遊女は「不浄な民」の象徴的存在である(レビ記一九29、二一7、9、14、箴言二三27、エレミヤ書三20、五7など)。だから、彼女らは「罪人」である。ところが、「羊飼」も――律法学者たちによれば――「罪人」のカテゴリーに入る。なぜなら、彼らは羊を、多くの場合「隣人」所有の牧草地に放つ(実際にはそうせざるをえない)ので、「盗んではならない」「隣人のものを一切欲してはならない」というモーセの十戒(出エジプト記二〇15、17)に違反する、というのである。

もっとも、この「羊飼」の場合、律法違反とは別の、もう一つの基準によって「不浄」視されたと思われる。これはユダヤに限らず、古代あるいは中世の社会に広く確認される宇宙観と、それに対応する宗教観に基づく。すなわち、当時はかなり普遍的に、宇宙は「聖なる神の領域」と「俗なる人間の領域」という聖俗二領域の緊張から成り立つと考えられていた。そして、とくに古代イスラエルにおいては、この二領域の中間――砂漠、川、山、荒野、墓場など――に「悪霊」が住むと信じられていた。したがって、このような中間領域において営まれざるをえない職業――ろば引き、らくだ引き、船乗り、埋葬業者等々――は悪霊に染まりやすいという理由で、差別され、「罪人」の職とみなされた。羊飼も、荒れ地や砂漠の中で牧草を求めて放浪せざるをえない。だから「罪人」というのである。

よく知られているように、とりわけ古代イスラエルにおいて「血」はタブーであった。レビ記に定められている「清いものと汚れたものに関する規定」(レビ記一一章)は、血または死体との接触によって汚されるという前提に基づいている。したがって、この血にまつわる職業人——皮なめし、内臓腑分人など——は嫌悪の対象となった。女性は「月経」ゆえに不浄視された。この女性に接触しやすい職に就く者——金細工人、亜麻織り職人、織物職人——も、卑賤視されたのである。さらに、分類を超えるもの、境界を超えるものも、かなり普遍的に不浄視されている。それは、人体の一部にありながら外部に流出するもの、あるいは分離するものである。血(とくに月経)、髪、爪、唾、皮膚など。だから、女性をはじめとして、床屋、風呂屋、採血人は、蔑視されたのである(以上、タブー性に基づく「罪人」の差別については、栗林輝夫『荊冠の神学』とくに二三九—二四八頁参照)。

こうしてみると、「罪人」とは決して「犯罪人」に限られるものではなく、律法やタブー性を基準にして「不浄」視されていた人々を広く含む、いわば社会的概念なのである。したがって16節で「ファリサイ派の律法学者」が——弟子たちを介して——イエスは「どうして徴税人や罪人と一緒に食事をするのか」と詰問したのは、当時のユダヤ人の価値基準から判断すれば、むしろ当然のことといえるのではなかろうか。

17節で、イエスはまず、当時だれにでもわかる格言を引いて「医者を必要とするのは、丈夫な人ではなく病人である」と答えたという。この言葉は、それ自体としては、ユダヤだけではなく、たとえば『英雄伝』で有名なプルターク（正確にはプルータルコス）の『倫理論集』の中にも出てくるように、広くヘレニズム・ローマ世界に知られていた格言である。だから、これだけではイエスの答えのユニークさは伝わらない。問題は、次の、そしてこの物語を締めくくる最後の言葉である。「わたしが来たのは、正しい人を招くためではなく、罪人を招くためである」。

この言葉によってキリストとしてのイエスの振舞い全体をまとめあげたのは、イエスの死後成立した教会におけるイエス伝承の担い手であった可能性はある。しかし、それでも私は、この言葉の中にイエス自身の振舞いが、それに最もふさわしい形でまとめられていると思う。なぜなら、イエスは、この言葉によって、当時の宗教的・社会的価値基準を見事に逆転させているからである（だからこそイエスは、この価値基準の保持者によって十字架刑に処せられた）。――わたしはあなたがたが「罪人」として差別し、「共食」から排除している人々をこそ招くのだ。この言葉は、「罪人」にとってはまさに「福音」であると同時に、自らを「正しい者」と思い上がっている人々に対する厳しい批判となるであろう。

このような17節後半における「正しい人」と「罪人」に対する評価の逆転を視点において、17節前半の格言風の言葉を読み直してみると、「丈夫な人」には「正しい人」の比喩的表現としてアイロニーと批判が込められており、「病人」の場合は、イエスによる「招き」の対象となる「罪人」に対応することとなる。とすれば、この「病人」は、ここまでマルコ福音書を読み進めてきた読者に対し、この前の文脈に編まれている病人のいやしの物語——「汚れた霊に取りつかれた男」のいやし(マルコ一21‐28)、「多くの病人」のいやし(マルコ一29‐34)、「重い皮膚病を患っている人」のいやし(マルコ一40‐45)、とりわけ「中風の人」のいやし(マルコ二1‐12)——を想起させる機能を有することとなろう。この「中風の人」のいやしの物語では、「病人」は「罪人」であるという当時のユダヤ社会の価値判断が前提されており、ここでもイエスは、「病人」の「罪を赦す」ことによって「病いをいやす」ことにより、この前提を崩しているからである。

マルコの読者に

いずれにしても、17節のイエスの言葉を頂点とするこの「レビの召命」の物語が、マルコ福音書の読者に及ぼす最も効果的な機能は、ユダヤ人キリスト者と異邦人キリスト者との「共食」問題の解決であろう。マルコ福音書の成立時（六、七〇年代）、成立しつつあるキリスト教会にとって解決を迫られていた最も深刻な、そして重要な問題の一つは、ユダヤ人と異邦人が混在する教会内で、共に「食事の席に着く」ことは可能か、ということであった。当時、とくにユダヤ人キリスト者は「聖書」（当時は現在の「旧約聖書」以外に「聖書」はなかった）の教える「汚れたものを食べてはならない」という食事規定（レビ記一一41–47）から必ずしも自由にされてはいなかった（たとえばガラテヤ二11–14のアンティオキア紛争を参照。使徒行伝一五20、29のいわゆる「使徒教令」は、歴史的にはアンティオキア紛争を契機として成立したもので、その後のキリスト教会における「共食」問題を解決する機能をもっていたといわれる）。「異邦人」はユダヤ人にとって、「徴税人や罪人」以上に汚れた存在であった。とすれば、イエスが「徴税人」レビを招き、彼の家で「食事の席に着き」、「多くの徴税人や罪人もイエスや弟子たちと同席した」となると、この「弟子たち」に自らを重ねて福音書を読んできた当時の読者にとって、すでにイエスが自らの振舞いをもって「共食」の道を切り拓いていたというメッセージとなろう。しかもイエスは、「正しい人」ではなく、「罪人を招くため」に来たのだ！

ルカの読者に

それでは、ルカはこの物語をどのように読ませようと意図しているのであろうか。この物語のルカ版（五27－32）は、次のとおりである。

27 その後、イエスは出て行って、レビという徴税人が収税所に座っているのを見て、
「わたしに従いなさい」と言われた。28 彼は何もかも捨てて立ち上がり、イエスに従
った。29 そして、自分の家でイエスのために盛大な宴会を催した。そこには徴税人や
ほかの人々が大勢いて、一緒に席に着いていた。30 ファリサイ派の人々やその派の律
法学者たちはつぶやいて、イエスの弟子たちに言った。「なぜ、あなたたちは、徴税
人や罪人などと一緒に飲んだり食べたりするのか」。31 イエスはお答えになった。「医
者を必要とするのは、健康な人ではなく病人である。32 わたしが来たのは、正しい人
を招くためではなく、罪人を招いて悔い改めさせるためである」。

この物語をマルコ版と比較して読んでみると、四つの点で両テキストの間に相違を見出すことができる。

第一に、28節の「何もかも捨てて」はマルコ二14にはない。これは、イエスに従う者の条件として所有の一切を捨てることを強調するルカの傾向に一致する(たとえば、マルコ一20と、ルカ五11を比較されたい)。したがって、この句はルカの加筆である。

第二に、マルコ二15の「イエスがレビの家で食事の席に着いておられたときのことである」が、ルカ五29では、「そして、自分の家でイエスのために盛大な宴会を催した」となっている。先にルカは、レビが「何もかも捨てた」と加筆しておきながら、すぐそのあとに、同じレビが「自分の家で」催した「盛大な宴会」にイエスを招いている。これは論理的には明らかに矛盾である。しかし、矛盾を冒してまでも、ルカが「家への招待」のモチーフを強調しているのは(ルカ一四15‐24の「大宴会」のたとえと、マタイ二二1‐14の「婚宴」のたとえをも比較参照されたい)、ルカの読者(ルカが読者と想定しているルカ時代の教会のメンバー)に対する効果を狙ったためと思われる。私の考えでは、ルカはその著作(福音書と使徒行伝)を彼の時代の「家の教会」を念頭に置いて書いた。いわゆる「教会堂」が建てられたのは四世紀に入ってからのことであり、それまでは、信徒たちの「家」で礼拝が守られていたが、このいわゆる「家の教会」は、家の「主人」と、その主人がホスト役になって招待した客人によって成り立つサークルをモデルにして形成されたとする説が有力である(「家の教会」については拙稿『小さくされた者たち』の共同体――原始キリスト教における『家の教会』」参照)。

マルコ版との第三の相違点は、マルコ二16の「ファリサイ派の律法学者」がルカ五30で「ファリサイ派の人々やその派の律法学者たち」となっており、さらに彼らが「つぶやいた」といわれていることである。「ファリサイ派」と「律法学者」を区別し、これら二グループを合わせてイエスの敵対者とみなすこと、さらにイエスに対する彼らの感情を「つぶやく」という動詞で描写することは、ルカ福音書の特徴である。そしてこのことは、明らかにルカが構成したと思われる、「見失った羊」のたとえの状況描写(ルカ一五1-2)と一致している事実によって立証されるであろう(ルカ五17、21とマルコ二6をも比較せよ! ちなみに、一五2の新共同訳「不平を言った」は、五30の「つぶやいた」と同じギリシア語の動詞である)。

最後の、そして最も重要な相違は、マルコ二17の後半「わたしが来たのは、正しい人を招くためではなく、罪人を招くためである」のあとに、ルカは「(そして、彼らを)悔い改めさせるためである」という文章を加筆していることである。この文章がルカにさかのぼることは、「迷い出た羊」のたとえ(マタイ一八12-14)と「見失った羊のたとえ」(ルカ一五4-7)の結びの句を比較してみれば明らかとなる。すなわち、一四の「見失った羊」は、ルカ福音書においてのみ「悔い改める一人の罪人」と解釈されており、これがルカに由来することは学者たちのほぼ一致した意見なのである。この箇所だけではなく、「悔い改め」を強調するのは、ルカ福音書全体の特徴である。

注意すべきは、ルカがこの一句を加筆することにより、「罪人」の意味内容に変化が生じてしまう点である。マルコ福音書において「罪人」とは、「正しい人」によって「不浄な民」として差別されていた集団、つまり社会的概念であった。マルコ福音書では「悔い改める」べきは、むしろ「正しい人」と自認する「差別者」のほうである。ところがルカによれば、イエスが盛大な「宴会」を共にして「招い」ている「罪人」が「悔い改め」を必要とする人々である。彼らには、宗教的「回心」が要求されている。ルカにとって「罪人」は宗教的概念なのである。

このような、ルカによる強調点のずらしもルカ福音書の読者から説明されるべきであろう。彼らもまたユダヤ人と異邦人混成の教会のメンバーであったと想定されるが、そのメンバーは主として異邦人であり、しかも、ヘレニズム・ローマ地域において「異邦人伝道」をその使命としていた。もちろん、ルカの見解では、実際に異邦人伝道が実行されたのは、イエスの死と復活のあと、エルサレムに教会が成立して以後のことであるが、イエスはすでに誕生のはじめから「異邦人を照らす啓示の光」(ルカ二32)であった。だから、イエスが、「罪人を招いて悔い改めさせる」という場合の「罪人」には、イエスの死後、そしてルカの現在、罪の「悔い改め」をその内容とする宣教の対象となる「異邦人」が含意されている。イエスはすでに、ユダヤ教の食事規定を無視して、「徴税人や罪人などと一緒に飲んだり食べたりする」ことにより、異邦人との交わり、異邦人への宣教の道を切り拓いていた、というのである。

マタイの読者に

それでは最後に、マタイ福音書の場合(九9-13)はどうであろうか。

9 イエスはそこをたち、通りがかりに、マタイという人が収税所に座っているのを見かけて、「わたしに従いなさい」と言われた。彼は立ち上がってイエスに従った。
10 イエスがその家で食事をしておられたときのことである。徴税人や罪人も大勢やって来て、イエスや弟子たちと同席していた。11 ファリサイ派の人々はこれを見て、弟子たちに、「なぜ、あなたたちの先生は徴税人や罪人と一緒に食事をするのか」と言った。12 イエスはこれを聞いて言われた。「医者を必要とするのは、丈夫な人ではなく病人である。13 『わたしが求めるのは憐れみであって、いけにえではない』とはどういう意味か、行って学びなさい。わたしが来たのは、正しい人を招くためではなく、罪人を招くためである」。

マルコ福音書のテキストと比較して、大きく異なる点は二つある。

第一は、物語の主人公が、「レビ」ではなく「マタイ」に代えられている。マタイ福音書ではイエスの十二弟子の一人である「マタイ」が――それに対応するマルコ三18の場合とは異なって――「徴税人」と呼ばれているので(マタイ一〇3)、これがマタイ福音書の著者にさかのぼることは確実であろう。おそらく彼は、イエスによって個人的に「弟子」として召し出されたのは、十二弟子以外にはありえないと考えたのであろう(ちなみに、私は今までマタイ福音書の著者を、何の断わりなしに「マタイ」と呼んできたが、この著者「マタイ」と十二弟子の一人である「マタイ」とは区別しなければならない。聖書学者たちは、多くの場合、マタイ福音書がイエスの弟子マタイによって書かれたことを否定しているからである)。

より重要なのは、マルコ二17の前半「医者を必要とするのは、丈夫な人ではなく病人である」と後半「わたしが来たのは、正しい人を招くためではなく、罪人を招くためである」の間に、マタイ福音書では、「『わたしが求めるのは憐れみであって、いけにえではない』(ホセア書六6。「いけにえ」とは神殿に奉献された犠牲獣)とはどういう意味か、行って学びなさい」という文章が挿入されていることである。この文章もマタイに由来することは、次の講でテーマとする「安息日の主」――「麦穂摘み」の物語でも、マタイ福音書の本文(マタイ一二7)だけにこの旧約引用がなされている事実からみて、ほぼ確実と思われる。私どもはすでに本書の第六講で、マタイはイエスの「愛敵」の教えを「隣人愛」の徹底とみなしていることを確認している。マタイはここでも、徴税人や罪人と共に食事をするイエスの振舞いを隣人に対する憐れみ――「隣人愛」の具体的行為として解釈するように読者に促している。しかもそれが「いけにえではない」と言われると、ユダヤ人による神殿での犠牲奉献の祭祀に終止符を打った神殿崩壊(七〇年)のあとに生きているマタイ福音書の読者にとって、わかりやすかったのではないか。他方、同時代にユダヤ教の指導者的地位にあったファリサイ派にとっては、ホセア書六6の意味を「行って学びなさい」という命令は、かなりのアイロニーを含んだ批判の言葉となろう。すでにイエスの「義」(「正しさ」の意)は「ファリサイ派の人々の義にまさって」いた(マタイ五20)のである。しかも、「マタイの召命」を締めくくるイエスの言葉「わたしが来たのは……」は、――新共同訳、聖書協会訳でも訳出されていないが――ギリシア語では、「なぜなら」を意味する小辞《パーティクル》 gar によって導かれている。これは、イエスと弟子たちによる「罪人」との共食が、預言者ホセアによる預言の成就であることを示唆している。マタイ福音書では、イエスがすでに、「わたしが来たのは律法や預言者を廃止するためだ、と思ってはならない。廃止するためではなく、完成するためである」と宣言していた(マタイ五17[†1])!

†1　四福音書の中でキリスト教「(律法)学者」に肯定的に言及しているのはマタイ福音書だけである(一三51、二三24参照)。

第九講 「安息日は人のために」
――「麦穂摘み」の物語――

マルコ二23-28

マルコ福音書の場合

「安息日は、人のために定められた。人が安息日のためにあるのではない」。私はこのイエスの言葉を、福音書の中に編まれているイエスの言葉の中で最もラディカルなものの一つであると思う。それは、「麦穂摘み」の物語（マルコ二23-28）を締めくくるイエスの言葉（27-28節）の前半（27節）に位置づけられている。

23 ある安息日に、イエスが麦畑を通って行かれると、弟子たちは歩きながら麦の穂を摘み始めた。24 ファリサイ派の人々がイエスに、「御覧なさい。なぜ、彼らは安息日にしてはならないことをするのか」と言った。25 イエスは言われた。「ダビデが、自分も供の者たちも、食べ物がなくて空腹だったときに何をしたか、一度も読んだことがないのか。26アビアタルが大祭司であったとき、ダビデは神の家に入り、祭司のほかにはだれも食べてはならない供えのパンを食べ、一緒にいた者たちにも与えたではないか」。27そして更に言われた。「安息日は、人のために定められた。人が安息日のためにあるのではない。28だから、人の子は安息日の主でもある」。

安息日は元来、古代イスラエル農民の農耕生活における休息日として定められたものであった。――「あなたは六日の間、あなたの仕事を行い、七日目には、仕事をやめねばならない。それは、あなたの牛やろばが休み、女奴隷の子や寄留者が元気を回復するためである」(出エジプト記二三12)。後年、ユダヤの民がバビロニアに捕囚されていた時代(紀元前六世紀――紀元前五九七年および五八六年、新バビロニアによるユダヤ人のバビロンへの強制移住事件。前五三八年ペルシアにより解放され、帰国した)、同地で成立したユダヤ教を背景に神による天地創造の物語がつくりだされるが、その中で神は六日間で天地万物を創造され、第七日に安息されて、この日を「聖別された」といわれる(創世記二1-3)。これを受けていわゆる「安息日律法」がモーセの十戒の中に採り入れられ、週の第七日目(太陽暦では金曜日日没から土曜日日没まで)は、「あなたの神、主の安息日であるから、いかなる仕事もしてはならない」と定められることとなった(出エジプト記二〇10)。

ところで、この「律法」(トーラー)を解釈してその細則(ミシュナー)をつくり、それを後代に伝えた律法学者たちは、安息日に律法で禁じられている「仕事」の範囲をこと細かに定めている。そして、それらの禁止条項の中に、「麦の刈入れ」を入れており、さらに麦穂摘みをこの「刈入れ」とみなしている場合がある。イエスの弟子たちはこの禁止条項を破ったのであるから、律法とその細則を厳格に守ったファリサイ派の人々がイエスに向かい、「なぜ、彼らは安息日にしてはならないことをするのか」と難詰したのは、当時の社会常識からみれば、むしろ当然であったであろう。

ところが、これを受けてイエスが、25-26節において弟子たちの振舞いを正当化するためにもち出している「ダビデ」の故事(サムエル記上二一1-7)は、この本文のままでは「安息日」とは関係がないのである。ちなみにマルコ二26によると、この「故事」は「アビアタルが大祭司であったとき」となっているが、サムエル記上二二2では「アビアタル」ではなく、「アヒメレク」である。この物語が口頭で伝承されていく過程で、「アヒメレク」がその息子「アビアタル」ととり違えられたのであろう。それはともかくとして、旧約聖書の本文は「安息日」と関係はないけれども、このダビデの故事を「安息日」と関連づける律法学者の伝承は存在する。25-26節のイエスの答えはそれを前提としているのであろう。

しかし、もしそうならば、イエス自身が律法学者による伝承に拠って弟子たちの行為を正当化したことになり、これではユダヤ教の律法学者たちによる論争の水準を超えることにはならない。そのために、かなり多くの学者たちは、この物語は元来、23、24節から直接27節に続いていたのであるが、27節のイエスの言葉があまりにもラディカルであるために、伝承の過程で、25-26節が挿入されたとみなしている。私もこの見解を妥当と思う。

もしそうであったとすれば、24節におけるファリサイ派の人々の難詰に対し、28節で直接イエスは、しかも断言的に、すなわち何の条件もなしに、「安息日は、人のために定められた。人が安息日のためにあるのではない」と答えたことになる。ユダヤ教の律法学者の言葉に、このイエスの言葉に類似したものはある。――「あなたがたのために安息日が与えられたのであって、安息日のためにあなたがたが与えられたのではない」。しかしここでは、人命が危機に瀕した場合に限り、それを救うために安息日の禁令に違反することができる、という条件づきで言われているのであって、それが無条件に断言されているのではない。もちろん、イエスはこの言葉によって安息日を廃止しようとしたのではない。そうではなくて、安息日が人間の休息のために定められた、その元来の意味に帰るべきである、もし安息日が人間の自由を侵し、人間が安息日の奴隷になりさがってしまったら、それは安息日を設定した神の元来の意図に反するのだ、ということであろう。この言葉は、「安息日」というユダヤ教に固有な制度にかかわる発言ではあるけれども、この「安息日」

を「法」一般に置き換えたならば、現代にも十分通用する普遍的原理たりえよう。——「法は人間のために定められたものであって、人間が法のためにあるのではない」。

次いでイエスは28節で、「だから、人の子は安息日の主でもある」と締めくくる。この句で注意したいのは、「安息日の主」という「人の子」イエスの権威が、27節で宣言された、安息日に対する人間の自由に基礎づけられている(「だから」!)ことである。マルコにとってイエスは、人間の自由を具現して生きる象徴的存在だったのである。もう一つ、「安息日の主である」ではなくて、「安息日の主でもある」という言葉づかいを見逃がしてはなるまい。これはおそらく、この物語の前の文脈に編まれた「中風の人」のいやしの物語(マルコ二1-12)の中で、イエスがやはり律法学者たちの非難に応えて語った言葉「人の子が地上で罪を赦す権威を持っていることを知らせよう」(マルコ二10)を受けているものと思われる。イエスは地上を歩む「人の子」(これは第一講で確認したように「キリスト論的尊称」の一つである)として人間の罪を赦す権威をもっているように、安息日に対してもそれを支配する権威を有する、というのであろう。これはまさに、マルコのキリスト論であろうが、これが人間の「罪」からの解放(当時のユダヤ教において「病人」も「罪人」とみなされていた)、人間の自由に基礎づけられている点で、極めてユニークである。

ルカ福音書の場合

ところが、ルカ福音書とマタイ福音書では、今マルコ福音書で確認した、安息日に対する人間の自由と「人の子」イエスとの関係が逆転する。

まず、「麦穂摘み」の物語のルカ版(六1-5)を読んでみよう。

1ある安息日に、イエスが麦畑を通って行かれると、弟子たちは麦の穂を摘み、手
でもんで食べた。2ファリサイ派のある人々が、「なぜ、安息日にしてはならないこ
とを、あなたたちはするのか」と言った。3イエスはお答えになった。「ダビデが自
分も供の者たちも空腹だったときに何をしたか、読んだことがないのか。4神の家に
入り、ただ祭司のほかにはだれも食べてはならない供えのパンを取って食べ、供の者
たちにも与えたではないか」。5そして、彼らに言われた。「人の子は安息日の主であ
る」。

このルカ版がマルコ版と異なる点は二つある。その一つは、マルコ二23にはない、弟子たちが麦の穂を摘んだ動機が、ルカ六1には加筆されていることである。――「手でもん

で（穀をはいで）食べた」。これは、続いて語られているダビデの故事、とくに「ダビデもその供の者たちも空腹だったとき」に「供えのパンを取って食べた」という文章に合わせ、弟子たちの振舞いを合理化しようとした結果であろう。

もう一つ、しかも重大な変更は、ルカ版ではマルコ版で私が最大限に評価したイエスのラディカルな言葉――二27「安息日は、人のために定められた。人が安息日のためにあるのではない」が削除され、それに応じて、ルカ版でこの物語を締めくくるイエスの言葉――六5「人の子は安息日の主である」が、マルコ二28におけるように、「だから」でもって導入されていないことである（ちなみに、ルカ六5ではマルコ二28の「主でもある」の「も」が落とされている）。

ルカ六4と5の間にあるべきマルコ二27にあたる言葉を削除すれば、どういう結果になるか。イエスの弟子たちが安息日律法を破ったことは、まず、「空腹だった」ことを条件としてダビデとその供の者に関する聖書のエピソードによって正当化され、次に何よりも「安息日の主」である「人の子」キリストの権威によって基礎づけられることとなろう。「人の子は安息日の主である」、だから「人の子」キリストの弟子たち、つまりキリスト者も安息日から自由にされる。こうして、ルカ六5の「主」宣言はこの物語の枠内で完結するので、マルコ二28におけるように、「主でもある」という言葉づかいでマルコ二10の「人の子が地上で罪を赦す権威を持っていることを知らせよう」(ルカでは五24)を示唆する必要はなくなるのである。

成立しつつあるキリスト教において、ユダヤ教の「安息日」は、「主の日」(「主」イエス・キリストが復活された日、太陽暦では日曜日)に取って替わられつつあった。しかし、当時のキリスト教徒にとって「聖書」は未だ後世のキリスト教徒のいわゆる「旧約聖書」だけであって、モーセの十戒は当然のことながらキリスト教徒をも拘束した。したがって、その中に明言されている安息日律法は、「主の日」に守らるべきものとなる。そのような状況の中で、マルコ二27における安息日に対する人間の自由の宣言「安息日は、人のために定められた。人が安息日のためにあるのではない」は、教会にとってあまりにもラディカルに過ぎた。だからルカはこれを削除した上で、この「日」における人間の自由を、この「日」の「主」である「人の子」イエスの権威によって基礎づけたのであろう。こうして「神学」における人間の自由の「キリスト論」的基礎づけ――つまり、人間の自由をキリストの権威によって基礎づける神学的作業――に、その端緒が与えられることとなる。この点をさらに首尾一貫させているのが、マタイ福音書における「麦穂摘み」の物語(一二1―8)である。

マタイ福音書の場合

1そのころ、ある安息日にイエスは麦畑を通られた。弟子たちは空腹になったので、
麦の穂を摘んで食べ始めた。2ファリサイ派の人々がこれを見て、イエスに、「御覧
なさい。あなたの弟子たちは、安息日にしてはならないことをしている」と言った。
3そこで、イエスは言われた。「ダビデが自分も供の者たちも空腹だったときに何を
したか、読んだことがないのか。4神の家に入り、ただ祭司のほかには、自分も供の
者たちも食べてはならない供えのパンを食べたではないか。5安息日に神殿にいる祭
司は、安息日の掟を破っても罪にならない、と律法にあるのを読んだことがないのか。
6言っておくが、神殿よりも偉大なものがここにある。7もし、『わたしが求めるの
は憐れみであって、いけにえではない』という言葉の意味を知っていれば、あなたた
ちは罪もない人たちをとがめなかったであろう。8人の子は安息日の主なのである」。

マタイはまず1節で、弟子たちによる麦穂摘みを「空腹になったので」という理由句によって正当化し、3節の「ダビデが自分も供の者たちも空腹だったときに」にきれいに対応させる。

次にマタイは、マルコ福音書にはない(そしてルカ福音書にもない)イエスの言葉を5‐7節に挿入して、マタイに固有な視点から弟子たちの振舞いを根拠づける。まず5節の「安息日に神殿にいる祭司は、安息日の掟を破っても罪にならない」とは、安息日に祭司たちに命じられている「献げ物」の奉献(レビ記二三38、民数記二八9‐10)は、安息日律法に優先するという当時のユダヤ教の解釈を指しているものと思われる(たとえば、エッセネ派の場合、『ダマスコ文書』一一17‐18、『ヨベル書』五〇10‐11参照。両者共に旧約聖書の「偽典」で、「死海文書」(二五頁参照)と同様に、エッセネ派の出自と想定されている)。しかし、これは弟子たちによる麦穂摘みと直接関係はない。おそらく、これはむしろ後の文脈、つまり6‐7節のイエスの言葉を準備するものであろう。――「言っておくが、神殿よりも偉大なものがここにある。もし、『わたしが求めるのは憐れみであって、いけにえではない』という言葉の意味を知っていれば、あなたたちは罪もない人たちをとがめなかったであろう」。

「神殿よりも偉大なもの」とは何を指すのであろうか。おそらく、ホセア書六6からの引用文の中の「憐れみ」のことであろう。ここで、「わたし(つまり神)が求めるのは憐れみであって、いけにえではない」といわれている。「いけにえ」とは、安息日律法に優先する、安息日の「献げ物」を受けているととれば、6‐7節の意味するところは、次のようになるであろう。――もし安息日の献げ物のゆえに安息日律法を破ることがゆるされるとすれば、ましていわんや、罪のない人々、しかも飢えている人々が安息日律法を破ることは、彼らに対する神の「憐れみ」のゆえに、ゆるされるはずではないか、「神が求めるのは憐れみであって献げ物ではない」と聖書に書かれているからである。とすれば、「神殿より偉大なもの」は、イエスがそれを自らに具現して生きた神の御旨、つまり「憐れみ」である。「徴税人や罪人」に対するイエスの振舞いも、このホセア書六6の完成であった(マタイ九13)。「だから」――と8節でイエスはその言葉を結ぶ――「人の子は安息日の主なのである」[†1]と(ちなみに、この「だから」が聖書協会訳でも新共同訳でも落ちている!)。

要するに、マタイによれば、イエスは旧約聖書で預言されている神の「憐れみ」の完成者である(マタイ五17)がゆえに、「安息日の主」なのである。だから、この「人の子」イエスをキリストと信ずるキリスト者も、困窮状態に置かれた場合、キリストに具現された神の憐れみのゆえに、安息日律法を破ることがゆるされている、というのである。そして、このマタイの本文にも、8節に先立つべきマルコ二27にあたるイエスの言葉がない。マタイ福音書でも、人間の自由はキリスト論――つまり、信仰の対象となるキリストの権威――によって基礎づけられているといえよう。

†1 岩波版では「神殿〔全域〕より大いなるもの」と訳され、「イエスの運動であからさまになった出来事を指すであろう」と注記されている(一一三頁、注一〇)。

現代では

最後に、話を現代に引きつけて多少なりともわかりやすくするために、私自身の見聞を述べておくことにしよう。

私の父は、私が子供の頃、よく自分が神学生であった時の「武勇伝」を話して聞かせた。父が通う神学校の近くに同じミッション系の女学校の寮があり、そこに住む寮生は、日曜の「聖日」には、それがキリスト教の「安息日」なるがゆえに、礼拝出席以外、外出を禁じられていた（歩行は労働とみなされた！）とのこと。彼女らは各自の部屋で日中もフトンをかぶって寝ていたそうである。そこで父は、同輩の神学生と連れ立って、女子寮の窓の下に行き、マルコ二27「安息日は、人のために定められた。人が安息日のためにあるのではない」を大声で唱えた。寮生は窓から顔を出し、手を振ってそれに応えた。もちろん父たちは、寮母に追い払われたが、それが学生時代の楽しみの一つであった、というのである。しかし、この父は、後年牧師になってから、聖日の講壇では、マルコ本文の意図に反して、二27を二28「だから、人の子は安息日の主でもある」から基礎づけていたと記憶する。父は、ルカやマタイによる解釈の道、つまりキリスト論的解釈の道をとったのである。これが教会では現在でも一般的であろう。

私は、といえば、次のような経験がある。

一九六一年当時、私はドイツのエルランゲン大学に留学し、博士論文を執筆中であった。その年の春に、ドイツにおける私の保証人であったH牧師が、私の妻と娘を日本からドイツに招いてくれたうえ、自分の牧師館の屋根裏部屋を住居として提供してくれた(当時、家族をドイツに呼ぶほどの奨学金は支給されていなかったのである)。エルランゲンから、この牧師一家と私の家族が住む、コーブルクの近く、グループ・アム・フォルスト村まで、汽車で二時間はかかった。私は二週間に一回、週末にエルランゲンの学寮から家族のもとに帰ったものである。牧師と私の間には取り決めがあった。それは、地下蔵のワインを共有とする、ということであった。飲んだ本数だけ、あとで補充しておけばよい、と。

ある秋の夕暮れ、私が家族のもとに帰って地下蔵に降り立ったら、珍しいことに、白ワインに混じって、赤ワインが二本置かれていた。ドイツ・ワインはそのほとんどが「白」である。私は好奇心に駆られ、それを部屋に持ち帰って賞味したら、ものすごくおいしい。ついつい二本を空けてしまったのである。

ところが翌朝、朝食を牧師一家と共にするために、二階の居間に降りていったら、牧師が頭をかかえ込んでいる。「今日の礼拝後に予定している聖餐式のために用意した赤ワインがない」と言うのだ。私は正直に、「それはぼくが飲んでしまった」と告白する。

牧師「どうしてくれる。聖餐式は中止せざるをえない」
私「ぼくが買って来ればいいだろう」
牧師「安息日に仕事を禁じているのは、私自身だ。その客人に、掟を破らせるわけにいかない」
私「安息日は、人のために定められた。人が安息日のためにあるのではない。人のために、安息日の掟は破られてもよいのだ」
牧師「人の自由は、安息日の主によって拘束される」
私「それはルカやマタイの立場であって、マルコの立場ではない」
ついに牧師が折れた。目をつぶる、という。私は村でたった一軒ある居酒屋に走って(もちろん日曜日は休業中)、事情を話し、赤ワインを二本ただで分けてもらった(ただならば、労働行為にはならないだろう!)。聖餐式は無事挙行されたのである。
それ以来、私がグループ・アム・フォルストに帰ると、居酒屋の主人は、欠かさずにワインを、翌日聖餐式がある週末に赤ワインを、私どものもとに届けてくれた。しかも、いつも無料で……。
ちなみに、その頃、村の牧師であったH氏は、一九七五年、ドイツのプロテスタント教会の聖職者では最高位にあたるバイエルン州の「州監督」(Landesbischof)に選出された。

彼はその後、「弟子たちの麦穂摘み」を聖書テキストにすれば、日曜礼拝でどういう説教をしているのであろうか。あるいは、どういう説教をするように牧師たちを監督しているのであろうか。[†1]

†1　H州監督は、一九九九年、残念ながら故人となられた。

第一〇講　「必要なものはただ一つだけ」

――「マルタとマリア」の物語――

ルカ一〇38-42

「マルタとマリア」といえば、女性の対照的二つのタイプを代表する、とよくいわれる。マルタは行動的女性のタイプ、それに対してマリアは瞑想的女性のタイプ。一方は能動的、他方は受動的、というのである。そのために、一般的に世の男性はマリアを好み、それに対して、最近の女性フェミニストたちはマルタを評価して、マリアに批判的である。とくに女性フェミニスト新約聖書学者たちは、ヨハネ福音書においてマルタに帰されている高い地位（たとえば、マルタによるイエスに対する「神の子・キリスト」告白〔ヨハネ一一27〕）が、マタイ福音書におけるペトロの地位（マタイ一六16におけるペトロの「キリスト・神の子」告白）に匹敵することを引き合いに出して、ルカ福音書におけるイエスのマルタ批判・マリア評価は、マリア型女性好みの男性ルカによる創作である、とさえ主張している（たとえば、モルトマン＝ヴェンデル『イエスをめぐる女性たち』）。このような判断は、果たしてルカ福音書の本文に即しているであろうか。まずその本文(一〇38-42)を読むことにしよう。

38 一行が歩いて行くうち、イエスはある村にお入りになった。すると、マルタという
女が、イエスを家に迎え入れた。39 彼女にはマリアという姉妹がいた。マリアは主の
足もとに座って、その話に聞き入っていた。40 マルタは、いろいろのもてなしのため
せわしく立ち働いていたが、そばに近寄って言った。「主よ、わたしの姉妹はわたし
だけにもてなしをさせていますが、何ともお思いになりませんか。手伝ってくれるよ
うにおっしゃってください」。41 主はお答えになった。「マルタ、マルタ、あなたは多
くのことに思い悩み、心を乱している。42 しかし、必要なことはただ一つだけである。
マリアは良い方を選んだ。それを取り上げてはならない」。

「家」のモチーフ

38節で、マルタが「イエスを家に迎え入れた」といわれるが、第八講で指摘したように、「家」へ招くというモチーフは、ルカ福音書にとくに多い。たとえば五29によれば、イエスに従った徴税人レビは、「自分の家でイエスのために盛大な宴会を催した」(これに並行するマルコ二15と比較されたい)。一四7-14には、客を招待する者への教訓が語られている。また

「大宴会」のたとえ(ルカ一四15-24)と「婚宴」のたとえ(マタイ二二2-14)とを比較すると、ルカ版のほうに家への招待のモチーフが一貫して用いられている。一九5によれば、イエスは徴税人の頭ザアカイの「家」に泊まった。

同じルカによって著された使徒行伝でも、ルカ福音書に対応するかのように、ペトロはコルネリウスの「家」に(行伝一〇22、一一12)、パウロとその一行はリディアの「家」に(行伝一六15)、パウロとシラスは回心した看守の「家」に(行伝一六34)、それぞれ招かれている。さらに使徒行伝では、エルサレムで信徒たちの集会がもたれたのは、「家」とりわけヨハネ・マルコの「家」においてであり(行伝一二12)、信徒たちが「家ごとに集まってパンを裂き」(行伝二46)、使徒たちが「毎日、神殿の境内や家々で」宣教した(行伝五42)といわれる。また、使徒行伝では多くの場合「家族」一同が入信している(行伝一六15、33、一八8)。

このように、ルカが「家」とりわけ「家への招待」のモチーフを多用しながらイエスあるいは使徒たちの歴史を描いている背後に、ルカがそのために採用した伝承資料に同様の「家」のモチーフがあったこと、あるいはその資料に史実が反映していたことを、私は全面的に否認するものではない。実際、イエスと弟子たちは、所有を捨てガリラヤの村々を旅しながら宣教活動を行い、彼らを迎え入れて「福音」を受容し、彼らを経済的に支えたのは、多くの場合「家」に定住する人々であった。ペトロ、とりわけパウロなどの宣教者たちも、地中海沿岸諸地域の町々を旅しながら、教会を設立して歩くが、この場合の教会は「家の教会」であった(「家の教会」については一二九頁参照)。

「家の教会」

注目すべきは、パウロが「家の教会」に言及するとき、女性名が冠せられている、あるいは女性名が筆頭に挙げられていることである。たとえば、パウロが「ローマ人への手紙」の最後に、ローマ教会のメンバーへ向けて挨拶の言葉を送っているが、その中で、「プリスカとアキラによろしく」(ローマ一六3)、また、「彼らの家の教会にもよろしく」と書いている(ローマ一六5。なお新共同訳の「家に集まる教会」は意訳)。この場合、「プリスカ」が妻で「アキラ」が夫である。このように夫妻の名前を妻→夫の順序で挙げるのは、古代では(もちろん現代でも!)極めてまれである。ところが、この夫妻に限り、使徒行伝においてもこの順序が保たれている(行伝一八18、26「プリスキラとアキラ」。「プリスキラ」は「プリスカ」の縮小形――「小さい・愛らしい」ことを表す縮小語尾 -illa を伴う形)。このことは、プリスカ(またはプリスキラ)のほうがアキラよりも有力で、彼女のほうが当時のキリスト教界によく知られていた事実を示唆するのではなかろうか。この夫妻の家にある教会は、「プリスカとアキラの家の教会」と呼ばれていた(もっとも、Iコリント一六19で、パウロはエフエソからコリントの教会員に宛てて、「アキラとプリスカが、その家の教会の人々〔「の人々」は原文にはない〕と共に、……あなたがたにくれぐれもよろしくとのことです」と書き送っている。ここでパウロがプリスカ→アキラの順序を逆転したのは、この手紙でパウロがコリント教会における女性の突出した行動を戒めていることと関連があろう〔Iコリント一一3-16、一四33-36参照〕）。他方、パウロの名によって書かれている「コロサイ人への手紙」にも、「ニンファと彼女の家の教会によろしく」という挨拶が見出される（コロサイ四15）。小アジアの町コロサイにも、女性名を冠した「ニンファの家の教会」が存在した（この「ニンファ」という女性名も、後代の写本では「ニンファス」という男性名に写し直されている！）。

　このことは、成立しつつあるキリスト教会に自らの「家」を提供した女性信徒が、その「家の教会」を代表するほど有力な地位を占めていたことの証拠ではなかろうか。私は、ルカが「福音書」と「使徒行伝」を書くに際し、その読者として想定している信徒たちも、「家の教会」のメンバーであったと考えている。このいわゆる「ルカ教会」は、女性によって代表されるとは思えないけれども、そのメンバーには男性と並んで多数の女性が存在し、比較的に裕福で、信徒としても有力であった。このような「家の教会」のメンバーに自らの作品を効果的に読ませるために、ルカはその作品の中でことさら「家」あるいは

「家への招待」のモチーフを前景に出し、それに関連してフィリピでその家族と共に入信したティアティラ市出身の紫布商人リディアとか(行伝一六14―15)、「自分の持ち物を出し合って」イエスとその弟子たちに「奉仕した」「ヘロデの家令クザの妻ヨハナ」などの「婦人〈岩波版『新約聖書』では「女」〉たち」に(ルカ八3)スポットライトを当てているのではないか。ルカは「女性の福音書記者」と呼ばれるほどに、自らの福音書に多くの女性を登場させているが、これは、以上に想定したような、福音書の読者を意識してのことだと思われる。ルカ福音書にしか存在しない「マルタとマリア」の物語も、このような背景を考慮に入れて読み解かれるべきであろう。

「言葉を聞く」マリア

さて、39節によると、マルタの姉妹マリアは、「主」イエスの「足もとに座って、その話に聞き入っていた」といわれる。四福音書の中で最も多くの場合イエスを「主」と呼ぶのはルカ福音書であり、この短い物語の中で「主」が三回も繰り返されているから、これはルカの強調であろう。マリアはその「主の足もとに座って……」となると、このマリアはまさに「主」に対して受動的である。ただし、この「足もとに座って」という用語は、原語ではほぼ同じ形で使徒行伝二二3において繰り返されており(「ガマリエルの足もとで」)、ここではパウロがファリサイ派の教師ガマリエルの「弟子となって」の意で用いられている(ルカ八35をも参照)。とすれば、マリアはイエスに「弟子入りして」と読むこともできよう。

そしてこのマリアは、イエスの「話に聞き入っていた」(文字どおりには「言葉を聞いていた」)。この「言葉を聞く」というマリアの姿勢をめぐっても、多くのフェミニストたちは、ルカ二28を引き合いに出して、女性の受動的態度の賞揚として批判的に捉えている。確かにイエスは、ある女がイエスの母について、「なんと幸いなことでしょう、あなたを宿した胎、あなたが吸った乳房は」と叫んだとき(ルカ二27)、「むしろ、幸いなのは神の言葉を聞き、それを守る人である」と言っている(ルカ二28)。しかし、このイエスの言葉は、直接イエスの母(つまり女性)について言われているのではなく、むしろ母との血族的同胞関係を超えて、信仰的同胞関係にある者(ここでは男女を問わない)のあるべき姿勢について発言されているのである。この言葉は、むしろルカ八21と同じレベルで読まれるべきであろう。すなわち、イエスのもとに「母上と御兄弟たちが、お会いしたいと外に立っておられます」との知らせがあったとき(ルカ八20)、それにイエスがこう答えた。――「わたしの母、わたしの兄弟とは、神の言葉を聞いて行う人たちのことである」(ルカ八21)。このイエスの答えには、マルコ三35に並行句があり、マルコ福音書では、ルカ八21の「神の言葉を聞いて行う人たち」が「神の御心を行う人」となっているので、「神の言葉を聞く」というのは、とくにルカがキリスト信徒に勧める理想的姿勢なのである。とすれば、一〇39のマリアの姿勢も、ルカの見解では、女性信徒のモデルというよりは、むしろ男女を含む「信徒」そのものの理想的モデルなのであろう(拙稿「『男も女も』――ルカの女性観再考」参照)。

「もてなす」マルタ

40節では、マリアとは対照的に、マルタは、「いろいろのもてなしのためせわしく立ち働いていた」といわれる。ここで「もてなし」と訳されているギリシア語の diakonia は、この言葉に続くイエスに対するマルタの問い質しの中で用いられている動詞形 diakoneō と共に、一般的には「奉仕(する)」と訳され、使徒行伝六1-6に報告されている「ステファノたち七人の選出」の物語にも三回用いられている。

1そのころ、弟子の数が増えてきて、ギリシア語を話すユダヤ人から、ヘブライ語を話すユダヤ人に対して苦情が出た。それは、日々の分配のことで、仲間のやもめたちが軽んじられていたからである。2そこで、十二人は弟子をすべて呼び集めて言った。「わたしたちが、神の言葉をないがしろにして、食事の世話をするのは好ましくない。3それで、兄弟たち、あなたがたの中から、〝霊〟と知恵に満ちた評判の良い人を七人選びなさい。彼らにその仕事を任せよう。4わたしたちは、祈りと御言葉の奉仕に専念することにします」。5一同はこの提案に賛成し、信仰と聖霊に満ちている人ステファノと、ほかにフィリポ、プロコロ、ニカノル、ティモン、パルメナ、アンティオキア出身の改宗者ニコラオを選んで、6使徒たちの前に立たせた。使徒たちは、祈って彼らの上に手を置いた。

この物語のうち1節の「分配」、2節の「世話をする」、4節の「奉仕」が、diakonia あるいは diakoneō にあたる。しかもこの物語では、「食事の奉仕」と「祈りと御言葉の奉仕」の分掌が問題となっている。すなわち、今まで「十二人の弟子」が二つの「奉仕」を担ってきたのだが、教会の会員がふえてきたために、それを支えきれなくなったから、弟子たちは「祈りと御言葉の奉仕」に専念することとなり、「食事の奉仕」を担う七人を選出した、というのである。ある有名なフェミニスト聖書学者によると、この物語における「祈りと御言葉の奉仕」にたずさわる者と「食事の奉仕」にたずさわる者との分化と固定化は、教会における聖職者の役割と一般信徒を代表する者の役割とを分化し、両者を上下関係において固定化することに、パラダイム(範例)としてはたらく。少なくともルカは、この物語がそのようにはたらくことを意図している。そして同様のことが、「マルタとマリア」の物語からも読みとられる。すなわち、一〇41-42で、「主」イエスは、マリアを「御言葉に仕える者」として他を排除する仕方で評価し、マルタを「食卓に仕える者」としてマリアの下位に置き、こうして教会内の役割を分化・固定化した、というのである(シュスラー・フィオレンツァ『彼女を記念して』)。

マルタとマリア――信徒の二つのタイプ

「マルタとマリア」の物語と「七人の選出」の物語の間に、「奉仕(する)」「言葉」をキーワードとして、対応関係があることは事実である。ルカは両方の物語で、「言葉」を日常生活における「奉仕」よりも重視している。しかし、両物語の間に見出される差異も無視できないであろう。「七人の選出」の物語では、「御言葉の奉仕」と「食事の奉仕」が分轄され、前者が「十二弟子」に、後者が「七人」に割り当てられる。しかもそれが「十二弟子」によって提案されている。これは確かに、教会における聖職者→信徒代表という秩序のパラダイムといえよう。

しかし、「マルタとマリア」の物語の場合、イエスは42節で、マルタの問い質しに対して、「必要なことはただ一つだけである。マリアは良い方を選んだ。それを取り上げてはならない」とマルタを諫めている。ここで「ただ一つ」の「必要なこと」とは、マリアに象徴される、イエスの「言葉を聞く」――「その話に聞き入る」姿勢であろう。それは、「言葉の奉仕」つまり「説教」、あるいは「宣教」という「十二弟子」に象徴される役割ではないのである。この宣教の役割は、ルカ福音書でも使徒行伝でも、――プリスキラとアキラという唯一の例外を別とすれば(行伝一八26)――イエスの弟子たちとパウロらの宣教者たち(いずれも男性!)に限られている。したがって、マリアの役割は、信徒に「ただ一つ」「必要」とされる「言葉への聴従」なのである。これに対して、マルタを介して退けられているのは、信徒が日常生活のことで「思い悩み、心を乱す」姿である(ルカ一〇41)。このことは、「種を蒔く人」のたとえに関するイエスの説明を、そのマルコ版(マルコ四18-20)とルカ版(ルカ八14-15)とを比較して読んでみれば、よくわかるであろう。

13 また、イエスは言われた。「このたとえが分からないのか。では、どうしてほか
のたとえが理解できるだろうか。14 種を蒔く人は、神の言葉を蒔くのである。15 道端
のものとは、こういう人たちである。そこに御言葉が蒔かれ、それを聞いても、すぐ
にサタンが来て、彼らに蒔かれた御言葉を奪い去る。16 石だらけの所に蒔かれるもの
とは、こういう人たちである。御言葉を聞くとすぐ喜んで受け入れるが、17 自分には

根がないので、しばらくは続いても、後で御言葉のために艱難や迫害が起こると、す
ぐにつまずいてしまう。18 また、ほかの人たちは茨の中に蒔かれるものである。この
人たちは御言葉を聞くが、19 この世の思い煩いや富の誘惑、その他いろいろな欲望が
心に入り込み、御言葉を覆いふさいで実らない。20 良い土地に蒔かれたものとは、御
言葉を聞いて受け入れる人たちであり、ある者は三十倍、ある者は六十倍、ある者は
百倍の実を結ぶのである」(マルコ四章)。

11「このたとえの意味はこうである。種は神の言葉である。12 道端のものとは、御
言葉を聞くが、信じて救われることのないように、後から悪魔が来て、その心から御
言葉を奪い去る人たちである。13 石地のものとは、御言葉を聞くと喜んで受け入れる
が、根がないので、しばらくは信じても、試練に遭うと身を引いてしまう人たちのこ
とである。14 そして、茨の中に落ちたのは、御言葉を聞くが、途中で人生の思い煩い
や富や快楽に覆いふさがれて、実が熟するまでに至らない人たちである。15 良い土地
に落ちたのは、立派な善い心で御言葉を聞き、よく守り、忍耐して実を結ぶ人たちで
ある」(ルカ八章)。

いわゆる「種を蒔く人」のたとえ（マルコ四1-9、ルカ八4-8）は、右に引用した、イエスによるこのたとえの説明を読めば明らかなように、実際は、「種を蒔かれた土地」のたとえであって、「種」は「神の言葉」、「種を蒔く人」は「神の言葉の宣教者」、「土地」は「神の言葉の受容者」を、それぞれ示唆している。

ところで、このたとえの説明のうち、マルコ四18-19の「御言葉を聞くが、この世の思い煩い……が心に入り込み、御言葉を覆いふさいで実らない」人たちが、ルカ八14では、「御言葉を聞くが、途中で人生の思い煩い……に覆いふさがれて、実が熟するまでに至らない人たち」となっており、他方、マルコ四20の「御言葉を聞いて受け入れる人たち」が、ルカ八15では、「立派な善い心で御言葉を聞き、よく守り、忍耐して実を結ぶ人たち」となっている。とすれば、ルカ八14の「御言葉を聞くが、途中で人生の思い煩い……に覆いふさがれて、実が熟するまでに至らない人たち」が、「多くのことに思い悩み、心を乱している」マルタ（ルカ一〇41）にあたり、ルカ八15の「立派な善い心で御言葉を聞き、よく守る……」人が、イエスの「言葉に聞き入っていた」マリア（ルカ一〇39）にあたることとなる。

要するに、「マルタとマリア」の物語をルカのレベルで読み解くと、マルタは、今なお日常生活のことで思い煩っている信徒のタイプを、それに対してマリアはイエスの言葉を聞いて守る信徒のタイプを暗示しているのであって、物語の素材が女性であっても、女性だけに対照的な二つのタイプを示唆しているのではない、ということである。ルカは、自らの福音書の読者が属する「家の教会」のメンバーを考慮に入れて、他の福音書記者よりも多くの、女性を素材とした物語を採用した。「マルタとマリア」の物語もそれらの素材の一つにすぎないのである。

伝承のレベルから

さて、私どもがこの物語を読む際の視点をルカのレベルから伝承素材そのものへと移し、物語の舞台をユダヤ社会にもどして読み直すと、次のような解釈も可能となろう。

イエス伝承の最古の段階において、イエスはユダヤ教の教師《ラビ》の一人とみなされていた。当時、ラビが女性だけの家に招かれて接待を受け、教えを説くという例を、私はこの物語以外に知らない。それはスキャンダラスな振舞いであるゆえに、ラビ伝承にはないのであろう。他方、当時のユダヤ社会において、女性が男性と共に、安息日に「会堂」に集い、ラビの聖書講解に耳を傾けることはできた。しかし、女性がラビに弟子入りすること、まして男弟子たちと共に旅すること（ルカ八2-3にはこれを反映する伝承が存在する）は、当時のユダヤ教諸学派の師弟のありようとしては、ほとんど例外と思われる。

私どもは先に、一〇39のイエスの「足もとに座って」を、使徒行伝二二3のガマリエルの

「もとで」とその原語においてほぼ同形であることから、マリアはイエスに「弟子入りして」と意訳できる可能性を確認している。もしその可能性をここから読み取ることがゆるされるならば、マリアは、当時男性に期待されていた、教師に対する弟子の役割を果たしたことになる。このようにとると、マリアに対するマルタの拒絶反応が、よりよく理解できるのではないか。当時、客を家に迎え入れて「もてなし」をするのは——現在でも日本社会では、なおほぼ「常識」であるように——女性、とくに「主婦」の役割であった。マルタが「主婦」であったかどうかは、この物語からは判明しない。いずれにしても、「女性」ではある。

こうしてみると、マルタとマリアという姉妹の家に客人として登場する教師イエスは、伝統的に女性に期待されてきた、客人接待の役割に他の役割を排除する仕方で、固執するマルタを退け、それを変更して、伝統的に男性に期待されてきた、教師に対する弟子の役割を果たすマリアの振舞いを他の役割を排除する仕方で、評価していることとなる。〔042の「必要なただ一つのこと」とは、女性も、マリアのように、「イエスの弟子となること」である。しかも注目すべきは、マリアが「選んだ」といわれる「良い方」の「方」と訳されているギリシア語(meris)は、「分け前(岩波版)」「割当」「役割」を意味することであろう。

このように読むと、少なくとも伝承のレベルで、マルタとマリアの物語は、現代における私ども男と女に、伝統的役割分業意識からの解放と、それに基づく男女の新しい関係の創始を促すという、極めて現代的メッセージをも提示していることになるのではないか。

〔追　記〕

本講については、川島重成「一つのものと多くのもの――ルカ福音書一〇38-42におけるマルタとマリア」をも参照。川島は私のたとえ解釈に「この物語ならではの特殊な文学的衝撃力」が軽視されているとして、イエスとの出会いによる内容的促しとしてのマリアの一回的・受動的傾聴を正しく強調している。しかし、私見に対する川島の批判にも、残念ながら、ルカの編集のレベルと伝承（その背後に想定されるイエス）のレベルとの区別が不明確である。とりわけこの論文の結論部分で指摘されている「マルタがマリアとなり、マリアがマルタとなる、そのような自由な在り方」は、私見によれば、「イエスの呼びかけ」というよりは、むしろルカの呼びかけである可能性が高い。

第一一講「だれが隣人になったと思うか」

――「善いサマリア人」のたとえ――

ルカ一〇25―37

たとえに関するアンケート調査

一九九三年、私が青山学院大学に勤めていたときの話である。この大学に「キリスト教教育研究所」というものがあって、私もその研究員の一人になっていた。そこで私も二、三度「報告」をしたが、私が聞いた「報告」の中で、現在でも憶えている唯一の「報告」がある。それは、青山学院の中等部に勤めている先生によってなされたもので、中学三年生に対するアンケート調査に基づく「報告」であった。この先生は、自分の受持ちのクラスと、渋谷区の公立中学校のクラスとに、聖書の同一の箇所をプリントにして配り、その内容に関する種々の質問をアンケートにして回答を取った。これによって先生は、聖書の授業を受けている自校の生徒と、それを受けていない公立学校の生徒の――聖書を媒介とする――宗教意識の差異を比較調査しようと試みたのである。そのときに、生徒に配られ

たのが、「善いサマリア人」のたとえ(ルカ一〇25-37)であった。それは、次のような物語で
ある。

25するとある律法の専門家が立ち上がり、イエスを試そうとして言った。「先生、
何をしたら、永遠の命を受け継ぐことができるでしょうか」。26イエスが、「律法には
何と書いてあるか。あなたはそれをどう読んでいるか」と言われると、27彼は答えた。
「『心を尽くし、精神を尽くし、力を尽くし、思いを尽くして、あなたの神である主を
愛しなさい、また、隣人を自分のように愛しなさい』とあります」。28イエスは言わ
れた。「正しい答えだ。それを実行しなさい。そうすれば命が得られる」。29しかし、
彼は自分を正当化しようとして、「では、わたしの隣人とはだれですか」と言った。
30イエスはお答えになった。「ある人がエルサレムからエリコへ下って行く途中、追
いはぎに襲われた。追いはぎはその人の服をはぎ取り、殴りつけ、半殺しにしたまま
立ち去った。31ある祭司がたまたまその道を下って来たが、その人を見ると、道の向
こう側を通って行った。32同じように、レビ人もその場所にやって来たが、その人を
見ると、道の向こう側を通って行った。33ところが、旅をしていたあるサマリア人は、
そばに来ると、その人を見て憐れに思い、34近寄って傷に油とぶどう酒を注ぎ、包帯

をして、自分のろばに乗せ、宿屋に連れて行って介抱した。35そして、翌日になると、デナリオン銀貨二枚を取り出し、宿屋の主人に渡して言った。『この人を介抱してください。費用がもっとかかったら、帰りがけに払います』。36さて、あなたはこの三人の中で、だれが追いはぎに襲われた人の隣人になったと思うか」。37律法の専門家は言った。「その人を助けた人です」。そこで、イエスは言われた。「行って、あなたも同じようにしなさい」。

「律法とは何を意味するか」、「祭司とは?」、「レビ人とは?」、「サマリア人とは?」というような単語の意味についての質問には、当然のことながら、聖書の授業を受けている青山学院中等部の生徒が平均的に正解に近い回答をしていた。しかし、私が興味を覚えたのは、「このたとえでイエスは何を教えようとしたのか?」という、たとえの意味内容に関する問いには、公立中学の生徒のほうに、若干ではあるが、青山学院の生徒にはみられない回答があったことである。すなわち、青山学院中等部の生徒は、この質問に、ほとんど例外なく、「困っている人を助けてあげなさい、という教えです」という意味の回答をしているのに対し、公立中学の生徒の答えの中に、次のような答えがあった。――「困っている人に対して隣人となりなさい」。また、「『隣人』とはだれのことですか」という問いに、青山学院中等部の生徒の多くが、「追いはぎに襲われた人です」と答えているのに対して、公立の中学生の答えに、二、三人ではあったが、「サマリア人です」というものがあった。

私は、このアンケート調査をした先生が、その「報告」の中で、調査結果に対してどのような評価をしたのか、その内容についてはほとんど忘れてしまっている。ただ、私にはその時、日頃聖書の授業を受けている青山学院の中学生よりも、それを受けていない公立の中学の生徒が、「善いサマリア人」のたとえのポイントを摑んでいるような気がしたのである。

「『隣人』とはだれのことか?」、「このたとえでイエスは何を教えようとしたのか?」。この問いに私ならばどう答えようか。その前に、まずたとえの本文をルカ福音書の文脈に沿って、コメントを加えながら、もう一度読み下してみよう。

本文の読み解き

25節——「律法の専門家」(ギリシア語で「ノミコス」)とは、広義では「法学者」の意。ルカ福音書で多用され、「律法学者」(ギリシア語で「グラマテウス」)の別称。「律法の教師」(ラビ)のことである。「律法」は、最も狭い意味ではモーセの十戒を、さらにはモーセが書いたといわれる旧約聖書の最初の五書(創世記、出エジプト記、レビ記、民数記、申命記)を指し、さらに広げると右の五書にヨシュア記、士師記、ルツ記、サムエル記上下、歴代誌上下を加えたいわゆる「歴史書」を指し、最も広義では旧約聖書全体を指す。「律法の専門家」は、これら旧約の諸書を研究・解釈し、その成果を、安息日ごとにユダヤ教の会堂で民衆に教え、彼らが先祖代々積み重ねてきた、律法の解釈に基づくその細則(これをも「律法」に含める場合が多い)を日常生活において守るように、民衆を指導していた。だから、「永遠の命を受け継ぐ」ために「何をしたら」よいのか、彼らにはわかっていたはずである。なお、「永遠の命」は、多くの場合、マルコ福音書の「神の国」にあたる。ルカは、自らおそらく異邦人(非ユダヤ人)であり、「福音書」の主たる読者も異邦人であったので、彼らにわかりやすいように、「神の国」を「永遠の命」に書き換えたと思われる。

26節でイエスは、「律法には何と書いてあるか」と問うたのに対し、27節で律法の専門家は、いわば模範回答をしている。ここで引用されている聖句のうち、前半の「神への愛」の勧めは申命記六5に、後半の「隣人への愛」の勧めはレビ記一九18の後半にあたる。しかし、この二つの勧めは統一されて、それに申命記六4の前文「聞け、イスラエルよ、我らの神、主は唯一の主である」が付加され、「シェマの祈り」(「シェマ」は「聞け」のへブライ語)として、ユダヤの成人男子には日ごとに朝夕二度唱えることが義務づけられていた。マルコ福音書では、律法学者の質問に対して、イエス自らがこの「シェマの祈り」を提示している(一二28-34)。

28彼らの議論を聞いていた一人の律法学者が進み出、イエスが立派にお答えになっ
たのを見て、尋ねた。「あらゆる掟のうちで、どれが第一でしょうか」。29イエスはお
答えになった。「第一の掟は、これである。『イスラエルよ、聞け、わたしたちの神で
ある主は、唯一の主である。30心を尽くし、精神を尽くし、思いを尽くし、力を尽く
して、あなたの神である主を愛しなさい』。31第二の掟は、これである。『隣人を自分
のように愛しなさい』。この二つにまさる掟はほかにない」。32律法学者はイエスに言
った。「先生、おっしゃるとおりです。『神は唯一である。ほかに神はない』とおっし
ゃったのは、本当です。33そして、『心を尽くし、知恵を尽くし、力を尽くして神を
愛し、また隣人を自分のように愛する』ということは、どんな焼き尽くす献げ物やい
けにえよりも優れています」。34イエスは律法学者が適切な答えをしたのを見て、「あ
なたは、神の国から遠くない」と言われた。もはや、あえて質問する者はなかった。

ルカはマルコ福音書を資料の一つとして自らの福音書を編んでいる。この場面についていえば、ルカは右に引用したマルコ一二28-34に手を加え、「善いサマリア人」のたとえの導入場面に適するような物語を構成した。ルカは、マルコ福音書の質問者(律法学者)と答え手(イエス)を入れ換え、その際に、マルコ福音書の「律法学者」を広義では「法学者」を意味する「律法の専門家」(ノミコス)に修正した。そのほうがギリシア人やローマ人の読者にわかりやすいからである。同様の理由で、ルカがマルコ福音書の「神の国」を「永遠の命」に置き換えたことは、すでに指摘したとおりである。それはともかくとして、28節でイエスは、律法の専門家の答えを、「正しい」とし、それ(つまり、神への愛、とりわけ隣人愛)の「実行」を勧めている。「そうすれば命が得られる」と。

29節――「しかし、彼は自分を正当化しようとして、イエスに言った」という。この言葉のうち「自分を正当化する」という用語は、ルカが多用している。これは「自分は正しい人間であることを示す」とも訳しうるが、ルカはこれを同じような意味で「ファリサイ派の人と徴税人」のたとえ(ルカ一八9-14)の導入部分で、ファリサイ派の人に適用している。「自分は正しい人間だとうぬぼれて、他人を見下している人々に対しても、イエスは次のたとえを話された」。つまり、福音書記者の中でもとりわけルカが、「律法の専門家」や「ファリサイ派の人々」を、「自分は正しい人間だ」と思って疑わない輩であると考えていることになる。

彼の再度の質問の内容は、「隣人とはだれですか」というものであった、彼は「律法の専門家」なのだから、「隣人とはだれか」くらいはよくわかっているのだ。それは、イスラエルの同胞である。このことについては、マタイ五43‐44におけるイエスの「愛敵の勧め」をめぐって話をしたときに(第六講参照)十分に確認した。だから律法の専門家は、自分の問いに対してイエスが、「隣人とはイスラエルの民である」と答えることを予想していたのである。そう答えれば、「自分が正しい人間である」ことが明らかになる。ところが、これに対してイエスは、「善いサマリア人」のたとえをもって答えた。

30節――「エルサレムからエリコへ下っていく途中」の道は、山道で今でも寂しく、荒涼としている。私は、「追いはぎに襲われ」て「半殺し」にされた人を助けた「サマリア人」を記念して建てられたチャペルで、復活節礼拝に参加したことがある。もちろん、その場所は特定できるものではない。だいたい、この話はたとえなのだから。

31節――「たまたまその道を下って来た」「祭司」とは、おそらく、エルサレム神殿における奉仕を終えて、エリコにある自分の家へ帰る途上にあった、ということであろう。当時、エルサレム神殿には約八〇〇〇人の「祭司たち」と、――このあと32節に登場する――約一万人の「レビ人」(下級祭司)たちが仕えていたといわれるが、そのうち、約八〇

○○人の祭司たちとレビ人たちは、交替で年に一、二か月だけ神殿に奉仕し、その他の期間は多くの場合、地方に居住し、労働者として生活をしていた。レビ人は非常に貧しく、農民に雇われたり、羊番などをもしたといわれる。しかし、このたとえでは、そのような祭司間の貧富の差などは問題になっていない。ここでは、ユダヤ教の中枢である神殿勢力、つまり「聖職者」を代表する存在として、「祭司」と「レビ人」がたとえの素材にもちいられているのであろう。

さて、この「祭司」も「レビ人」も、「その人を見ると、道の向こう側を通って行った」。ここでイエスは、「聖職者」の言行不一致を批判しているのだ、と一般的には解釈される。あるいは、ルカ自身もそのように解釈していたのかもしれない。しかし、彼らはレビ記二1に基づいて祭司たちに義務づけられていた清浄の掟に従い、半殺しになって横たわっていた旅人を「死人」と思って、汚れを避けるために旅人に触れなかった、とも読める。もしこのように読むことを求めているとすれば、イエスの「聖職者」批判は、単なる言行不一致というよりは、それを超えて、人間の命を救うことを、事実上妨げることになる「清浄の掟」そのものに向けられることになろう。このたとえ話そのものでは、こう解釈したほうが、イエスの律法批判(「アンチテーゼ」の精神――第四―六講参照)にふさわしいのではないか(もっとも、この二人の振舞いを「清浄の掟」と結びつける試みは、最近多くの新約聖書学者たちによって退けられている〔たとえば、ハルニッシュ『イエスのたとえ物語』三三三頁〕。しかし、少なくとも私は「この衝撃行動を納得のいく動機に還元しようとする努力」の結果〔ハルニッシュ、同頁〕ではなく、むしろ逆にそれに対する批判を強化する結果を伴うものとして、両者の行動を「清浄の掟」に結びつけたのである。なお、この行動が当時の聖職者の慣行に正確に一致しないという批判については〔レビ記二一1が聖職者に適用されるのは、彼らが神殿に奉仕中、あるいは神殿奉仕を前提とする期間であるから、彼らが死人との接触を避けたとすれば、それは「エルサレムからエリコへ下って行く途中」ではなく、エリコからエルサレムに上っていく途中であるはず?〕、これが「たとえ」として語られていることを考慮に入れれば、そこまで問題にする必要はないと思われる〕。

ところが、33節以下によると、「旅をしているサマリア人」がこの旅人を見て「憐れに思い〔岩波版では「腸《はらわた》のちぎれる想いに駆られ」〕」、路上で介抱をしただけではなく、宿に連れて行ってさらに介護を尽くし、翌日になると「デナリオン銀貨二枚」(一デナリオンは労働者一日分の給料にあたる)を宿屋の主人に渡し、「この人を介抱してください。費用がもっとかかったら、帰りがけに払います」と言った、という。これは、傷ついた旅人に対する至れり尽くせりの援助というものであろう。

ところで「サマリア」は、ガリラヤとユダヤの中間に位置し、元来イスラエルの十二部族に属していたが、紀元前七二一年(あるいは七二二年)、ガリラヤと共にアッシリアの一属州に編入され、アッシリアによる徹底した人種混交政策により、イスラエルの民としての血が汚されて以来、イエスの時代に至るまで七〇〇余年の間、ユダヤとはほとんど接触がなかった(ちなみにガリラヤは紀元前二〇〇年頃から「再ユダヤ化」され、ユダヤ人と共にユダヤ教を奉じていた)。そのためにここでは、その起源はユダヤ教と共有するが、しかしユダヤ教とは似て非なる独自の宗教、いわゆる「サマリア教」が成立したのである。すなわち、サマリア人は旧約聖書の中でもモーセ五書だけを彼らの経典とみなし、エルサレム神殿を拒否して、彼らに独自の神殿をゲリジム山に奉じ、「メシア」でも「人の子」でもなく、「預言者」(タヘブ)の来臨を待望していたのである。そのためにユダヤ教徒とサマリア人との間には争いが絶えず、ガリラヤ人がサマリアを通ってユダヤに出ることさえほとんど不可能なほどであった。ローマ帝国の側からみれば、サマリアもユダヤと共に「ユダヤ州」の一部であったにもかかわらずである。しかもサマリア人は、紀元後六年から九年の間に(つまりイエス青少年時代)、こともあろうにエルサレム神殿の境内に人骨をばらまき、聖域を汚しているのである。こうして生じたサマリア人とユダヤ人との犬猿の間柄は、新約聖書にも各所に反映している(たとえば、マタイ一〇5、ルカ九51-56、ヨハネ四9など参照)。——イエスはあえて、この「サマリア人」を、エルサレム神殿を代表する「祭司」と「レビ人」の対極として、すなわち「善いサマリア人」として提示する。

36節で、イエスは最後に聞く、「この三人の中で、だれが追いはぎに襲われた人の隣人になったと思うか」と。

37節——律法の専門家は答える、「その人を助けた人です」。そこでイエスは言った。「行って、あなたも同じようにしなさい」と。

ルカの解釈

さて、ルカは「善いサマリア人」のたとえを含む「律法の専門家」とイエスとの問答物語をもって、読者に何を訴えようとしたのであろうか。

第一には、「隣人愛」の「実行」であろう。実際に、28節の「それを実行しなさい」というイエスの勧めと、たとえのあと、物語全体を結ぶ37節後半の「行ってあなたも同じようにしなさい」という勧めが対応している。あるいは二つの勧めが「たとえ」を挟んで対応している。このことは、「隣人愛」の「実行」ということが、この物語全体のテーマであることを示していよう。ちなみに、「実行しなさい」あるいは「しなさい」と訳されているギリシア語の動詞は、同一(poieō)である。

私どもはすでに「マルタとマリア」の物語(ルカ一〇38-42)との関連で、「イエスの言葉を聞き、それを守る、あるいは行う」という教えがルカ福音書全体をキーワードのように貫いていることを確認している(第一〇講)。その上、実際のところ、「善いサマリア人」のたとえを含む問答物語と「マルタとマリア」の物語は相前後して並んでいる。おそらくルカは、この二つの物語を「言葉を行う」範例と「言葉を聞く」範例として、両方を「対」にして並置したのであろう。こうしてみると、ルカは「善いサマリア人」のたとえの前後で「隣人愛」の実行を訴えているのであるから、その他すでに25-29節について挙げたルカ的用語やルカによる編集作業からみても、この「たとえ」が語られた状況の設定は、ルカの筆によるとみてよいであろう。

それでは、なぜルカは「隣人愛」実行の勧めに「サマリア人」のたとえを例示したのか。おそらく、ルカにとって「サマリア人」は、イエスの「福音」をユダヤ人から、ルカ福音書の主たる読者と想定される「異邦人」(非ユダヤ人)に向ける、仲介者として位置づけられていたからであろう。「行って、あなたも同じようにしなさい」という命令は、たとえの機能としては、ルカの読者に向けられている。しかも、他の福音書に比較して、ルカ福音書の中で「サマリア人」が最も高く評価されているのである。たとえば、他の福音書にはない、ルカ福音書だけに収録されている「重い皮膚病を患っている十人の人」のいやしの物語(ルカ一七11-19)によれば、イエスによって病気をいやされた十人のうち、イエスの足もとにひれ伏して感謝したのは、ユダヤ人ではなく、ただ一人「サマリア人」であったという。この物語の最後にイエスは言っている、「この外国人(岩波版では「他部族の者」)のほかに、神を賛美するために戻って来た者はいないのか」と。続けてイエスはサマリア人に命じる、「行きなさい。あなたの信仰があなたを救った」。ルカにとって「サマリア人」は、ユダヤ人とは「他部族の者」の「信仰者」なのである(ユダヤ人とサマリア人の関係については一七七頁参照)。この意味で、ルカ福音書の異邦人信徒の読者には、「善いサマリア人」のように、まことの「隣人になって」、「隣人愛」を貫徹することが求められている。

こうしてみると、この講の冒頭で言及した、アンケート調査に対する青山学院中等部の生徒による回答――このたとえの中心テーマは、「困っている人を助けてあげなさい」ということ――は、一応、このたとえに対するルカの解釈に沿ったもの、その意味での「正解」といえるであろう。しかし私には、同じ質問に対する公立中学生の回答――「困っている人に対して隣人となりなさい」のほうが、たとえそのものの中心テーマに近い気がする。いずれにしても、「隣人」とは――青山学院の生徒の大半が答えているように――「追いはぎに襲われた人」とは、たとえでは明示されておらず、――公立中学生の回答にあるように――それは、一〇37によれば、「サマリア人」である。ただし、彼は「隣人である」のではなく、「追いはぎに襲われた人の隣人になった」のである(ルカ一〇36)。

イエスの訴え

それでは、ルカの解釈は度外視して、たとえそのものをもって、イエスは何を訴えようとしたのであろうか。イエスはここで、死人を忌避する「清浄の掟」に従って死にかかっている旅人を見過ごした宗教人と、ユダヤ人によって「敵」視され、ユダヤ人宗教共同体から排除されていたにもかかわらず、旅人を憐れみ、介抱したサマリア人とを対比して、後者を評価することによって前者を批判している。ここでイエスは、明らかに価値基準の転換を迫っているとみてよいであろう。私どもはここでもう一度、イエスの「愛敵の教え」を思い起こしてみよう。「善いサマリア人」のたとえによれば、まさにサマリア人がユダヤ人に対して「愛敵の教え」に生きている、その意味で「隣人となった」のだ。

このたとえを締めくくる36節「……だれが……隣人になったと思うか」は、もしルカの筆によるたとえの状況設定を受けているとすれば、この36節もルカによる加筆とみなさざるをえない。しかし他方、この句が元来たとえの結語であって(イエスのたとえは元来多くの場合、疑問形で終わる(第一二、一三講参照))、ここに出てくる「隣人」を手掛りに、ルカがたとえの状況設定を構成した可能性をも、私には捨てきれない。もし後者の場合を採るとすれば、イエスは、「隣人とはだれのことか」という「律法学者」あるいは「民衆」

の問いに答えて、このたとえを語ったと想定してよいであろう。もしそうだとすると、質問者にとって「隣人」は、愛の客体(対象)であるのに対し、イエスにとって「隣人」は愛の主体になっていることになろう。——あなたは隣人をあなたの愛の対象として探し出すのではなく、困窮者に対し、あなた自身が隣人となりなさい、と戒めていることとなる。「愛敵」とは、このたとえによれば困窮している「敵」に対して「隣人になる」ことであろう。

もっとも、最近になって、このような「イエスの訴え」に関する私のテーゼは、このたとえに対する「ルカ的視点」から未だに自由になっていないのではないか、と批判されている(川島重成『イエスの七つの譬え』四五頁以下参照)。確かに私は、このたとえの「ルカによる解釈」だけではなく、このたとえに内在する「イエスの訴え」をも、サマリア人に視点を合わせて読み取ってきた。このたとえは、元来その聴き手(ユダヤの民衆)に、「徹底して強盗に襲われた人の視座に合わせること」を強いているという前提に立てば、このたとえを介するイエスの訴えを次のように復元することも可能であろう。——「神の国においては、憐れみはそれを受けるに全く値しない者に、その者の様々ないいわけやこだわりを圧倒する形で突如襲いかかる喜びである」(川島『イエスの七つの譬え』六一頁)。

しかし他方、このたとえはその性質上、登場人物のだれに聴き手(または読者)が自らを同一化するかについて開かれており、しかもたとえの構造上、第三の登場人物にポイントが置かれている(この点については、川島氏も承認している。なお、このたとえの「三行為体構造」〔旅人―聖職者―サマリア人〕については、ハルニッシュ、前掲書、三三六―三四一頁参照)。とすれば、私にはやはり、聴き手は「追いはぎに襲われた人」をだれが助けるかに関心をもってたとえの筋を追っていると思われる。そして、それが「サマリア人」とわかったとき、ユダヤ人としての自らの価値の転換を迫られ、自らが民族差別から自由となって「隣人になる」ことを促されていると自覚するのではなかろうか(この問題について詳しくは、拙稿「聖書のなかの差別と共生」参照)。

第一二講　「見失った羊のもとに……」

——「見失った羊」のたとえ——

ルカ一五1−7

旧聞に属する話で恐縮である。——一九六三年の春、私の長女が幼稚園に入ったとき、入園式でM園長(都内の一牧師、T神学大学・牧会心理学(牧師による教会員の魂への配慮への業を有効適切たらしめることを目的とした心理学)講師)が私ども父母を対象にして語られた式辞の内容を、私は今でも鮮明に憶えている。その式辞の聖書テキストが「迷い出た羊」のたとえ(マタイ一八12−14)であった。

12あなたがたはどう思うか。ある人が羊を百匹持っていて、その一匹が迷い出た
とすれば、九十九匹を山に残しておいて、迷い出た一匹を捜しに行かないだろうか。
13はっきり言っておくが、もし、それを見つけたら、迷わずにいた九十九匹より、そ
の一匹のことを喜ぶだろう。14そのように、これらの小さな者が一人でも滅びること

は、あなたがたの天の父の御心ではない。

M園長の話の大筋は、次のようなものであった。――キリスト教の立場を採らない一般の幼稚園では、子供の体育と知育、せいぜい心のありようまでを教育の対象とする。しかし、教会に付属する幼稚園では、それに加えて子供の魂あるいは霊魂をもみとる。なぜなら、キリスト教の人間観によれば、人間はからだ(Body)と心(Mind)と霊魂(Spirit)から成っており、霊魂こそが人間の本質的部分である。このたとえにおいて、当幼稚園でいえば、「羊飼」とは先生がたのこと、「迷い出た羊」とは子供たちの霊魂のことである。先生がたは、子供たちのからだや心だけではなく、とりわけ霊魂を大切に育む。霊魂の育成――それが宗教教育なのだ。

トマスによる福音書の場合

私はこの話を聞いて、驚いたものである。この園長は、一九四五年にエジプトで発見され、当時そのコプト語本文が公刊されて間もなかった『トマスによる福音書(『トマス福音書』と略記)』を知っておられるのだろうか、と。というのは、そのとき私は家族と共に留学していた西ドイツ(当時)のエルランゲンから帰ったばかり。エルランゲン大学に提出した学位論文は、『トマス福音書』などと共に発見された『真理の福音』の解読とその宗教史的位置づけをめぐるもので、この両福音書には「迷い出た羊」のたとえが収録されている。『トマス福音書』からこのたとえを引用しておこう(語録一〇七)。

王国は百匹の羊を持つ羊飼のようなものである。それらの中の一匹、最大の羊が迷い出た。その人は九十九匹を残しても、それを見つけるまで、一匹を捜した。彼は苦しみの果てに羊に言った、「私は九十九匹以上におまえを愛する」と。

この福音書において、「迷い出た」「一匹」の「最大の羊」とは、まさにこの世や人間のからだによって疎外された人間の本質的部分、つまり人間の霊魂のメタファ(隠喩)なのである。この意味で『トマス福音書』で(『真理の福音』の場合も同様)イエスは、「魂の救済者」なのである(『トマス福音書』について詳しくは、私の著書『トマスによる福音書』を参照されたい)。

入園式のあとのお茶の会のとき、私は園長に個人的に尋ねてみた。──『トマス福音書』をご存知なのか、と。園長は、知らなかった、という。それは、園長の牧会心理学的解釈なのだ、と。私は二度驚いた。T神学大学は日本におけるプロテスタント正統主義を自認していることで有名である。ところが、『真理の福音』や『トマス福音書』は、古代の正統教会(古カトリシズム)により「異端」として排除されたグノーシス派出自の——古カトリシズムのいわゆる——「外典」なのである。それなのに、この大学の講師でもある園長が、正統教会の「正典」福音書、つまりマタイ福音書の中から、「外典」のトマス福音書に固有なメッセージを読み取ることがゆるされるものなのか。——もちろん、私はそこまで園長先生を問いつめはしなかった。[†1]

†1　『トマス福音書』について詳しくは、拙著『トマスによる福音書』を参照されたい。

マタイ福音書の場合

ところで、一九九一年の夏、私が所属している日本基督教団まぶね教会で恒例の一日夏期集会が開かれたとき、当時の教会学校の校長先生(現在では「子どもの礼拝」のスタッフ長)・内藤正之助さんが、「開かれた教会作りと個人の信仰」というテーマによせて、教会学校の現代的意義をめぐって発題をされた。この発題の聖書テキストも、実はマタイ一八12-14だったのである。その要旨を、その後に夏期集会委員によって編集・発行された報告書『日常生活と信仰との関わり』から引用すると、次のとおりである。

数年前から「教会学校が危ない」というショッキングな問いかけが行なわれました。そしてそれに対する答えは、我々が忘れていた基本的なこと、すなわち「子供が主役」ということでした。まさに九十九匹のために一匹を見殺しにしている私たちの信仰そのものが問われていたのです。しかしこれは教会学校だけの問題ではなく教会全体の問題として、考えねばならない問いかけではないでしょうか。なぜなら、物質優先、経済優先、高生産、合理化社会等など、私たちが生活をしている社会を表現する言葉はすべて一匹を見殺しにしても九十九匹が繁栄することを目的としているのです。そのような社会や学校になじめない子供や大人は、属している群れから出ざるを得ない状態に置かれてしまいます。しかしこの九十九匹の群れを作っているのは私たちではないでしょうか。そしてその群れは前述のごとく、様々な信仰を持ち、様々な社会生活を送っている人々の集りなのです。

「百匹の中、一匹がいなくなったら」を「群れを見ている中、個が見えなくなったら」と言い換えるとイエスの問いかけが解るような気がします。

私はこの発題の主旨には同感した。しかし、納得のいかない点は、どうして内藤さんは発題の聖書テキストに、ルカ一五4以下(「見失った羊」のたとえ)ではなくて、マタイ一八12

以下の「迷い出た羊」のたとえのほうを選んだのか、ということであった(右に引用した内藤さんの文章最後の一行に、「百匹の中、一匹がいなくなったら」(ルカ一五4)とあるが、それは彼の発題の時点では「百匹の中、一匹が迷い出たら」(マタイ一八12)であった。発題の質疑応答で私の異議を受け入れ、「報告書」の段階で「迷い出たら」を「いなくなったら」に修正したと思われる。なお、当時まぶね教会では、新共同訳ではなく、従来の聖書協会訳『聖書』を用いていた)。

私の考えでは、マタイの本文で「迷い出た羊」はマイナスに評価されている。14節の「小さな者の一人」とは、この本文の文脈からみても明らかなように(たとえば、一八7参照——「世は人をつまずかせる(誘惑に陥らせる)から不幸だ。つまずき(誘惑)は避けられない」)、信仰共同体の成員の中で罪の誘惑に陥りやすい、信仰の薄い信徒のことである。彼が教会からその外に「迷い出」ても、教会の牧者は彼を捜し出して、教会に連れもどす。マタイにとって「山」は聖域なのである。たとえば、ルカ福音書におけるイエスの「平地の説教」(ルカ六17以下)は、マタイ福音書では、「山上の説教」(マタイ五1以下)となっている。だから、「九十九匹の羊」とは、迷い出ない、教会という聖域に保護されている、信仰の強い教会員のことである。「羊飼」とは、そのような牧会に専念すべき「司牧者」のこととなる。

ただし、この「迷い出た羊」のたとえのあとの文脈を見逃してはなるまい。

15兄弟があなたに対して罪を犯したなら、行って二人だけのところで忠告しなさい。
言うことを聞き入れたら、兄弟を得たことになる。16聞き入れなければ、ほかに一人
か二人、一緒に連れて行きなさい。すべてのことが、二人または三人の証人の口によ
って確定されるようになるためである。17それでも聞き入れなければ、教会に申し出
なさい。教会の言うことも聞き入れないなら、その人を異邦人か徴税人と同様に見な
しなさい。
18はっきり言っておく。あなたがたが地上でつなぐことは、天上でもつながれ、あ
なたがたが地上で解くことは、天上でも解かれる。

ここで「兄弟」は、前の文脈の「迷い出た」、つまり罪を犯した「小さな者」を受けている。「あなた」(15節)あるいは「あなたがた」(18節)は、このイエスの言葉が語られる状況設定(マタイ一八1)から判断して、イエスの「弟子(たち)」のことである。そして、マタイ福音書で「弟子たち」は、マタイが自らの福音書の読者として想定しているマタイ教会の会員、ここでは罪を犯さない、強い会員と重なっている。罪を犯した「兄弟」が、罪を犯すことのない教会員の言うことをどうしても聞かないなら、「教会」当局に申し出よ。そ

れでもだめなら、彼を「異邦人か徴税人」と同一視せよ。要するに、教会から追放しなさい、ということである。教会(員)は天国の門の鍵を「つなぐ」ことも「解く」こともできる権能を有しているのだ。そもそも四福音書の中で「教会」という言葉が用いられるのはマタイ福音書においてのみ、しかもこの箇所と、ペトロの「キリスト告白」に対して、イエスが次のように称賛する箇所だけである。——「わたしも言っておく。あなたはペトロ〔ギリシア語で「岩」は「ペトラ」〕。わたしはこの岩の上にわたしの教会を建てる。陰府の力もこれに対抗できない。わたしはあなたに天の国の鍵を授ける。あなたが地上でつなぐことは、天上でもつながれる。あなたが地上で解くことは、天上でも解かれる」(マタイ一六18—19)。

こうしてみると、「迷い出た羊」のたとえに対するマタイの視点は、「迷い出た羊」よりもむしろ「山に残」された「九十九匹」のほうにあるといえるのではないか。

『朝日新聞』(一九九三年一月三一日朝刊)の「ひと」欄で、作家の塩野七生さんが、記者のインタビューに答えて、次のような発言をしている。——「迷える一匹の羊を探すのは宗教、小説の問題。九十九匹の安全をまず考えるのが、政治、そして歴史の問題。私は後者の世界の住人です」。

少なくとも、マタイ福音書における「迷える羊」のたとえでは、塩野さんのいわれる二つの「問題」を分けることはできないようである。文脈からみると、マタイはかなりの程度「政治」的・「歴史」的、より正確には、教会「政治」的・教会「史」的レベルでこのたとえを読むことを私どもに示唆しているようだ。

ルカ福音書の場合

それでは、ルカ福音書一五4-7に編まれている「見失った羊」のたとえの場合はどうであろうか。まず、このたとえの状況設定(一五1-3)をも含めて、本文を読んでみよう。

1 徴税人や罪人が皆、話を聞こうとしてイエスに近寄って来た。2 すると、ファリ
サイ派の人々や律法学者たちは、「この人は罪人たちを迎えて、食事まで一緒にして
いる」と不平を言いだした。3 そこで、イエスは次のたとえを話された。4「あなた
がたの中に、百匹の羊を持っている人がいて、その一匹を見失ったとすれば、九十九
匹を野原に残して、見失った一匹を見つけ出すまで捜し回らないだろうか。5 そして、
見つけたら、喜んでその羊を担いで、6 家に帰り、友達や近所の人々を呼び集めて、
『見失った羊を見つけたので、一緒に喜んでください』と言うであろう。7 言ってお
くが、このように、悔い改める一人の罪人については、悔い改める必要のない九十九

人の正しい人についてよりも大きな喜びが天にある」。

もちろん、ルカの本文でも、ルカの立場が強く出されている7節に視点を置いて解釈すれば、ここでも「見失った一匹」の羊はマイナスに評価されている。彼は「悔い改める」必要のある「罪人」なのだから。ここで「羊飼」は、自ら「見失った」一人の「罪人」を悔い改めさせ、「家」つまり「家の教会」に連れもどす「悔い改めの宣教者」なのである（ルカがとくに「家の教会」とその教会員に向けて福音書を編んでいることについては、第八、一〇講を参照されたい）。

ただし、羊飼が「野原に残し」た「九十九匹」の羊の意味づけは、マタイ福音書における「山に残した」「九十九匹」の羊の場合とは、明らかに異なっている。ルカの場合、このたとえの状況設定（1-3節）から判断すると、「九十九匹」は、イエスが「罪人たちを迎えて、食事まで一緒にしている」ことを非難した「ファリサイ派の人々や律法学者たち」のことである。彼らのことを指して、たとえでは、「悔い改める必要のない正しい人」と言っているのだ。とすれば、彼らについてのこの表現は、皮肉を込めた批判的言辞といえるであろう。実際、前の講で扱った「善いサマリア人」のたとえでも、「律法の専門家」は、「自分が正しい人間であることを示そうとする」人物として描かれており（ルカ一〇29）、この箇所との関連で言及した「ファリサイ派の人と徴税人」のたとえでも、「ファリサイ派の人」は「自分は正しい人間だとうぬぼれて、他人を見下している」人物として紹介されていた(ルカ一八9)。だから私は、「九十九匹を野原に残して」を、「九十九匹」に対してより批判的に、「九十九匹を荒野に放置して」と訳し直すべきであろうと思っている(岩波版では「打ち棄てて」)。いずれにしても、この「九十九匹」は、先に言及した内藤さんの「発題」を借り、現代にひきつけて表現すれば、「一匹を見殺しにしても九十九匹が繁栄することを目的としている」、「私たちが生活している(大人)社会」なのである。

　繰り返しになるが、ルカにとって「罪人」とは、「悔い改める必要の」ある人間のことである。このことは、すでに第八講で扱った「レビの召命」物語のマルコ版(マルコ二13―17)とルカ版(ルカ五27―32)を比較して読めば、よくわかる。すなわち、イエスがレビの家で「徴税人や罪人たち」と一緒に食事をしていたとき、それを非難した「ファリサイ派の律法学者たち」(ルカ版では「ファリサイ派の人々やその派の律法学者たち」)に対し、イエスは、マルコ版では次のように答えた。――「わたしが来たのは、正しい人を招くためではなく、罪人を招くためである」。ところが、この言葉がルカ版では、「わたしが来たのは、正しい人を招くためではなく、罪人を招いて悔い改めさせるためである」となっていた。マルコにおいて「罪人」は、律法学者たちにより、「律法を守ることのできない、不浄な輩」として蔑視されていた「被差別者」であった。この意味で、「罪人」は社会的概念でもあったのである。ところがルカは、「罪人」を「悔い改めを必要とする人間」と修正することにより、これをむしろ宗教的概念にしている。ルカにとって「罪人」は宣教の対象なのである。

もちろん、教会あるいは教会学校の目的は、広義の宣教にある。しかし、ルカのレベルで福音書を読むと、「宣教」という錦の御旗の下で、イエスが元来「招き」の対象とした「罪人」のもつ社会的矛盾に目が届かなくなるおそれがある。

いずれにしても、少なくとも内藤さんの立場からみると、教会学校の子どもたちは、教会から「迷い出た」存在でも、「悔い改める」必要のある「罪人」でもない。彼ら彼女らは、むしろ大人が「見失った」存在なのだ。

伝承のイエスの場合

さて、私は一つの論文(「イエスの諸像と原像――いなくなった羊の譬の伝承史的・編集史的考察」)とそれに基づく講演(「『同伴者』イエス――『いなくなった羊の譬え』の伝承史的考察から」)で、マタイ、ルカ、トマスという三福音書の文献批判的研究の成果として、このたとえに対する右の三人の福音書記者たちのそれぞれに固有な解釈を確認した上で、これら福音書記者たちが拠った伝承資料を復元し、さらに、そこにイエス自身の振舞いが最も色濃くその影を落としている部分(ルカ一五4)を、このたとえの中核・伝承の最古層と想定した。これを私訳で示せば、次のとおりである。

あなたがたの中に百匹の羊を持つ人がいて、それらの中の一匹を失った。その人は九十九匹を荒野に放置しても、それを見つけるまで、いなくなった羊のもとに歩いていかないであろうか。

ここで「一匹の羊」は決してマイナスに評価されていない。「羊飼」はあくまで「一匹の羊」に同行することが示唆されているだけで、その羊を共同体に連れもどすことを任務としてはいない。私はこの「羊飼」を「批判的同行者」と特徴づけた。

それでは、なぜ「批判的」なのか。私は、このたとえをイエスが語ったとき、それが律法学者、とりわけファリサイ派に対して批判的機能を果したと想定するからである。

私のみるところ、このたとえの状況設定(ルカ一五1-3)は全体としてルカによって構成されている。これが、先に言及した「レビの召命」の物語のルカ版(ルカ五27-32)の要約となっているからである(とくに、両箇所における「ファリサイ派の人々」と「律法学者」の分離、同じギリシア語にさかのぼる「つぶやく」あるいは「不平を言う」の共通性など。一三〇頁参照)。ただし、イエスが罪人たちを「迎えた」(2節)という表現は、ルカ福音書になじまないのである。この動詞(ギリシア語の prosdechomai)が「迎える」という意味で用いられるのは、この箇所以外ルカ福音書にはない。その上、ルカ福音書ではイエスがだれかに招かれる場面は多いが(とくにマルコ二15「イエスがレビの家で食事の席に着いておられた」とルカ五29「〔レビが〕自分の家でイエスのために盛大な宴会を催した」とを比較されたい)、イエスがだれかを招くという場面はこの箇所以外に見出されない。このことは、この場面がすでに伝承の段階で「見失った羊」のたとえに結びついていた可能性を示唆する。

もしルカ一五1-3に近い状況が、私どものたとえが語られる場面として、はじめからあったとすれば、一五4に予想されるイエスのたとえは、律法学者たちによって宗教的・社会的に差別されていた「罪人」にとって最大の福音であると同時に、律法学者たちに対する強烈な批判の言葉となるのではないか。福音の伝達が、同時に社会批判としてはたらくような伝承のレベルがルカの本文にあった、その中核をなしていた、と私はみるのである。

どのレベルで読み解くのか

ここで当然予想される疑問は、それでは聖書は、「聖書研究」によって「レベル分けをしないと、正確には読めないのか」ということであろう。私は、率直に言って、今の若い人々に聖書をもう少し意欲的に学習してほしいと思っている。しかし、研究とか学習なしには聖書を読めないなどとは毛頭思っていない。現に、私どものまぶね教会の夏期集会で、内藤さんの「発題」を司会したIさんが、内藤さんたちの「発題」が載っている「報告書」の中に「夏期集会に参加して」という一文をよせているが、その中に、次のように書いている。――「結論的には聖書の研究を重ねた荒井先生の結論とCS(教会学校、子どもの礼拝)の活動の中で悩みぬいた内藤先生の結論が同じだったということに、私は深く感銘を受けました」。

内藤さんは、確かに教会学校で長年奉仕されてこられたが、一会社員で「研究者」ではない。彼は「CSの活動で悩みぬいてきた」結果、無意識のうちに、たとえの本文の中でおそらくイエス自身にさかのぼるレベルに応じて発題することができたのである。

私は一九七四年に、『イエスとその時代』(岩波新書)を上梓した。あの頃、わが国ではいわゆる「大学闘争」の後遺症がなお強く残っており、韓国では朴《パク》政権下で「民主化闘争」の担い手に激しい弾圧が加えられていた。私はこのような時代を背景に、小著の「あとがき」に次のように書いている。

本書において私が試みたのは、イエスとその時代に対する歴史的接近である。当然のことながら私はこれを、イエス理解の唯一の方法であるなどとは毛頭思っていない。現に、地下にある韓国のキリスト者学生諸氏から私のもとにも送られてきたメッセージの中で、彼らは――おそらく歴史的研究の余裕などはほとんどないと思われるのに――イエスの志向するところを的確に言い当てている。イエス理解の基本は、やはり彼の振舞を現在において追体験することにあることを、私は改めて思い知らされた。――イエスのどこに視座を据えてそれを追体験するかが問題であろうが(二〇七頁)。

実は、彼らの「メッセージ」の中に、「見失った羊」のたとえが引用されていた。しかも、ルカ一五4の文言だけなのだ。そこに私は、自分の長年にわたる研究の成果との一致を発見して、ひどいショックに襲われたことを憶えている。その後、小著は韓国語に翻訳され、広く彼の地にも読者を見出す光栄に浴している。

最後に、ルカ一五4の文言が疑問形で終わっていることに注目しておきたい。前講で扱った「善いサマリア人」のたとえも、私の見解ではルカ一〇36で、つまり疑問形で終わっていた。次講でテーマとする「ぶどう園の労働者」のたとえの場合も同様である。イエスのたとえは元来、私ども聴衆あるいは読者に対する問いかけで終わっていた。それに対する私どもの応答を求めているのだ。こうしてみると、マタイ、ルカ、トマスのそれぞれの本文は、実はルカ一五4に宿されているイエスの問いかけに対するそれぞれの福音書記者たちの応答なのである。それでは、なぜ彼らの応答がこうまで異なるのか？　それは、マタイやルカやトマスが、いずれも個性が異なると共に、彼らが立っている社会的「場」が違うからである。聖書本文は、「伝承の送り手と受け手との象徴的相互行為」あるいは「著者と読者との象徴的相互行為」といわれる。それが「象徴的」といわれるのは、本文の中で「相互行為」が文学的虚構《フィクション》によって「象徴的」に表現されるからである。こうして、本文は著者(送り手)によって創られるが、それは同時に読者(受け手)によってその意味を補完される。だから、読者(受け手)の立つ場が違うと本文のレベルに「差異」が生じてくる。

イエスは私どもに、「見失った羊」のたとえをもって、こう問いかけているのではないか。――あなたは、どのレベルで、どの位置に己れを置いて、本文を読むのか、と。

〔追　記〕

本講に関しては川島重成『イエスの七つの譬え』八九―一一〇頁をも参照。川島は、このたとえ話の伝承の古層をマタイ一八13およびルカ一五5-6まで延ばし、このたとえ話に託したイエスのメッセージは「端的な喜びへの招きであった」(一〇八頁)と主張している。しかし、私見によれば、共同体への連れ戻し(その結果としての「喜び」)は、Q資料におけるイエスのたとえ話の解釈の特徴であって、これを共同体に批判的なイエス自身にまでさかのぼらせることはできない(拙稿「Q資料におけるイエスの譬の特徴」参照)。

第一三講　「一デナリオンの約束」

――「ぶどう園の労働者」のたとえ――

マタイ二〇1―16

福音書の中で、イエスはしばしば「神の国」のたとえを語っている。それらのうち、「ぶどう園の労働者」のたとえの中に、私はイエスの「神の国」理解が最も特徴的に言い表されていると思う。もっとも、マタイは「神の国」をも「天の国」と言い換える。すでに指摘したように、マタイはユダヤ人であり、自らの福音書の読者も主としてユダヤ人キリスト者であったために、「神」の名をみだりに唱えることを禁ずるモーセの十戒の第一戒に従って（出エジプト記二〇7）、多くの場合、「神」を「天」に言い換えている。

それではまず、「ぶどう園の労働者」のたとえ（マタイ二〇1―16）を読んでみよう。

1「天の国は次のようにたとえられる。ある家の主人が、ぶどう園で働く労働者を
雇うために、夜明けに出かけて行った。2主人は、一日につき一デナリオンの約束で、

労働者をぶどう園に送った。3 また、九時ごろ行ってみると、何もしないで広場に立
っている人々がいたので、4『あなたたちもぶどう園に行きなさい。ふさわしい賃金
を払ってやろう』と言った。5 それで、その人たちは出かけて行った。主人は、十二
時ごろと三時ごろにまた出て行き、同じようにした。6 五時ごろにも行ってみると、
ほかの人々が立っていたので、『なぜ、何もしないで一日中ここに立っているのか』
と尋ねると、7 彼らは、『だれも雇ってくれないのです』と言った。主人は彼らに、
『あなたたちもぶどう園に行きなさい』と言った。8 夕方になって、ぶどう園の主人
は監督に、『労働者たちを呼んで、最後に来た者から始めて、最初に来た者まで順に
賃金を払ってやりなさい』と言った。9 そこで、五時ごろに雇われた人たちが来て、
一デナリオンずつ受け取った。10 最初に雇われた人たちが来て、もっと多くもらえる
だろうと思っていた。しかし、彼らも一デナリオンずつであった。11 それで、受け取
ると、主人に不平を言った。12『最後に来たこの連中は、一時間しか働きませんでし
た。まる一日、暑い中を辛抱して働いたわたしたちと、この連中とを同じ扱いにする
とは』。13 主人はその一人に答えた。『友よ、あなたに不当なことはしていない。あな
たはわたしと一デナリオンの約束をしたではないか。14 自分の分を受け取って帰りな
さい。わたしはこの最後の者にも、あなたと同じように支払ってやりたいのだ。15 自

分のものを自分のしたいようにしては、いけないか。それとも、わたしの気前のよさをねたむのか』。16このように、後にいる者が先になり、先にいる者が後になる」。

マタイの加筆

このたとえのうち、たとえの解釈にあたる結びの句(16節)は、おそらくマタイによって加筆されたものである。その理由として、以下の三点を挙げることができるであろう。

第一に、「このように」という副詞によって導かれる、読者にたとえの解釈を示唆する句(いわゆる解釈句)は、イエスの口を借りた福音書記者自身の解釈である場合が多い。たとえば、前講に扱った「見失った羊」のたとえ(ルカ一五4-7)の最後の句(7節)、これに並行する「迷い出た羊」のたとえ(マタイ一八12-14)の最後の句(14節)、その両方とも、「このように」あるいは「そのように」によって導かれており、その中にたとえに対するルカやマタイの解釈が表明されていた。

第二に、16節の「後にいる者が先になり、先にいる者が後になる」という言葉は、元来このたとえとは無関係に、一つの格言として単独で言い伝えられていたと思われる。マルコ一〇31やルカ一三30では、この言葉がまったく違う文脈の中に用いられているからである。

第三に、この16節の解釈句から判断すると、マタイは、このたとえの「比較点」(たとえで比較している事柄の中心点)を、8節の「最後に来た者から始めて、最初に来た者まで順に賃金を払ってやりなさい」という句にみていると思われる。しかし、たとえの比較点は、通常たとえの後半、多くの場合、たとえの最後に置かれるものである(このたとえでは、あとでその理由を述べるように15節)。

マタイの意図

それでは、なぜマタイは16節にこのような解釈句を置き、そうすることによって、読者にこのたとえをどのように読ませようと意図したのであろうか。この問題を解く鍵は、たとえの前の文脈に編まれている、終末時における人間の運命の逆転を預言するイエスの言葉(一九28-30)にある。

28「はっきり言っておく。新しい世界になり、人の子が栄光の座に座るとき、あなた
がたも、わたしに従って来たのだから、十二の座に座ってイスラエルの十二部族を治
めることになる。29わたしの名のために、家、兄弟、姉妹、父、母、子供、畑を捨て
た者は皆、その百倍もの報いを受け、永遠の命を受け継ぐ。30しかし、先にいる多く
の者が後になり、後にいる多くの者が先になる」。

このイエスの預言を、マルコ福音書でこれに並行する一〇29-31と比較して読んでいただきたい。

29「はっきり言っておく。わたしのためまた福音のために、家、兄弟、姉妹、母、父、
子供、畑を捨てた者はだれでも、30今この世で、迫害も受けるが、家、兄弟、姉妹、
母、子供、畑も百倍受け、後の世では永遠の命を受ける。31しかし、先にいる多くの
者が後になり、後にいる多くの者が先になる」。

まず、マタイ一九28に対応する句がマルコ一〇29の前の文脈にない。マタイはマルコ福音書を資料の一つにして自らの福音書を編んでいるのだから、一九28はマタイの加筆である。ここでイエスは、この世が終わって「新しい世」となり、「人の子」が最後の審判のために「栄光の座」に座り、「あなたがた」つまり十二人の弟子たちも、「十二の座に座ってイスラエルの十二部族を治めることになる」ことを預言する。だから、マタイの意図としては、これに続く一九29は、最後の審判の時に行われる、イエスに従うために所有を放棄した人々に対する報いの約束なのである。そして一九30では、その報いの順序が告げられる。「先に

いる多くの者」、すなわちユダヤ教徒は「後に」報われ、「後にいる多くの者」、すなわちキリスト教徒は「先に」報われる。こうして、ユダヤ教徒とキリスト教徒の「この世」における序列あるいは優劣は、「新しい世」において逆転するだろう、ということなのである。

ちなみに、マルコ福音書では、イエスのために所有を放棄した者は、「今この世で」迫害を受けるけれども、なおこの世で信仰に基づく所有を受け、「後の世では」永遠の命を受ける、といわれている(マルコ一〇29-30。なお、30節の前半で列挙されている「信仰に基づく所有」(「家、兄弟、姉妹……」)の中に、29節で挙げられている「イエスのために放棄した所有」の中の「父」が見当たらない。これはおそらく、「天の父」(神)のみを「父」とする信仰共同体の中で「地上の父」はその意味を失っているからであろう〔マタイ二三9「また、地上の者を『父』と呼んではならない。あなたがたの父は天の父おひとりだけだ」参照〕)。とすれば、一〇31の句は、所有に固執している者と所有を放棄した者の、終末における運命の逆転を予告していることになる。

さて、「ぶどう園の労働者」のたとえ(マタイ二〇1-16)は、この前の文脈に置かれたイエスの終末預言(マタイ一九28-30)を締めくくる言葉(マタイ一九30)とほぼ同じ言葉によって結ばれている(マタイ二〇16)。――「先にいる多くの者が後になり、後にいる多くの者が先になる」／「後にいる者が先になり、先にいる者が後になる」。換言すれば、私どものたとえは、このような同種の二つの句に挟まれている。これは「挟み込み」(inclusio)という文章レトリックの一つで、これによって書き手は、挟み込んでいる句に視点を置いて、そこから挟み込まれている部分を解釈するようにとの指示を読者に与えているのである。

こうしてみると、マタイは読者に、一九30を受けて、つまり、終末の時、「新しい世」では、「この世」におけるユダヤ教徒とキリスト教徒の序列あるいは優劣が逆転するであろうというイエスの預言の例示として、「ぶどう園の労働者」のたとえ全体を解釈するようにと促していることとなろう。だからこそ、このたとえは、「天の国」のたとえなのである。

マタイの視点から

このようなマタイの視点から、このたとえを解釈すれば、次のようになるであろう。「家の主人」は「人の子」、「ぶどう園」は「イスラエル」あるいはそれを継ぐ「教会」の歴史、「労働者」はその歴史を担うユダヤ教徒とキリスト教徒。「九時ごろ」から「三時ごろ」までに雇われた「労働者」はイスラエルの歴史を次々と担ったユダヤ教徒、最後に「五時ごろ」に雇われた「労働者」はキリスト教徒である。「夕方になって」、つまり「新しい世界」となって、「ぶどう園の主人」つまり「人の子」が、「最後に来た者」(キリスト教徒)からはじめて「最初に来た者」(最古の時代からイスラエルの歴史を担ったユダヤ教徒)までに同じ「賃金」(彼らに対する神の報い)を払おうとしたが、「最初に来た者」はそれに異議を申し立てた。長期間苦労して神の歴史を担った者と、ごく短期間それを担ったに過ぎない者とに、同一の報いをされるとは、と。「人の子」はそれに答える。同一の報いは神の約束事である。短期間神の歴史を担ったキリスト教徒に対する神の思いやりを、ユダヤ教徒が神の歴史を長期間担ったからといって、ねたんではならない。ユダヤ教徒とキリスト教徒の序列あるいは優劣は、「天の国」では逆転するのだ。

しばしば指摘したように、マタイが福音書を著した時代(七、八〇年代)、その読者と想定されるユダヤ人キリスト者とユダヤ教徒は、競合関係にあった。前者は後者による迫害の対象とさえなっていたと思われる(マタイ二三34参照)。そのような状況下で、このたとえは、マタイ福音書の主たる読者に対して大いなる慰めとなったであろう。実際このたとえは、マタイ福音書では「弟子たち」に向けて語られている(マタイ一九23)。そして、この福音書で「弟子たち」は、福音書の読者(マタイ教会のメンバー)と重ねられていることは、これまでしばしば指摘したところである。

しかし、このようなマタイの視点から現代の読者がこのたとえを読み解いたら、それは彼らにどのような効果を及ぼすであろうか。キリスト者のアンチセミティズム(反ユダヤ主義）を強化することにならなければ幸いである。

いずれにしても、このたとえは元来、マタイによって加筆された16節ではなく、その前の15節で終わっていた。この節を含む13–15節の、主人による叱責の言葉に視点を置き、このたとえの前の文脈とは無関係に、これを伝承にもどして再読すれば、その意味するところと、マタイが示唆する解釈との間には、かなりの差異がある、と私には思われる。もし私どもが、「ぶどう園の労働者」のたとえの元の形、つまり伝承からイエス自身の声を聞くことがゆるされるとすれば、それはどのようなメッセージなのであろうか。

伝承からイエスのメッセージを

そこで、まず注目すべきは、このたとえに用いられている素材である。イエスの時代は、ユダヤ古代史の中で失業者が最も多く出た時代の一つであった。彼らは日雇い労働者として、からくも生活を保っていた。その中でも、仕事にありついた者はまだ人間扱いされていたが、その日の仕事にあぶれた者は「極貧者」として――とくに当時の宗教的エリートであったファリサイ派の人々から――「罪人」のカテゴリーの中に入れられていた。しかし、彼らが好んで「罪人」になったのではない。たとえの中の「五時ごろ」やっと雇われた人の言葉を借りれば、「だれも雇ってくれない」から「罪人」にされたのである。

大阪の釜ヶ崎、東京の山谷、横浜の寿町の実状を少しでも知っている人なら、ある程度の想像がつくのではないか。早朝、手配師により「労働者」として選別されるのは、少なくとも労働に耐える体を備えた者である。そこで「はじかれる」のは、何らかの病気や障害をもった人々なのだ。しかし、彼ら自身に何の責任があるというのか。やむをえず路上で生活をしていると、子供からさえ石を投げつけられる。

このような人々をたとえの素材として採用し、しかも彼らの中でも最少の労働しかできなかった人を積極的に評価することの中に、私どもは、宗教によって、あるいは常識的価値観によって正当化されていた当時の社会的矛盾に対するイエスの挑戦的姿勢を読みとることができるのではなかろうか。

ちなみに、私がこのたび、最もイエスらしいたとえ話として選んだ三つの物語の主人公――「サマリア人」「羊飼」「日雇い労働者」――は、いずれも当時の価値基準からみれば、「罪人」として差別されていた人々であった。このことは決して偶然ではない、と私は思うのである。

さて次に、このたとえの元来の比較点(15節)「自分のものを自分のしたいようにしては、いけないか。それとも、わたしの気前のよさをねたむのか」が示唆する意味が重要である。この疑問文に込められた「主人」の叱責は、労働の価値を労働の長さ(時間)によって測ろうとする最初に雇用された労働者(10－12節)に向けられている。実際に、当時民衆の指導者的役割を演じていた律法の教師《ラビ》たちは、一般的には人間の価値を、律法を守る期間によって測っていたのである。だから、長老は尊敬の対象となり、他方、子どもは軽視されていた。とすれば、このたとえの比較点は、明らかにこのような宗教的・法的指導層に照準を合わせたものであろう。

もっとも、イエスがここで一時間しか働かなかった者に、「気前のよさ」を示しているのは、彼らが短時間で、長時間働いた者と同量の、あるいはそれ以上の労働をしたから、または、少なくともそのような労働をする可能性をうちに宿しているから、ととる説がある。しかし、この種の説を裏付ける根拠となる文言は、イエスの「ぶどう園の労働者」のたとえには見出されない。それはむしろ、ラビの一人ゼラが説く「ぶどう園の労働者」のたとえの中に明示されている。

　ラビ・ハイヤの子であるラビ・ブンが死んだとき、ラビ・ゼラがその部屋に入って嘆き悲しみ、コヘレトの言葉五章一一節に基づいて彼のために弔辞をのべて言った。
　ラビ・ブンを何に比べようか。
　それは王がぶどう園をもっている場合に比べられる。王は労働者を雇って園の世話をさせた。労働者の中に抜群の働きをする男がいた。王は彼の仕事ぶりを見て、いかに彼が有能であるかを知った。そこで王は彼の手をとって一緒に散歩をした。夕方になって、労働者たちは彼らの賃金を受け取りに来た。その男にも残りの者たちと同じ賃金を支払った。すると他の労働者たちが不平を言い始めた。わたしたちは一日中働いたのに、この男はたった二時間しか働かなかった、それなのにこの男もわたしたちと同じだけの賃金を受け取るのか。王は彼らに言った。なぜ、あなたがたは不平を言うのか、この男はあなたがたが一日中かかって働いたより以上の仕事を、たった二時間でやってのけたのだ。

このように、ラビ・ブンは、二八年間の生涯で勤勉な学生が一〇〇年間かかって学ぶ以上に律法を学んだのである(阪口吉弘『ラビの譬え　イエスの譬え』より)。

イエスにとって問題なのは、いずれにしても、律法を基準として人間の価値にランクをつけようとする「合法的能率主義」そのものであった。イエスはこれに「否」をつきつけたのである。一時間労働をした者にも、一二時間労働をした者にも、契約によって同一の賃金を支払い、後者の抗議を退けるというのは、確かに一般の常識からみれば非常識であり、不合理な振舞いである。しかし、イエスは、まさにこのような常識的価値判断をその根底から覆そうとする。人間はすべて、約束された「賜物」(「一デナリオン」!)としての「存在」において平等であり、律法は元来、その基本的「存在」、その尊厳性を守るために人間に与えられたものであった。ところが、その律法が逆に人間を支配し、律法に従うことのできない人間をその「存在」において差別しているのが現実であるならば、そのような「存在」にこそ、律法の遵守とは無関係に、神の元来の約束が果たさるべきである。イエスは「ぶどう園の労働者」のたとえをもって、このことを主張し、この主張に自らの存在そのものを賭けたのであった。

最後に、このたとえが「天の国」――より一般的には「神の国」――のたとえとして語られていることに注意を促したい。すでに言及したように、確かにマタイは、その編集作業によって、このたとえを終末の時に実現される「新しい世界」で起こる事態の示唆として読み解くことを読者に勧めている。すなわち、ここでマタイは、「天の国」を現在ではなく未来に期待される天的領域と考えている。イエスもまた福音書の多くの箇所で、神の国をマタイと同様に――そして、その限りにおいては当時のユダヤ教徒と同じように――将来実現される神の支配領域と考えていることも事実である。

しかし、私の見解では、イエスの「神の国」理解が、当時のユダヤ教徒の場合と根本的に違う点は、イエスが「神の国」を「神の愛の支配」として、今ここに「実に、あなたがたの間にあるのだ」(ルカ一七21)とみなしていることである。イエスにとって「神の国」は、確かに将来に期待さるべきものである。しかしそれは、「神支配」として日常世界の中に実現されつつある(ちなみに、「神の国」の「国」と一般的に訳されているギリシア語の basileia は——英語の名詞 state の場合と同じように——「国家」と共に「支配状態」をも意味する)。しかも、その場合の神の愛は、当時一般的には「神の国」に入ることがゆるされないと考えられていた「無資格者たち」、いわゆる「罪人」に向けられる。イエスは、このような意味における「神の愛の支配」を「ぶどう園の労働者」のたとえでも提示し、この「愛の支配」に抗うユダヤ教の指導者を激しく批判したのである。

現代の日本に生きる私どもは、偏差値とか労働能力を基準に、人間の優劣をその「存在」に至るまで決めつけることをしてはいないだろうか。「家畜」をもじって「社畜」とまで呼ばれているわが国の「会社人間」に対して、このたとえ話はかなり深刻な問題を提起していると思うのだが……。

[追　記]

川島重成は、イエスの招きは失われた一匹の羊だけではなく「九十九匹」にも及ぶと主張し、「九十九匹」に対して羊飼は批判的であるとする前講における筆者のテーゼをも批判しているが

（前講の［追記］参照）、同様に川島は、「葡萄園の労働者の譬え」（前掲『イエスの七つの譬え』一四七―一七八頁）でも、筆者が最後に雇われた労働者（マタイ二〇7）にたとえの中心を置き過ぎて、最初に雇われた労働者（二〇2）に批判的に過ぎることを批判し、後者にもイエスの招きは開かれていると主張する。川島は、次のイエスの言葉とイエスのたとえに対する川島の解釈とをどう整合させようとするのであろうか。――「私が来たのは正しい人を招くためではなく、罪人を招くためである」（マルコ二17）。

なお、最初に雇われた労働者に対して主人が「友よ」と呼びかけていることが彼へもイエスの招きは開かれていることの論拠の一つに挙げられる。確かに、「友」に訳されるギリシア語の hetairos は、「仲間、同僚、友」の意である。しかしそれが呼格で用いられる場合、一般的に名を知らない人への呼びかけで、特にマタイ福音書では（二〇13、二二12、二六50）不快の感情をもって語られているので、これを好意的呼称ととることはできないと思われる。

第一四講　「自分の家に帰りなさい」

——「悪霊に取りつかれたゲラサ人」のいやし——

マルコ五1-20

福音書には数多くのイエスにまつわる奇跡物語が収録されている。この種の物語は——処女降誕、山上の変貌、復活など「キリスト神話」と呼ばれるイエスの生涯の枠組みをなす奇跡物語やイエスが「湖の上を歩く」奇跡物語など（専門語では「神顕現（エピファニー）の奇跡」）を別とすれば——次の二つの類型に大別することができる。

(1)　いやしの奇跡——障害者や病人、とくに「重い皮膚病を患っている人」や「悪霊に取りつかれた人」のいやし等。

(2)　自然奇跡——自然法則を変える、あるいはそれを超えるような奇跡。突風を静める奇跡、パンや魚をふやす奇跡等。

ここでは、(1)のいやしの奇跡の中から、「悪霊に取りつかれたゲラサ人」のいやしの奇跡物語を取り上げ、その現代的意味を問うてみることにしよう（マルコ五1-20）。

1 一行は、湖の向こう岸にあるゲラサ人の地方に着いた。2 イエスが舟から上がら
れるとすぐに、汚れた霊に取りつかれた人が墓場からやって来た。3 この人は墓場を
住まいとしており、もはやだれも、鎖を用いてさえつなぎとめておくことはできなか
った。4 これまでにも度々足枷や鎖で縛られたが、鎖は引きちぎり足枷は砕いてしま
い、だれも彼を縛っておくことはできなかったのである。5 彼は昼も夜も墓場や山で
叫んだり、石で自分を打ちたたいたりしていた。6 イエスを遠くから見ると、走り寄
ってひれ伏し、7 大声で叫んだ。「いと高き神の子イエス、かまわないでくれ。後生
だから、苦しめないでほしい」。8 イエスが、「汚れた霊、この人から出て行け」と言
われたからである。9 そこで、イエスが、「名は何というのか」とお尋ねになると、
「名はレギオン。大勢だから」と言った。10 そして、自分たちをこの地方から追い出
さないようにと、イエスにしきりに願った。

11 ところで、その辺りの山で豚の大群がえさをあさっていた。12 汚れた霊どもはイ
エスに、「豚の中に送り込み、乗り移らせてくれ」と願った。13 イエスがお許しにな
ったので、汚れた霊どもは出て、豚の中に入った。すると、二千匹ほどの豚の群れが
崖を下って湖になだれ込み、湖の中で次々とおぼれ死んだ。14 豚飼いたちは逃げ出し、

町や村にこのことを知らせた。人々は何が起こったのかと見に来た。15彼らはイエスのところに来ると、レギオンに取りつかれていた人が服を着、正気になって座っているのを見て、恐ろしくなった。16成り行きを見ていた人たちは、悪霊に取りつかれた人の身に起こったことと豚のことを人々に語った。17そこで、人々はイエスにその地方から出て行ってもらいたいと言いだした。18イエスが舟に乗られると、悪霊に取りつかれていた人が、一緒に行きたいと願った。19イエスはそれを許さないで、こう言われた。「自分の家に帰りなさい。そして身内の人に、主があなたを憐れみ、あなたにしてくださったことをことごとく知らせなさい」。20その人は立ち去り、イエスが自分にしてくださったことをことごとくデカポリス地方に言い広め始めた。人々は皆驚いた。

伝承と編集

マルコは、イエスの言葉伝承や物語伝承を収集し、それらを素材にして福音書を編んだ。彼が集めた種々の伝承は、多くの場合一つ一つが独立に流布されていた。マルコは、それらに時間的前後関係をつけ、必要に応じて場面をも設定し、それらを組み合わせ、編集することによって、イエスの生涯を「福音書」の中に描き出したのである。

「ゲラサ人のいやし」の物語の場合、イエスはガリラヤ湖の西岸でたとえ話をもって民衆に教えを説いたのち(マルコ四1-34「種を蒔く人」のたとえ、「ともし火」と「秤」のたとえ、「成長する種」のたとえ、「からし種」のたとえ)、弟子たちと共に舟に乗って湖の「向こう岸に渡」る途中、突風を静める奇跡を行い(マルコ四35-41)、一行が「湖の向こう岸にあるゲラサ人の地方に着いた」(マルコ五1)ところに、この物語の場面が設定されている。そして、ここで奇跡を行ったのち、イエスは弟子たちと共に舟に乗って(マルコ五18)、「再び向こう岸に」、つまりガリラヤ湖の西岸に渡り(マルコ五21)、「ヤイロの娘とイエスの服に触れる女」のいやしをなす(マルコ五21-43)。マルコは、ガリラヤ湖の西岸地方に流布されていた、(1)一つの自然奇跡物語と、(2)二つのいやしの奇跡物語、およびガリラヤ湖東岸地域、ゲラサ人の地方に伝わっていた、(3)一つのいやしの奇跡物語を集め、(3)を挟んで、その前に(1)を、そのあとに(2)を編んだことになろう。したがって、「ゲラサ人のいやし」の物語のうち、湖にかかわる旅行ルートへの言及とこのルートを前提とする句(1節と2節、18-19節前半)が、まずマルコの編集句ということになる(なお、18節は16-17節を受けているので、この16-17節もマルコの編集句である可能性もあろう)。

さらに、最後の20節もマルコの加筆と思われる。19節と内容的にずれが認められるからである。すなわち19節でイエスは、いやされたゲラサ人に、「自分の家に帰りなさい。

「……」と命じているのに、20節で当人は、自分がイエスによっていやされたことを「ことごとくデカポリス地方に言い広め始めた」といわれる。しかも、ここで「言い広める」と訳されているギリシア語 kēryssō は、むしろ「宣べ伝える」(岩波版)「宣教する」を意味し、マルコがその福音書の中で、いやされた者の振舞いとして多用している動詞なのである。

たとえば、「重い皮膚病を患っている人」(岩波版では「らい病人[†1]」)のいやしの物語(マルコ一40-45)でも、イエスが病人を奇跡的にいやしたのち、「だれにも、何も話さないように気をつけなさい。ただ、行って祭司に体を見せ、モーセが定めたものを清めのために献げて、人々に証明しなさい」と命じている(44節)。ところが当人は「そこを立ち去ると、大いにこの出来事を人々に告げ、言い広め(あるいは、宣べ伝え)始めた。……」といわれる(45節)。ちなみに、この物語のマタイ版(マタイ八1-4)はもとより、ルカ版(ルカ五12-16)でも、マルコ一45の「言い広めた」は削除されている。

もう一つ、「耳が聞こえず舌の回らない人」のいやしの物語(マルコ七31-37)でも、36節に、「イエスは人々に、だれにもこのことを話してはいけない、と口止めをされた。しかし、イエスが口止めをされればされるほど、人々はかえってますます言い広めた」といわれている。

要するに、イエスは自ら行った奇跡行為を衆人の目から隠そうとする、あるいは少なくとも奇跡的にいやされた人を「家」に帰そうとするが、当人は逆に、いやされたことを公に宣べ伝える、というのが、マルコ福音書における奇跡物語の終結部分に見出される一つの特徴なのである。そして、奇跡物語が衆人の目から隠されて、密かに行われる、あるいは奇跡行為者によるいわゆる「帰還命令」で物語が閉じられるのが、多くの奇跡物語に見出される「共通要素」の一つなのである。とすれば、それを超えて、いやされた者が出来事を「宣べ伝える」というくだりは、明らかにマルコの編集句ということになろう。その意味するところについては、後述することにする。

以上確認した、マルコが編集のために手を加えた箇所(1、2節の一部、16-19節前半、20節)を除いた部分が、それ以前に流布していた伝承部分にあたる。それは、イエス(とその一行)が「ゲラサ人の地方」に行くと(1節)、「汚れた霊に取りつかれた人が墓場からやって来た」(2節)に始まり、彼がイエスにより、「汚れた霊」を追放され、イエスが彼に「自分の家に帰りなさい。……」と命じたところ(19節)で終わっていた、ということになろう。

†1　岩波版で lepra というギリシア語をあえて「らい病」と邦訳した理由については、岩波版の「補注　用語解説」四三頁参照。

伝承に沿って

それでは、まずこの伝承部分に沿って物語を読み解いていこう。

この「いやし」の奇跡は、「ゲラサ人の地方」で行われたといわれる(1節)。「ゲラサ」はガリラヤ湖の東南五五キロメートルに位置する都市で、「デカポリス地方」(20節)の中心的位置を占めていた。「デカポリス」は、ギリシア語で「一〇の都市」の意。元来はヘレニズム時代の初期にギリシアの植民市として別個に建設されたものであるが、紀元前六三年にこの地方がローマの将軍ポンペイウスによって征服されて以来、「十都市連盟」として大幅な自治権が与えられ、イエスの時代も直接ローマ帝国の属州には編入されず、シリア州総督の監督下に置かれていた。住民の大半はギリシア人で、ユダヤ人も存在はしたが、ユダヤやガリラヤのユダヤ教徒からみると、ここは「異邦人の地」ということになる。

問題は、ゲラサの住民(「ゲラサ人」)がデカポリスのどの範囲まで存在したか、ということであるが、この物語が前提しているように(11節以下)、ガリラヤ湖畔にまで、ということはありえないであろう。そのために、この物語のマタイ版(マタイ八28-34)では、「ゲラサ」が「ガダラ」(ガリラヤ湖から東南一〇キロメートル)に訂正されている。地理的にみて、ガダラのほうがこの物語の舞台としてはふさわしいであろう。しかし、ガダラよりもゲラサのほうが「デカポリス」を代表していたので、マルコが採用した伝承は、「ゲラサ人」を「デカポリス」の住民ほどの広い意味で用いたのかもしれない。いずれにしても、この伝承が「デカポリス地方」に流布していたことは疑いないであろう。

さて、この物語の主人公は、「汚れた霊に取りつかれた人」(2節)、あるいは「悪霊に取りつかれた人」(16節)と呼ばれている。現代でいう精神障害者で、3–5節に描写されているこの人の振舞いから判断すると、おそらく統合失調症であったと思われる。精神障害を「汚れた霊」あるいは「悪霊」に取りつかれた結果とみなすのは、もちろん古代における民間信仰あるいは土俗信仰の一つで、これは、はっきり言って迷信である。ただ、このいわゆる「つきもの」信仰(ある種の霊力が憑依して人間の精神状態や運命に劇的な影響を与えるという信念〔小口偉一・堀一郎監修『宗教学辞典』五五五頁〕)は、古代のみならず中世から現代に至るまで、しかも現代の日本においても(たとえば私の郷里である東北地方の農村に広く見出される「キツネつき」!)、根強く広がっているだけに、これには「迷信」として一笑に付することができない側面がある。「悪霊」という土俗信仰的呼称には、ある種の真実性があるのではないか。つまり、人間の精神に外側から及ぼす「破壊力」を、人間は自力でコントロールできないという真実性である。

ところで、山本将信牧師は、3節以下の描写に、「人間を人間たらしめている人間の条件」(信頼〔信仰〕、希望、愛、自由、誇り)が、「悪霊に取りつかれたゲラサ人」において「ことごとく脅かされ、破壊されてい」るさまを見出している。すなわち、「もはやだれも……できなかった」ということで(3節)人々の見離しと信頼からの疎外、「いと高き神の子イエス、かまわないでくれ」という訴えで(7節)信仰からの疎外、「墓場を住まい」としていることで(3、5節)希望からの疎外、「石で自分を打ちたたいたり」することで(5節)自分への愛からの疎外、「足枷や鎖で縛られる」ことで(4節)自由からの疎外が物語られ、物語全体が、このゲラサ人への人間としての誇りを打ち砕いてしまっている。要するに、「これは私たち個人と社会を脅かしているものの象徴的・典型的物語」だ、というのである(「信徒と牧師の対話」富坂キリスト教センター編『心の病いとその救い』一六六頁以下)。私も、そのとおりだと思う。

さて6‐8節によると、このゲラサ人は、「イエスを遠くから見ると、走り寄ってひれ伏し」、イエスが「汚れた霊、この人から出て行け」と命じたので、大声で叫んだという。――「いと高き神の子イエス、かまわないでくれ。後生だから、苦しめないでほしい」と。

ここでまず、イエスを遠くから見ると「走り寄って、ひれ伏し」ながら、「かまわないでくれ」と言う、ゲラサ人の矛盾する感情が描写されていることに注意したい。これは、「私の辛さをわかってくれ」という思いと、「私の辛さが人にわかってたまるか」という思いとの葛藤であり、再び山本牧師によると、「このような矛盾する感情を両面葛藤(アンビヴァレンス)と精神医学では名付けている」とのことである(前掲書、一七七頁)。

それはともかくとして、私がここで注目したいのは、ゲラサ人、というよりもむしろ彼に取りついている「汚れた霊」が、イエスに対して、「いと高き神の子」と告白していることである。もっとも、この言葉は元来の伝承では、汚れた霊がイエスの本質を表す称号を口にすることにより、イエスを呪縛しようとしたものである、ととる説がある。しかし私は、少なくともマルコはこの伝承を、そのような意味では受けとっていないと思う。むしろそれは、イエスに対する「譲歩」あるいは「服従」の「告白」であると考えている。

そもそも、「汚れた霊」あるいは「悪霊」がイエスの本質(あるいは「正体」)を見抜き、それを口に出す箇所が、この前の文脈ですでに二回ある。すなわち、マルコ一23-24では汚れた霊がイエスを「神の聖者」と、マルコ三11では「神の子」と呼んでいる。また、一23では、イエスの本質が口に出されてはいないけれども、「悪霊はイエスを知っていた」といわれている。もっとも、いずれの箇所でもその前後の文脈で、イエスは悪霊に沈黙を命じている(マルコ一25、三12)。しかし、イエスはこのいわゆる「沈黙命令」でもって、自らその本質を否定しているのではない。これは、イエスの本質の意味するところが、イエスの死(マルコ一五39参照)と復活(マルコ九9参照)に至るまで、人間には必ずしも理解できないのだ、というマルコのイエス・キリスト理解と深くかかわっている。今の時点で悪霊が、イエスを「神の子」と呼ぶことに、マルコ福音書のイエスは批判的なのである。悪霊がイエスの本質を知っていることそれ自体に批判的なのではない。

それでは、なぜほかならぬ「悪霊」がイエスの「神の子」性を知っているのか。「悪霊」であっても「霊」である限り、人間を超えて神により近い存在であるから、「悪霊」には「霊」性を宿す神的存在の本性を見抜く能力があるという古代の「悪霊」信仰から、その答えを見出すことができるかもしれない。あるいは前の文脈で、イエスの身内の者をはじめとして多くの者が、イエス自身「汚れた霊に取りつかれている」と思っていた(マルコ三21、30)といわれているところから判断すると、狂気は――カッコつきではあるが――「狂気」の正体を見抜く、ということであろうか。

さて、9節で「汚れた霊」の名前が「レギオン」であることがわかる。「レギオン」は、ローマ軍最大単位の「軍団」で、それぞれ重装備の六個小隊(百人隊)を擁する一〇個大隊から構成、紀元後一世紀の初頭には二五「軍団」があり、各「軍団」の規模は約六〇〇〇名であった。だから「レギオン」といえば、まず「大勢」というイメージが湧くはずである。実際に、「汚れた霊」もその名を聞かれ、「名はレギオン。大勢だから」と答えている。

しかし、当時のガリラヤ周辺、とくにデカポリスの住民にとって、「レギオン」は「大勢」だけのイメージに尽きるものではなかろう。当時、ローマ側の戦略上重要である周辺属州シリアには四個のレギオンが配属されていた。しかも前述のように、デカポリスの地方はローマのシリア州総督による監督下に置かれていたのである。「軍団」「戦争」「殺戮」、そして「狂気」がイメージとして重なることは、古今東西変わるものではない。

11節以下には、「豚の大群」が登場する。この豚の群れに、ゲラサ人から追い出された「汚れた霊」が取りついて、豚はなだれを打って崖を下り、湖の中に次々に落ちて死んだ、といわれる(12-13節)。この風景は、豚を不浄とみなすユダヤ人の視点から描かれている。ゲラサ人がギリシア人であるのかユダヤ人であるのか、この物語から特定はできないが、この物語伝承がユダヤ人によって伝えられ、その受け手(聴衆あるいは読者)もユダヤ人であることは明らかであろう。デカポリス在住のユダヤ人は、ローマ軍とギリシアの支配階級との二重の抑圧下にあった。この物語から、権力に対するユダヤ民衆の反逆志向を読みとっては、むしろ「読み込み」になろうか。この物語を伝え聞いたユダヤ人は、少なくとも心の中で喝采したはずである。

15節で、この出来事を見に来た人々が、正気になって座っているゲラサ人を見て、「恐ろしくなった」といわれる。「驚き」や「恐れ」は奇跡物語を構成する「共通要素」の一つである。したがって伝承の元来の形では、ここから物語を締めくくるもう一つの「共通要素」――イエスのいわゆる「帰還命令」(19節)に、物語が続いていた可能性がある。

その前に、ゲラサの住民が「イエスにその地方から出て行ってもらいたいと言いだした」こと(17節)について一言しておこう。この願い出には、二つの理由が考えられる。その一つは、普通の人とは違った、いわゆる「異人」の巡回霊能者に対する「恐れ」に基づく忌避感情の表れで、これは多くの奇跡物語に、その共通要素の一つとして見出される。もう一つは、豚の損失を伴うイエスの奇跡行為が、地域住民の利害に反するから、ということであろうか。もしそうだとすれば、これは、――山本牧師が指摘しているように――現在でもたとえば精神障害者のリハビリ施設を作ろうとすれば、よく起こされる地域住民の反対運動と類似することとなる。「そのような施設が出来ると町の雰囲気が悪くなる、土地の値が下がる、治安が悪くなる、町の品位が落ちるなどがその理由です。このゲラサ人の物語で正気と狂気が入れ替わっていますが、これは昔話ではなく、今日の日本の状況でもあります」(前掲書、一七八頁)。

さて、18-19節前半は、マルコの編集句であるから、後回しにすることにして、この物語の伝承を締めくくる19節後半の意味を探ることにしよう。ここでイエスはゲラサ人に、「自分の家に帰りなさい。そして身内の人に、主があなたを憐れみ、あなたにしてくださったことをことごとく知らせなさい」と命じている。このようないわゆる「帰還命令」は、それ自体としては確かに、いやしの奇跡物語の結びの句に用いられる、奇跡の効果を確認するための「共通要素」の一つである(たとえば、マルコ二11、八26、ルカ七15、ヨハネ九7など)。

しかし私は、この「帰還命令」の背後に、「家族」(社会)から遮断されて生活することを余儀なくされていた——ハンセン病者や精神障害者に代表される——病人のもつ「家庭」(社会)復帰願望と、このような病人に対するタブーを破り、彼らの願望を、その生涯を賭けて容れようとしたイエスの振舞いを想定したい。これらの病人に対するタブー感情は、その「身内の人」に最も強く表れることを、私は自らの経験を通して知っているだけに、イエスの「帰還命令」は、この「身内の人」に対する戒めとしても機能するはずである。しかし残念ながら、マタイはこの物語から、「帰還命令」を含む物語の後半を削除している(マタイ八28-34)。奇跡行為者としてのイエスを前景に出そうとしたマタイにとって、いやされた者への関心を最後まで持続する必要がなかったのであろう。

マルコの意図

最後に、以上考察したゲラサ人の物語の伝承部分に対するマルコの編集作業から、この物語によせたマルコの意図を確認しておきたい。

まず18節で、「イエスが舟に乗られると、悪霊に取りつかれていた人が、一緒に行きたいと願った」といわれている。この句の中の「(彼と)一緒に行く」と訳されているギリシア語の表現は、実はイエスが「十二弟子を選ぶ」物語(マルコ三13-19)の中で選出の目的を示す言葉(マルコ三14)の一つ、ここで「彼らを自分のそばに置く」と訳されているギリシア語の表現とほぼ共通しているのである。直訳すれば、五18は、ゲラサ人が「彼〔イエス〕と共にいる」、三14は、イエスが「彼ら〔十二弟子〕と共にいる」となる。とすれば、ゲラサ人の願いは、イエスの「十二弟子」と同じように「イエスと共にいたい」ということなのである。

19節で、イエスはこの願いを拒否する。これは、ゲラサ人がイエスの直弟子の一人となってイエスの一行と行動を共にすることをイエスが断った、ということである。その上でイエスは、ゲラサ人に「家に帰りなさい」と命じた。

ところが20節では、このゲラサ人は、「イエスが自分にしてくださったことをことごとくデカポリス地方に言い広め始めた」といわれる。すでに前述したように、ここで「言い広める」と訳されている動詞のギリシア語 kēryssō は、「宣べ伝える」「宣教する」の意味で、マルコがイエスによっていやされた者の行動を描写する際に多用している動詞である。しかもこの動詞は、先ほど言及した、イエスが「十二弟子」選出の目的を示している三14の中で、つまり「彼らを自分のそばに置くため」の次に、「また、派遣して宣教させ……るため」という文脈の中で用いられている。このような用語法から判断すると、三章から五章へと読み進めてきた読者に対し、マルコは、ゲラサ人が弟子としてイエスと同行することは拒否されたが、弟子としてのもう一つの条件、すなわち「宣教」を自ら果たしていることを印象づけようとしているとみてよいであろう。しかもそれは、「家に帰りなさい」というイエスの命令の意図を超えてである。

ここで私どもは、すぐ前の文脈、すなわちイエスが「突風を静める」場面で、弟子たちがその師に対する無理解のゆえに、イエスによって叱責されていることに注意したい(マルコ四40)。「ゲラサ人のいやし」の物語で、弟子たちがイエスに同行していることは前提される(マルコ五1)。しかし、この物語で弟子たちは、何の役割も果たしていない。弟子であることの、より重要な役割、つまり「宣教」を果たすのは、狭義の「弟子」ではなくて、病がいやされた無名の民衆であった。マルコによれば、イエス自身はその奇跡行為によって世にその本質が知られることに消極的である。にもかかわらずイエスの振舞いは、民衆によって世に宣べ伝えられていく。これがもしマルコのメッセージであったとすれば、イエスの弟子に自らを重ねて福音書を読んできたマルコの教会の指導者層にとっては、これが厳しい批判となり、教会の周辺にいる民衆、とくに病のゆえにタブー視され続けている民衆にとっては、大いなる恵みと励ましになるのではないか。マルコの教会は、あるいは「デカポリス地方」に成立していたのかもしれない。

ちなみに、この物語のルカ版(ルカ八26-39)では、物語の結びの句から「デカポリス」が削除されている(ルカ八39)。ルカによれば、福音がパレスチナを越えて異邦人の地に宣教されるのは、イエスの死後、エルサレムに教会が成立した後の時点であって、それ以前ではありえないのである。この立場からルカは、マルコ福音書でイエスの生前に福音が異邦の地に宣べ伝えられた可能性を示唆する箇所をすべてカットしている。

第一五講 「娘よ、あなたの信仰があなたを救った」

――「イエスの服に触れる女」のいやし――

マルコ五25―34

イエスによるいやしの奇跡から、ここでもう一つ、「イエスの服に触れる女」の物語の意味するところを読み解くことにしよう。この物語には、古代パレスチナに生きた一人の女性が、女性なるがゆえに宗教的・社会的に受けていた「苦悩」と、その「苦悩」からのイエスによる「いやし」、とりわけ「救い」とが迫真性をもって描き出されている。

「挟み込み」の手法

この物語を読み解く際に、まず注意すべきは、この物語(マルコ五25―34)が、もう一つのイエスによる奇跡物語、すなわち「ヤイロの娘」のいやし(マルコ五21―24、35―43)によって挟み込まれていることである。このいわゆる「挟み込み」は、マルコがよく用いる文学的手法で、マルコはこの手法によって、二つの物語に共通する要素を前景に出そうとしている。だから、私どもが「イエスの服に触れる女」の物語の意味するところを探ろうとすれば、どうしてもその前後に編まれた「ヤイロの娘」の物語をも参照しなければならない。そこで私どもはまず、「ヤイロの娘」の物語をも含めて、物語全体を読むことにしよう。本書では、読者にわかりやすくするために、「ヤイロの娘」の物語を、「イエスの服に触れた女」の物語よりも一段下げて組むことにする（マルコ五21-43）。

21イエスが舟に乗って再び向こう岸に渡られると、大勢の群衆がそばに集まって
来た。イエスは湖のほとりにおられた。22会堂長の一人でヤイロという名の人が来
て、イエスを見ると足もとにひれ伏して、23しきりに願った。「わたしの幼い娘が
死にそうです。どうか、おいでになって手を置いてやってください。そうすれば、
娘は助かり、生きるでしょう」。
24そこで、イエスはヤイロと一緒に出かけて行かれた。
大勢の群衆も、イエスに従い、押し迫って来た。
25さて、ここに一二年間も出血の止まらない女がいた。26多くの医者にかかって、ひ
どく苦しめられ、全財産を使い果たしても何の役にも立たず、ますます悪くなるだけ
であった。27イエスのことを聞いて、群衆の中に紛れ込み、後ろからイエスの服に

触れた。28「この方の服にでも触れればいやしていただける」と思ったからである。
29すると、すぐ出血が全く止まって病気がいやされたことを体に感じた。30イエスは、
自分の内から力が出て行ったことに気づいて、群衆の中で振り返り、「わたしの服に
触れたのはだれか」と言われた。31そこで、弟子たちは言った。「群衆があなたに押
し迫っているのがお分かりでしょう。それなのに、『だれがわたしに触れたのか』と
おっしゃるのですか」。32しかし、イエスは、触れた者を見つけようと、辺りを見回
しておられた。33女は自分の身に起こったことを知って恐ろしくなり、震えながら進
み出てひれ伏し、すべてをありのまま話した。34イエスは言われた。「娘よ、あなた
の信仰があなたを救った。安心して行きなさい。もうその病気にかからず、元気に暮
らしなさい」。

35イエスがまだ話しておられるときに、会堂長の家から人々が来て言った。「お
嬢さんは亡くなりました。もう、先生を煩わすには及ばないでしょう」。36イエス
はその話をそばで聞いて、「恐れることはない。ただ信じなさい」と会堂長に言わ
れた。37そして、ペトロ、ヤコブ、またヤコブの兄弟ヨハネのほかは、だれもつい
て来ることをお許しにならなかった。38一行は会堂長の家に着いた。イエスは人々
が大声で泣きわめいて騒いでいるのを見て、39家の中に入り、人々に言われた。

「なぜ、泣き騒ぐのか。子供は死んだのではない。眠っているのだ」。40 人々はイエスをあざ笑った。しかし、イエスは皆を外に出し、子供の両親と三人の弟子だけを連れて、子供のいる所へ入って行かれた。41 そして、子供の手を取って、「タリタ、クム」と言われた。これは、「少女よ、わたしはあなたに言う。起きなさい」という意味である。42 少女はすぐに起き上がって、歩きだした。もう一二歳になっていたからである。それを見るや、人々は驚きのあまり我を忘れた。43 イエスはこのことをだれにも知らせないようにと厳しく命じ、また、食べ物を少女に与えるようにと言われた。

この二つの「いやし」の物語には、共通点と相違点が見出される。まず共通する要素は、主人公が共に女性であること、「一二年間」(25節)と「一二歳」(42節)との「一二」が対応していること。相違点は、一方が未成年の娘である(23節)のに対して、他方が──「出血」を月経ととれば──成人女性である(25節)こと、前者が富裕で身分の高いヤイロの娘である(22節)のに対し、イエスの服に触れる女は「出血」のゆえに家(社会)から疎外された存在である(25-26節)こと、前者はイエスに対して消極的位置にある(23節)のに対し、後者は極めて積極的である(27節)ことなど。マルコは、二つの物語におけるこのような異同を対照させるために、両物語を組み合わせたのであろうか。

しかし、私は単なる「組み合わせ」ではなく、「挟み込み」の手法に注目したい。マルコは、「ヤイロの娘」の物語を二つに割って、それで「イエスの服に触れる女」の物語を挟み込むことにより、まず、この物語にもガリラヤ湖西岸という場面を設定した(21節)。また、この物語の中で重要な役割を果たす「(大勢の)群衆」をも用意した(21、24、27、30、31節)。さらにマルコは、五章に三つの「いやし」の奇跡物語(マルコ五1-20、悪霊に取りつかれたゲラサ人のいやし。マルコ五21-43、ヤイロの娘とイエスの服に触れる女のいやし)を編み、その最後にヤイロの娘の蘇生の場面を配することによって、イエスの奇跡力の「漸増」を狙った(「漸増」とは修辞学の用語で、文章の効果を次第に高める方法)。

最後に、そしてこの点が私には最も重要と思われるが、マルコは「挟み込み」の手法によって、奇跡的にいやされる者のイエスに対する「信仰」(あるいは「信頼」——この点については後述)を強調しようとした。すなわち、「挟み込み」によってはじめて、「娘よ、あなたの信仰があなたを救った」(34節)と「恐れることはない。ただ信じなさい」(36節)とが、相前後して繰り返されることになる。

この「信仰」の強調は、イエスの奇跡行為に否定的にしか、かかわることのできない弟子たち(31節)、あるいは消極的にしか参与することをゆるされない弟子たち(37節)の描写と対照的である。ここに、無名の女の「信仰」に対するイエスの積極的評価と、マルコの時代(七〇年代)、ようやく有名になりつつある「弟子たち」に対するイエスの(というよりはむしろマルコの)批判とが、対照的に描き出されることとなる。

そもそも、五章に編まれた三つの「いやし」の奇跡物語の前の文脈で、すなわち「突風を静める」奇跡物語(マルコ四35-41)の中で、弟子たちはイエスによって、「なぜ怖がるのか。まだ信じないのか」と詰問されている(マルコ四40)。ところが、同じ三つの「いやし」の奇跡物語のあとの文脈で、つまり「ナザレで受け入れられない」イエスの物語(マルコ六1-6)で、イエスは「自分の故郷、親戚や家族」の「不信仰」に驚いている(マルコ六4-6)。マルコの時代になると、ペトロをはじめとするイエスの弟子たちだけではなく、イエスの「親戚や家族」、とりわけイエスの母マリアや弟ヤコブが、教会の指導的存在として理想化されるようになりつつあった。マルコは、奇跡物語における無名の男女の「宣教」(マルコ五20)や「信仰」(マルコ五34)に、弟子たちや「親戚・家族」の「不信仰」(マルコ四40、六6)を際立たせて配することにより、同時代の「弟子」あるいは「身内」理想化に歯止めをかけようとしたのであろうか。いずれにしても、「弟子」あるいは「身内」批判と、「民衆」とりわけ「女性」評価は、マルコ福音書の特徴の一つであることは疑いえない。

以上、私どもは奇跡物語を福音書に編み込む際に用いたマルコの手法から、マルコの意図を想定した。これを念頭においた上で、「イエスの服に触れる女」の物語をその伝承の筋に沿って読み解くことにしよう。

物語の読み解き

25節――「一二年間も出血の止まらない女がいた」。ここでいわれているのは、病的なほどに強い月経であるか、あるいは長期に及ぶ子宮内出血のことであろう。最近は、前者、つまり「月経期間を過ぎても出血がやまない」ケース(レビ記一五25)とみる学者たちが多い。この場合は、「その期間中は汚れており、生理期間中と同じように汚れる」(レビ記一五25後半)といわれている。そしてこの前後に、生理期間中あるいは期間外の出血が、いかに汚れており、他を汚し、その汚染期間がどれほど続くのか、そしてまた、どのようにしてそれが清められるのか、詳細に規定されている(レビ記一五19―31)。

19女性の生理が始まったならば、七日間は月経期間であり、この期間に彼女に触れ
た人はすべて夕方まで汚れている。20生理期間中の女性が使った寝床や腰掛けはすべ
て汚れる。21彼女の寝床に触れた人はすべて、衣服を水洗いし、身を洗う。その人は
夕方まで汚れている。22また、その腰掛けに触れた人はすべて、衣服を水洗いし、身

を洗う。その人は夕方まで汚れている。23彼女の寝床や腰掛けを使って、それに触れ
たならば、その人は夕方まで汚れている。24もし、男が女と寝て月経の汚れを受けた
ならば、七日間汚れる。またその男が使った寝床はすべて汚れる。
25もし、生理期間中でないときに、何日も出血があるか、あるいはその期間を過ぎ
ても出血がやまないならば、その期間中は汚れており、生理期間中と同じように汚れ
る。26この期間中に彼女が使った寝床は、生理期間中使用した寝床と同様に汚れる。
また、彼女が使った腰掛けも月経による汚れと同様汚れる。27また、これらの物に触
れた人はすべて汚れる。その人は衣服を水洗いし、身を洗う。その人は夕方まで汚れ
ている。
28彼女が出血の汚れから清くなり、七日間が過ぎたならば、その後は清くなる。
29八日目に、彼女は二羽の山鳩か家鳩を調え、それを臨在の幕屋の入り口で祭司に渡
す。30祭司は一羽を贖罪の献げ物、他の一羽を焼き尽くす献げ物として主の御前にさ
さげ、彼女の異常出血の汚れを清めるために贖いの儀式を行う。31あなたたちはイス
ラエルの人々を戒めて汚れを受けないようにし、あなたたちの中にあるわたしの住ま
いに彼らの汚れを持ち込んで、死を招かないようにしなさい。

実は、レビ記一五章全体が、「男女の漏出による汚れと清め」をテーマとした記述であり、その前半(レビ記一五1-18)は男の漏出にかかわる掟になっている。男の場合、漏出にあたるのは、性病による膿と、夢精などによる精液に限られている。膿の漏出の場合、漏出期間とその後の七日間、男の体は汚れており、精液の漏出の場合、その人は夕方まで汚れている。

しかし、女性の場合、漏出は性病のほかに(汚れの期間は男性の場合と同一)、月経が主たる原因とされる。女性は月経期間中の七日間は汚れている。しかし、月経が不順となると、出血期間中汚れていることとなり、正常の場合の七日間の汚れは無限に拡張されていく。生理は成人女性のいわば「しるし」である限り、女性は女性なるがゆえに男性よりも汚れた存在なのである。

古代イスラエルにおいて、血は体内にある限り生命の源であり、清いものとみなされた。しかし、それが体外に漏出すると汚れた存在になる。その理由は——すでに第八講で「罪人」の定義をめぐる議論の際に指摘したように——聖と俗、体内と体外の境界にあるものに対するタブー視にある。このようなまったく理不尽な理由により、女はその「性」によって不浄とされ、差別された。

ところで、「イエスの服に触れる女」の場合、一二年間も出血し続けているというのであるから、先に引用したレビ記の掟からみて、一二年間家族と社会から完全に遮断されて生きていたことになる。彼女が触れるものは、すべて汚れるのであるから……。

26節には、医者の極悪非道が活写されている。古代イスラエルで医者は、知識人、とりわけ富裕層から高く評価されている（たとえばシラ書〔「旧約聖書続編」の一つ。旧約聖書、とくにその続編の中で「知恵文学」と総称される諸文書――旧約ではヨブ記、箴言、コーヘレト書など、続編では知恵の書、シラ書など――は、古代イスラエルの比較的富裕な知識人の人生訓として著されたといわれる〕三八1―15参照）。しかし、律法の教師《ラビ》たちは、総じて医者をその職業柄、病人の汚れに接触するがゆえに忌避の対象としており、一般庶民は、多くの場合――この26節に典型的に見出されるように――医者に対して不信感を抱いている。彼らは日常生活において、医者には経済的に手が届かず、むしろ呪術師・霊能者に頼った。他方医者は、霊能者のことを「いかさま師」と見下していたのが実状である。

イエスの場合、彼は医者に対して必ずしも批判的ではない。むしろ自らを「医者」に擬してさえいる（マルコ二17、ルカ四23）。しかし、「いやし」の奇跡物語では、イエスは霊能者として振舞い、医者とはむしろ対峙している（もっとも「イエスの服に触れる女」の物語のルカ版〔ルカ八43―48〕では医者に対する批判的発言が短縮され〔43節のうち「医者に全財産を使い果たしたが」は、岩波版では［　］に入れられているように、後世の加筆〕、マタイ版〔マタイ九20

〜22)では削除されている。ルカやマタイが知識人を読者に想定して福音書を編んでいる証拠の一つとなろうか)。私どもはここに、「奇跡」以外に頼る術を失った民衆の位置に立ち、彼らの希求に自らの体をもって応えようとしたイエスの振舞いを見出すことができるのではないか。

27、28節は、マルコ三10を前提しているであろう。——「イエスが多くの病人をいやされたので、病気に悩む人たちが皆、イエスに触れようとして、そばに押し寄せた」。このイエスのことを聞いて、彼女も群衆の中に紛れ込み、後ろからイエスの服に触れた。そうすれば、「いやしていただける(岩波版では「救われる」)」と思っていたからである。

29節——「すると、すぐ出血が全く止まって病気がいやされたことを体に感じた」。レビ記の世界では、またこの世界が日常化されているユダヤ社会では、出血中の女が触れたものに女の汚れがうつるはずである。ところがイエスの場合、女が彼に触れると、逆に女の汚れのもと、つまり出血が完全に断たれた、という。私どもはここに、タブーを無化して生きるイエスの振舞いを見出すことができよう。しかし、ここ(および先に引用したマルコ三10)で「病気」と訳されているギリシア語のmastiksは、元来「鞭打ち」の意、「苦痛」「苦悩」を意味する(岩波版では「苦しみ」)。それは単なる「病気」ではなく、病気に伴う社会的「苦悩」のすべてである。その苦悩からの解放を、女は「体で感じた」という。

30節――他方、「イエスは、自分の内から力が出て行ったことに気づいた」。実は、ここで「気づいた」と訳されているギリシア語の動詞と29節で「感じた」と訳されているギリシア語の動詞は同一、より正確には同根の epiginōskō(30節)と ginōskō(29節)である。この動詞は、たとえば天使によって受胎を告知されたマリアが、「どうして、そのようなことがありえましょうか。わたしは男の人を知りませんのに」という際に用いている「知る」と同一で、「感覚を介して認知する」――「感じて知る」ほどの意味をもつ。要するに、女が苦悩からの解放を体で「感じて知った」のに対し、イエスは体の中から力が出て行ったことを「感じて知った」ということである。私どもはここに、肉体的接触を介する「感覚の相互性」(モルトマン＝ヴェンデル『乳と蜜の流れる国』一七二頁以下、一八七頁以下参照)を見出すことができるであろう。少なくともマルコによれば、「いやし」の奇跡は、イエスの言葉によってのみ起こるものではない。それは、スキンシップによる「感覚の相互性」に基づく。

　ところが、この「相互性」は、この物語のルカ版(ルカ八43-48)で崩れはじめる。すなわちここでは、イエスは自分から「力が出て行ったのを感じた」といわれているが(ルカ八46)、女は「出血が止まった」だけで、それを「体で感じた」とはいわれていない(ルカ八44)。さらに、マタイ版になると、この「相互性」は完全に削除されてしまう。しかも、「彼女が治った」のは、イエスが彼女に、「娘よ、元気になりなさい。あなたの信仰があなたを救った」と言った直後である(マタイ九22)。マタイ福音書では、こうして「いやし」の奇跡物語における「感覚性」が後景に退き、イエスの「言葉」が前景に出される。いやされた者への関心が薄れ、奇跡行為者としてのイエスの「言葉」に物語の中心が移される。

さて、マルコ五章30節から31節にかけて、イエスは弟子たちに、だれが自分に触れたのか、と問うが、弟子たちは押し迫る群衆のゆえに、それを特定するのはどだい無理である、と答えている。弟子たちはここでも女の窮状に対して無理解を示す。

32-33節で、女は自らイエスの前に出頭し、一切を打ち明ける。

「娘よ、あなたの信仰があなたを救った」

34節――イエスは言った。「娘よ、あなたの信仰があなたを救った。安心して行きなさい。もうその病気にかからず、元気に暮らしなさい」。

まず、イエスが女に、「娘よ」と呼びかけていることに注目したい。これに続く言葉「あなたの信仰があなたを救った」から判断して、この場合の「娘よ」は、女に対する親愛の情の表現にとどまらず、この女を信仰的同胞関係に受け入れようとする呼びかけとみてよいのではないか。マルコ三34-35でイエスは、彼の周りに座っている民衆を見回して、こう言ったことを想起しよう。――「見なさい。ここにわたしの母、わたしの兄弟がいる。神の御心を行う人こそ、わたしの兄弟、姉妹、また母なのだ」。一二年の間も出血の止まらない、その意味でほとんど永遠に汚れている女は、イエスに対する「信仰」のゆえに、イエスによって「苦悩から解放され」(「病気にかからず」の直訳。岩波版では「苦しみから〔解かれて〕」)、信仰的同胞関係の中に「娘」として受容された(絹川久子『女性たちとイエス』九二―九六頁参照)。

もっとも、この場合の「信仰」とは、奇跡物語における元来の意味としては、イエスをキリストと信ずる狭義の「信仰」というよりは、むしろイエスに対する「信頼」とみてよいであろう。自らの苦難からの解放を希求し、必死になってイエスに取りすがり、その後ろから服に触れようとする、この女の健気なまでの「信頼」である。「信仰」にあたるギリシア語の pistis は、元来広義では「信頼」を意味する(岩波版では「信〔頼〕」)。イエスは、彼女の「信頼」に応えて、「あなたの信頼があなたを救った」と宣言する。

最後に、ここで「救った」といわれていること、「いやした」とはいわれていないことに注意したい。確かに、この女はイエスによってその病をいやされた。しかし、病をいやされたということは、病に伴うもろもろの社会的苦悩からトータルに救われたことを意味する。イエスに対する彼女の「信頼」のゆえに、人間としての彼女の尊厳性が全体として回復された、ということである。

一二年間出血の止まらない女のいやしの物語は、女性なるがゆえに苦悩に生きた女性そのものの、苦悩からの解放の物語といえるであろう。

II　ガリラヤからエルサレムへ

第一六講　「わたしのところに来させなさい」

――「子どもを祝福する」イエスの物語――

マルコ一〇13-16

この講では、イエスが「子どもを祝福する物語」によせて、子どもの人権について考えてみたいと思う。

子どもの人権

もちろん、「人権」はすぐれて近代的概念である。それは、アメリカの「独立宣言」やフランス革命での「人権宣言」を介して、一八世紀以降提起されてきた問題で、現代においてもなお十分には解決をみていない問題である。人間の権利は宣言されたけれども、その人間から奴隷がはずされ、労働者がはずされ、女性がはずされ、子どもがはずされてきた事実がある。

現代でも、戦争になると真っ先に犠牲になるのは、「女子ども」、とくに子どもである。

第三講で、「平和を実現する人々は、幸いである」というイエスの言葉によせて、かつてのソマリアや現在のイラク・アフガニスタンの惨状に思いを馳せた。いまに至るまで私が心を痛めているのは、ボスニアの子どもたちのことである。バルカン半島にも一九九二年四月の内戦発生以来、ようやく平和の春が訪れようとしているかにみえた。それにしても、この間のボスニア・ヘルツェゴビナの内戦は、余りにも多くの惨事をもたらした。たとえば一九九四年春における国連難民高等弁務官事務所の報告によると、ボスニアで食糧援助を必要としているのは二七〇万人、しかもこの国には六歳未満の乳幼児が約六〇万人いて、その半数がサラエボなど、セルビア人やクロアチア人の武装勢力が包囲する都市に閉じ込められていた。子どもたちのほとんどが栄養失調で、女性や老人と一緒に、わずかな水と食糧で、地下の薄暗いシェルターに隠れ住む日々だったという。私の心を一層暗くしたのは、ボスニアにおけるセルビア人・クロアチア人とモスレム人の対立が、キリスト教徒(ギリシア正教・ローマカトリック)とイスラム教徒の対立にほかならないことである。どうしてセルビア人やクロアチア人は、イエス・キリストと共に「敵を愛する」ことができないのか。ボスニアのモスレム人が劣等で、敵を愛することができない存在であるからか。もしその理由で、ボスニアの子らを餓死させることも辞さないのなら、両勢力共にキリスト教徒であることをやめてからにしてほしい、と思ったものである。

子どもの人権に対して鈍感であるのは、遠いバルカンの戦場に限ったことではない。わが国も決してその例外ではないのだ。

一九八九年一一月二〇日に、国連総会で「子どもの権利条約」が採択され、こんにち(二〇〇六年一二月現在)に至るまで一九三か国がこれを批准している。わが国でも、一九九四年四月に漸くこれが国会で批准された。しかし、条約批准前後の政府の一連の動きをみていると、どうもうさん臭い状況がある。国際的に非難されないために形式的に批准しようとした官僚的態度が今でも見え見えだからである。

たとえば権利条約の第二条に、こう記されている。「人種、皮膚の色、性、言語、宗教、政治やその他の意見、国民的・民族的・社会的出身、財産、障害、出生またはその他の地位によるどんな差別も受けずにこの条約で保障する権利が確保されなければなりません」(大田堯『国連子どもの権利条約を読む』)。ここでは、出生による差別が禁止されており、当然、非嫡出子(両親が結婚届を出さないで生まれた子ども)の概念は拒否されている。わが国でも、最近になって嫡出子と非嫡出子の区別をつけないように自治省(現・総務省)から通達が出されているので、この点については少なくとも行政上は権利条約に添うかたちになっている。しかしこの点、民法上の非嫡出子の扱いには依然として抵触するわけで、実際政府は、権利条約の「批准に伴う法改正や立法措置は必要なし」と明言している。とすれば、この第二条の実質的実現は、ほとんど不可能に近いであろう。さらに、この第二条には、「世界人権宣言」にも、わが国の「憲法」にもない、障害による差別否定が加えられていることも画期的である。しかし、これを学校教育の現場でどうやって実現していくか、これに対する取り組みは、少なくとも文部省(現・文部科学省)筋からはほとんど何も具体案が出されていない。条約を批准すれば、それで万事解決ということではまったくないのである。

このように、「人権」、とりわけ「子どもの人権」は、近現代の問題である。したがって、これを古代に成立した福音書に直接問うことには慎重でなければならない。しかし、この「人権」という概念を広義にとれば、この問題の所在と問題解決への示唆を福音書のイエス・キリストの振舞いが与えていると思う。そこで、「人権」を『大辞林』で引いてみると、次のように定義されている。

じんけん〔人権〕人間が人間らしく生きるために生来持っている権利。↓基本的人権。

──**じゅうりん**〔人権蹂躙〕人権をふみにじること。特に公権力、または権力を有する者が、人間の基本的人権を侵すこと。

この定義を一応ふまえた上で、この講の聖書テキストに接近することにしよう。ただ、そのための予備的考察として、イエス時代のユダヤ教と原始キリスト教における子ども観を瞥見しておくことにする。

ユダヤ教と原始キリスト教における子ども観

ユダヤ教の子ども観は、一口に言ってアンビヴァレント(両義的)である。すなわち、一方において子どもは、ラビによる祝福と律法教育の対象とされつつも、「シェマの祈り」からは、女や奴隷と同様に除外されていた(「シェマの祈り」については、第一一講で説明したが、ここで短く繰り返すと、すべてのユダヤ人成人男性に対し日ごとに朝夕唱えることが義務づけられていた、申命記六4-9を内容とする、ユダヤ教の信仰告白文)。その理由は、「女子ども」は奴隷と共に、成人男性に従属するゆえに、成人男性(とくに家父長)が祈りを唱えればそれで十分で、女子どもに祈りの義務はない、ということにあった。

原始キリスト教においても、事態は根本的に変わっていない。たとえば、これから読み解くマルコ一〇13-16では、「弟子たち」は、イエスに接触を求めてくる女子どもたちに否定的に振舞っている(13節)。しかも、私は本書で、マルコ福音書における「弟子たち」は、この福音書のクリスチャン初読者と重なっている、と一貫してみなしている。つまり、マルコ時代のキリスト者(しかも教会の指導者)の中に、女子どもに否定的な人々がいた、ということである。このように子ども、とりわけ幼児たちを消極的にみている例としては、ガラテヤ四1-7、ヘブル五13-14などが挙げられよう。他方、マタイ一一25(並行記事はルカ一〇21)では、神の啓示を受けるのは、知者ではなくて幼子であるとして、幼子を積極的に評価している。

テキストの読み解き

以上の前提に立って、マルコ一〇13-16を読み解いてみよう。

13 イエスに触れていただくために、人々が子供たちを連れて来た。弟子たちはこの人々を叱った。14 しかし、イエスはこれを見て憤り、弟子たちに言われた。「子供たちをわたしのところに来させなさい。妨げてはならない。神の国はこのような者たちのものである。15 はっきり言っておく。子供のように神の国を受け入れる人でなければ、決してそこに入ることはできない」。16 そして、子供たちを抱き上げ、手を置いて祝福された。

13節——「人々が子供たちを連れて来た」。この文章のギリシア語原文に「人々が」という主語はない(動詞 epheron は無人称・複数・未完了・能動態。「子供たちが連れて来られた」と受動的にも意訳できる)。この場合、主語は特定できないが、「お母さん」や「お姉さん」を主語とみるほうがおそらく自然であろう。もっともこのあとに、「弟子たちはこの人々を叱った」といわれており、「この人々を」は男性複数形である。しかし、無人称の動詞に前提されている主語を——その中に女性が含まれていても——男性形で受けるのは、ギリシア語ではむしろ一般的である。また、マルコ福音書で「弟子たち」は「女子ども」に同情的でないので(第一五講で語った「イエスの服に触れる女」に対する弟子たちの反応を思い出していただきたい〔マルコ五31〕。また第二一講に扱う「ベタニアの女」の振舞いに対する弟子たちの無理解をも参照〔マルコ一四4-5、マタイ二六8-9〕)、弟子たちが「叱った」対象には、女も含まれていたとみるほうがよいのではないか。

　おそらく母親などが子どもたちをイエスのもとに連れて来た理由は、「イエスに触れていただくため」である。この物語を締めくくる一〇16によると、それは、イエスに「手を置いて祝福」していただくためであり、この物語のマタイ版〔マタイ一九13-15〕でも、「イエスに手を置いて祈っていただくために」となっている。ただ、この「触れていただく」と訳されている動詞は、マルコ福音書では、「イエスの服に触れる女」の物語〔マルコ五27-28、30-31〕をはじめとして、「重い皮膚病を患っている人」のいやし〔マルコ一41〕、「耳が聞こえず舌の回らない人」のいやし〔マルコ七32〕、「ベトサイダの盲人」のいやし〔マルコ八22〕、その他「ゲネサレトの病人たち」のいやし(マルコ六56)など、すべてイエスによる「いやし」の奇跡物語の中で使われている。ここから推察すると、子どもが連れて来られた理由には、「幼児祝福」という表向きの動機の背後に、「いやし」の動機も隠されている可能性があるだろう。あるいは、地下の薄暗いシェルターから連れて来られた、飢えのために病み疲れた子どもたちもその中に混って、母親と共にイエスをとり囲んでいる光景を思い浮かべるほうが状況にかなっているかもしれないのである。

ところが、弟子たちは彼ら彼女らを「叱った」。この動詞のギリシア語epitimaōは、「ペトロの信仰告白」の場面で、イエスが自らの受難・復活を予告したとき、ペトロが「イエスをわきへお連れして、いさめ始めた」といわれていた際の「いさめる」と訳されている動詞の原語でもある。この場面で、ペトロがイエスを「いさめた」あるいは「叱った」のは、イエスの十字架への道行きを遮ったためである。この場面では、弟子たちが「女子ども」のイエスへの接触を遮るために、「叱った」のである。役立たずどもが、「ガヤガヤ」やって来て、「先生」にまとわりついては困る、というのである。「ドサ」という一人のラビが語ったという次のような言葉がある。――「朝寝、昼酒、子供との無駄話、民衆の溜り場での道草、これらが人を滅ぼす」(大貫隆訳。大貫隆「〝我が父よ〟」『隙間だらけの聖書』六七頁)。

14節――「しかし、イエスはこれを見て憤った」。「ペトロの信仰告白」の場面でも、イエスの十字架への道行きを遮ろうとしたペトロに対し、イエスは「サタン、引き下がれ」と、「叱った」(マルコ八33)。「子どもを祝福する物語」のこの場面(マルコ一〇14前半)で用いられている動詞 agnakteō は、語源からみて、「叱る」と訳されている動詞 epitimaō よりも、語意がはるかに強い。「激昂する」「激怒する」ほどの意味である(岩波版では「〔激しく〕叱り」)。しかも、興味深いのは、ペトロに対するイエスの叱責の場面が、「ペトロの信仰告白」のルカ版(ルカ九18-22)では削除されていたのと同じように、「子どもを祝福する」物語のルカ版でも、「イエスがこれを見て憤った」の一文が、この物語のルカ版(ルカ一八15-17)のみならず、マタイ版(マタイ一九13-15)でも削除されていることである。イエスが弟子たちを「激怒する」のは、「弟子」の理念を高く評価するマタイやルカにとって耐ええなかったのである。逆にマルコは、「弟子」の理念がようやく高められつつある彼の時代の教会に対し、あえて「弟子批判」に訴える。「弟子」の理念化が、「女子ども」の排除を結果してはならない、と。

「子供たちをわたしのところに来させなさい」。この文章は、文字どおりに訳すと、「子どもたちをわたしのところに来るままにさせておきなさい(aphete ... erchesthai)」となる。しかも、aphete(第二不定過去・二人称・複数・命令形)の原形 aphiēmi は「解き放つ」の意。「子どもをわたしのところに来るように解き放ちなさい」とも訳すことができる。実は、この aphete ... の用法は、「ベタニアで香油を注がれる」イエスの物語(マルコ一四3-9。第二一講参照)で、イエスに高価な香油を注ぎかけた女を男たちが非難したとき、イエスが彼らをたしなめた言葉と正確に一致している。――「彼女をするままにさせておきなさい(aphete autēn)」、あるいは、「彼女を解き放ちなさい」(マルコ一四6)。イエスはこうして、「女子ども」の解放を、彼女ら彼らの自由な振舞いを促しているのだ(南米の「解放の神学」や韓国の「民衆の神学」(国家体制の政治的・社会的支配から民衆の解放をめざす神学)において、ルカ四18(イザヤ書六一1)の「解放」(aphesis)がその聖書的典拠としてしばしば引き合いに出される。しかし、この aphesis の動詞形 aphiēmi が、マルコ一〇14や一四6で男性の抑圧から子どもや女を「解き放つ」意味で用いられていることに解放の神学者も民衆の神学者もほとんど気がついていないようである)。

「神の国はこのような者たちのもの(tōn toiautōn)である」。この文章は、その意味内容が、あの「山上の説教」における第一至福の教えと微妙に異なっている。

「天の国はその人たちのもの(tōn autōn)である」(マタイ五3)。

「神の国はあなたがたのもの(hymetera)である」(ルカ六20)。

すなわち、一〇14の場合、第一至福の教えの場合のごとく「神の国」は「この者たちのもの」ではなくて、「このような者たちのもの」である。すなわち、一〇14では「子どもたち」が直接的にではなく、比喩的に用いられていることに注意したい。それでは、ここで「子ども」はどのような者の比喩的存在として考えられているのであろうか。この問いに対する答えのヒントが、実は、この物語の前の文脈に編まれている「いちばん偉い者」をめぐる問答(マルコ九33-37)に用意されているのである。

イエスは二度目に自らの死と復活を予告するが(マルコ九31)、「弟子たちはこの言葉が分からなかったが、怖くて尋ねられなかった」(マルコ九32)という記事のすぐあとに、「いちばん偉い者」をめぐる問答が続く。

33 一行はカファルナウムに来た。家に着いてから、イエスは弟子たちに、「途中で
何を議論していたのか」とお尋ねになった。34 彼らは黙っていた。途中でだれがいち
ばん偉いかと議論し合っていたからである。35 イエスが座り、十二人を呼び寄せて言
われた。「いちばん先になりたい者は、すべての人の後になり、すべての人に仕える
者になりなさい」。36 そして、一人の子供の手を取って彼らの真ん中に立たせ、抱き
上げて言われた。37「わたしの名のためにこのような子供の一人を受け入れる者は、
わたしを受け入れるのである。わたしを受け入れる者は、わたしではなくて、わたし

をお遣わしになった方を受け入れるのである」。

この文脈で、37節の「子供」は、35節の「すべての人の後になり、すべての人に仕える者」、——弟子たちの「議論」に前提されている価値基準からみれば——価値の低い、人権を認められていない存在の比喩となっている。とすれば、「子どもを祝福する」イエスの物語でも、「神の国はこのような者たちのもの」といわれる際の「このような者たち」も、その価値あるいは尊厳性、広義の「人権」を認められていない存在のことを示唆しているとみてよいであろう。「子ども」のこのような意味づけは、次の一〇15によっても支持されると思う。

15節——「はっきり言っておく。子供のように神の国を受け入れる人でなければ、決してそこに入ることはできない」。この言葉は、一般的には次のように読み解かれる。——「子供が神の国を受け入れるように神の国を受け入れる人でなければ、決してそこに入ることができない」。つまり、子どものような神の国の受容の仕方が、そこに入る条件という解釈である。実は私もかつてはこのように解釈し、「子供のように」というのを、自分のうちには何もない、財産も知識もない、ただすべてを神からの賜物としてとるほかはない、そういう「無力な者のように」ととっていた（拙著『イエス・キリスト㊦』二四一頁以下）。

しかし、この解釈は無意識のうちに、先に引用した、「いちばん偉い者」についての問答(マルコ九33-37)のマタイ版(マタイ一八1-5)、その中でもマルコの本文にはない、マタイ一八3-4(「はっきり言っておく。心を入れ替えて子供のようにならなければ、決して天の国に入ることはできない。自分を低くして、この子供のようになる人が、天の国でいちばん偉いのだ」)に影響されていた(ちなみに、この言葉はマルコ一〇15に対応するはずであるが、マタイはこれを「子どもを祝福する」イエスの物語のマタイ版(マタイ一九13-15)からはずして、「いちばん偉い者」をめぐる問答の場面に移している)。

私はここで、マルコ一〇15について、従来とは違う解釈に基づく訳の可能性を支持したい(田川建三『新約聖書1』三二頁参照)。——「子どもを受け入れるように神の国を受け入れる人でなければ、決してそこに入ることはできない」。つまり、「子どものように」の「子ども」を、従来は「子どもが……ように」と主格的にとっていたが、これを「子どもを……ように」と目的格的にとる、というものである。文法的にはいずれも可能である。しかし、少なくともマルコ福音書の文脈からみると、「子どものように」の「子ども」を目的格的にとったほうが文意に合うと思われる。

このようにとると、15節は、「子どもを受け入れるように神の国を受け入れる人でなければ、決してそこに入ることができない」という意味となろう。そしてこのような意味にとると、この15節は先に引用した「いちばん偉い者」をめぐる問答（マルコ九33-37）のうち37節のイエスの言葉ときれいに対応する。――「わたしの名のためにこのような子供の一人を受け入れる者は、わたしを受け入れるのである。わたしを受け入れる者は、わたしではなくて、わたしをお遣わしになった方（つまり神）を受け入れるのである」。

とすれば、14-15節におけるイエスのメッセージは、次のようになろう。――「神の国は、成人男性から人権を認められていない女子どものような人々のものである。だから、はっきり言っておく。そういう女子どもを受け入れるように神の国を受け入れる者でなければ、そこには決して入ることはできない」。この場合、女子どもを受け入れるとは、彼ら彼女らを上から「保護する」というのではなく、人間としての権利を行使する主人公として、「来るままにさせておく」「するままにさせておく」という、彼ら彼女らに対する解放的かかわりを意味するものである。

いずれにしてもマタイ一八3のイエスの言葉（「はっきり言っておく。心を入れ替えて子供のようにならなければ、決して天の国に入ることはできない」）のように、「子供」を「改悛者」の比喩とみて解釈し、この視点からマルコ一〇15のイエスの言葉を意味づけてはならない。イエスはマタイ二一31で、「はっきり言っておく。徴税人や娼婦たちの方が、あなたたち（祭司長や民の長老たち）より先に神の国に入るだろう」と宣言している。ところがマタイは、この言葉の中の「徴税人や娼婦たち」をも、その文脈の中で「改悛者」の比喩として読み取るように読者に促している（マタイ二一29、32を参照）。マタイ二一31のイエスの言葉は、元来の伝承のレベルでは、マルコ一〇15の場合と同じように、「徴税人や娼婦たち」に対して彼ら彼女らの人権を宣言しているのである。

最後の16節では、イエスが子どもたちを抱き上げ、手をその上に置いて祝福したさまが描かれている。この場面に、私は端的に、イエスが「子ども」の人格（人権）をまるごと承認しているさまを見出す。そしてこの祝福は、もしこの場面に障害児や病気の子どもがいたとすれば、彼らを手で触れていやしたことも示唆されている可能性があることは、この物語の導入句（13節の「イエスに触れていただくため」）によせて推定したとおりである。

ルカ版とマタイ版の場合

ちなみに、この「子どもを祝福する」イエスの物語のルカ版（ルカ一八15―17）とマタイ版（マタイ一九13―15）では、それぞれの仕方で、イエスによる「子ども」の人格（人権）承認とそれを遮る「弟子」（成人男性）批判というマルコ版のテーマが後景に退けられ、それに代わって、人間（成人）がどうしたら「神の国」へ入れるかというキリスト者の倫理が前景に押し出されていることに注意を促しておきたい。

まず、ルカ版マタイ版ともに、マルコ版における「弟子」たちに対するイエスの叱責のモチーフ(マルコ一〇14)が削除されている。ルカ版では、「子ども」に対するイエスによる祝福の場面(マルコ一〇16)がない。他方マタイ版では、マルコ版でこの物語の中心的位置を占めている15節のイエスの言葉がなく、これは別の文脈(マタイ一八3)に移されている。要するに、マタイもルカも、子どもの人権回復よりも、人間(成人)のキリスト教倫理のほうにその関心を移している、ということになろう。

(この第一六講には——とりわけ「子どもの人権」について——私の亡妻・英子の意見を大幅に採用したことを付記させていただく)

〔追　記〕

大貫隆(『イエスという経験』一八四―一八五頁)は、マルコ一〇15の伝統的読みを採った上で、イエスが子どもを彼らの「行為の側面」から視野に入れているとみて、「彼らはイエスのもとへ来たがり、欲しがり、もらいたがっている行為のモデルなのだ」と、私見を批判している。しかし、一〇13では、「人々が……子供たちを連れて来た(あるいは、「子供たちが(人々によって)連れて来られた」)」となっていて、連れて来たのは、前述のように、母親であるかもしれない。いずれにしても、子どもはここで受動的な存在として描かれており、彼らは「神の国を欲しがり、求める者たち」のモデルにはなっていない。

第一七講　「仕える者になりなさい」

——ヤコブとヨハネの願い——

マルコ一〇35-45

「ヤコブとヨハネの願い」(マルコ一〇35-45)は、自らの死と復活に関するイエスの三度目の予告(一〇32-34)のすぐあとの文脈に編まれている。

32 一行がエルサレムへ上って行く途中、イエスは先頭に立って進んで行かれた。そ
れを見て、弟子たちは驚き、従う者たちは恐れた。イエスは再び十二人を呼び寄せて、
自分の身に起ころうとしていることを話し始められた。33「今、わたしたちはエルサ
レムへ上って行く。人の子は祭司長たちや律法学者たちに引き渡される。彼らは死刑
を宣告して異邦人に引き渡す。34 異邦人は人の子を侮辱し、唾をかけ、鞭打ったうえ
で殺す。そして、人の子は三日の後に復活する」。
35 ゼベダイの子ヤコブとヨハネが進み出て、イエスに言った。「先生、お願いする

ことをかなえていただきたいのですが」。36イエスが、「何をしてほしいのか」と言わ
れると、37二人は言った。「栄光をお受けになるとき、わたしどもの一人をあなたの
右に、もう一人を左に座らせてください」。38イエスは言われた。「あなたがたは、自
分が何を願っているか、分かっていない。このわたしが飲む杯を飲み、このわたしが
受ける洗礼《〔バプテスマ〕》を受けることができるか」。39彼らが、「できます」と言うと、イエスは
言われた。「確かに、あなたがたはわたしが飲む杯を飲み、わたしが受ける洗礼を受
けることになる。40しかし、わたしの右や左にだれが座るかは、わたしの決めること
ではない。それは、定められた人々に許されるのだ」。41ほかの十人の者はこれを聞
いて、ヤコブとヨハネのことで腹を立て始めた。42そこで、イエスは一同を呼び寄せ
て言われた。「あなたがたも知っているように、異邦人の間では、支配者とみなされ
ている人々が民を支配し、偉い人たちが権力を振るっている。43しかし、あなたがた
の間では、そうではない。あなたがたの中で偉くなりたい者は、皆に仕える者になり、
44いちばん上になりたい者は、すべての人の僕になりなさい。45人の子は仕えられる
ためではなく仕えるために、また、多くの人の身代金として自分の命を献げるために
来たのである」。

イエスによる三度目の受難・復活予告(32―34節)を「ヤコブとヨハネの願い」(35―45節)の直前に配したのは、明らかにマルコである。

イエスの「受難・復活予告」

この「受難・復活予告」は、マルコ福音書の中で二つの機能を有している。「ペトロの信仰告白」の場面(マルコ八27―33)を境にして、イエスはそれまでの活動地であったガリラヤ湖周辺を離れ、その「道」をエルサレムへと向ける。イエスは「ヤコブとヨハネの願い」に答えてから、エリコで「盲人バルティマイのいやし」をなし(マルコ一〇46―52)、エルサレムに入城することになるが(マルコ一一1以下)、この間、彼は三回エルサレムにおける受難・復活を予告している。したがって、この「予告」が福音書の筋の中で果たす第一の機能は、ガリラヤ湖を中心とするイエスの活動とエルサレムを中心とするイエスの活動を結びつけ、自らの活動をガリラヤからエルサレムへと志向せしめることにある、といえるであろう。

第二は、三回にわたる「受難・復活予告」は、その文脈の中で同種の役割を果たしている。第一回目の「予告」(マルコ八31)は、「ペトロの信仰告白」の場面(マルコ八27―33)の中にあって、イエスの十字架への道行きを遮るペトロを叱責し、民衆と弟子たちに、「自分の十字架を背負って」イエスに「従う」ことを命ずる（マルコ八34）背景となっている。第二回目の「予告」（マルコ九31）も、イエスが「いちばん偉い者」を志向する弟子たちを戒めて、「すべての人に仕える」こと、「子供……を受け入れる」ことを勧める（マルコ九33－37）背景となっている。同様に、第三の「予告」は、イエスが「ヤコブとヨハネの願い」を退け、彼らに立腹した十人の弟子たちに、「仕える者」となることを勧める背景になっている。すなわち、この「予告」は三回とも、イエスが弟子たちに対し、十字架に至るまで彼に従って仕えることを勧める前提の役割を果たしているのである。

「予告」のこのような機能あるいは役割が最も明確に前景に出されているのが、第三回目の「予告」と「ヤコブとヨハネの願い」の場面においてである。

まず、第三回目の「予告」において、第一、二回目の「予告」では直接言及されていない、「エルサレムへ上っていく」という動機が二度繰り返されている（32、33節）。次に、「ヤコブとヨハネの願い」の中で、38－39節と45節が第三回目の「受難予告」（33節）を直接受けている。38－39節に言及されている「わたしが飲む杯」「わたしが受ける洗礼（バプテスマ）」は、明らかにイエスの「受難」の比喩的表現であり、45節の「人の子は……多くの人の身代金として自分の命を献げる」は、「人の子」の「受難・復活」（33－34節）の救済機能を示唆しているからである。

編集と伝承

こうしてみると、「ヤコブとヨハネの願い」の物語のうち、38–39節は、マルコが福音書を編む際に彼が資料として用いた伝承の中に加筆した句(いわゆる「編集句」)である可能性があろう。この句は、いま指摘したように、マルコ自身が「ヤコブとヨハネの願い」のすぐ前の文脈に配した「受難予告」を直接受けているからである。しかも、この句(イエスとヤコブおよびヨハネとの中間的問答)を除いても、ヤコブとヨハネの願い(37節)とそれに対するイエスの拒否的応答(40節)はスムーズにつながるのである。

これに対して、45節の後半の句は、内容上「受難予告」を受けてはいるけれども、マルコの編集句とみなしえないであろう。あとで詳しく論ずるように、「多くの人の身代金として」とは、「罪の虜となっている多くの人々をその罪から身代金を払って贖い出すために」という意味である。そして、このようにイエスの死を人間のいわゆる「贖罪死」とみなす救済思想は、マルコ福音書ではむしろ例外的なのである。ただ、45節全体の主語となっている「人の子」の呼称は、「受難・復活予告」で二度も繰り返されているので(33、34節)、伝承では「わたし」となっていたものをマルコが「予告」と合わせて「人の子」と修正したと考えられよう。

なお、「ヤコブとヨハネの願い」をめぐるこの二人の弟子とイエスとの問答(35-40節)と、これに派生した「ほかの十人の弟子」とイエスとの問答(41-45節)は、元来別々の伝承に属していた可能性がある。用語法からみても、42節以下のイエスの言葉を導く「そこでイエスは一同を呼び寄せて」という表現は、二つの伝承を結びつける際にマルコが好んで用いる常套句である(たとえばマルコ三23)。他方、35-40節と41-45節で問題とされているテーマに多少のズレがある。すなわち、35-40節ではイエスが「栄光をお受けになるとき」(37節)に、41-45節では「あなたがたの間で」(43節)、偉大な者になることを競っており、それに対してイエスは、一方においては判断を神に委ね(40節)、他方では逆に「皆に仕える者」「すべての人の僕」となることを勧めている。――こうしてみると、41節と42節の前半は、二つの伝承を結びつけるためにマルコが加筆した編集句とみてよいであろう。

以上要するに、「ヤコブとヨハネの願い」の物語のうち、35-37節と40節、42後半-45節が、それぞれ独立した伝承で、38-39節、41-42節前半がマルコの編集句ということになる。

このようなマルコの編集作業をふまえた上で、本文における伝承のレベルと編集のレベルを区別しながら、「ヤコブとヨハネの願い」の意味するところを読み解いていこう。

まず35節に、「ゼベダイの子ヤコブとヨハネ」が登場する。この兄弟は、ペトロ(とその兄弟アンデレ)と共に最初にイエスによって召し出され(マルコ一16-20)、イエスの十二弟子の中でもペトロに次ぐいわば「ナンバー・ツウ」(マルコ三16-17)で、彼らだけがペトロと共にイエスの奇跡(マルコ五37)や山上におけるイエスの変容(マルコ九2)に参与することがゆるされるという、弟子たちの中でもイエスの側近中の側近的地位にある(マタイ一三3。一四33をも参照)。したがって、マルコ福音書の読者は、ここでまた特別の物語が展開するのではないかという期待をもって、物語を読み進めるはずである。

ところがこの二人は、37節でイエスに、「栄光をお受けになるとき、わたしどもの一人をあなたの右に、もう一人を左に座らせてください」と願い出る。「栄光をお受けになるとき」は、原語の文字どおりには、「あなたの栄光の中で」。その意味するところは、マタイ二五31の場合と同じである。すなわち、イエスがキリストとして終末の時に「栄光に輝いて」(文字どおりには「栄光の中で」)登場し、「栄光の座」に着いて、最後の審判に臨んだとき、というほどの意味となろう(マルコ八38をも参照)。そのとき、自分たちをイエスの左右に座らせてほしい、つまり、弟子たちの中でも最高の地位に就かせてほしい、というのがこの二人の願いなのである。

実はこの「願い」は、マタイとルカがそれぞれの福音書を編む際に、マルコ福音書と並んで資料としたイエスの語録伝承(Q伝承)に見出される終末観を前提している。――「イエスは一同に言われた。『はっきり言っておく。新しい世界になり、人の子が栄光の座に座るとき、あなたがた〔弟子たち〕も、わたしに従って来たのだから、十二の座に座ってイスラエルの十二部族を治めることになる』」(マタイ一九28、ルカ二二30)。

そのときに、ヤコブとヨハネの上座に着かせてほしいという願いを、伝承のレベルでは、イエスは自ら決めることはできず(40節)、神によって「定められた人々に許されるのだ」という答えによって、間接的に退けている。

もしこの問答が伝承にさかのぼるとすれば、イエス・キリストによる最後の審判とそれに基づく統治に対する弟子たちの参与の可否をめぐって、マルコ以前の教会の伝承に相対立する二つの見解があり、Q伝承はこれを肯定し、マルコが採用した伝承はそれに否定的であった、ということになろう。

マルコ自身は、イエスによる否定的応答を伝承に基づいて導入するに先立って、イエスの応答を、38-39節においてイエスの「受難予告」(33-34節)を受けて、あらかじめ「受難」へと向けておく。ここで「受難」を象徴する二つの用語――「杯」と「洗礼」(バプテスマ)——のうち、受難の「杯」という言い方は旧約聖書にも見出され(イザヤ書五一17、22、哀歌四21、詩篇七五9)、新約聖書とほぼ同時代に成立した旧約聖書の「偽典」の一つ『イザヤの殉教と昇天』五13には、「神がわたしにだけ〔殉教の〕杯をみたしてくださったのだ」(村岡崇光訳。日本聖書学研究所編『聖書外典偽典 別巻 補遺II』一八七頁)という言葉がある。また、マルコ福音書では、イエスが「ゲツセマネの祈り」の中で、迫り来る自らの「死」を「杯」と呼んでいる(マルコ一四36)。

これに対して苦難の「洗礼」(バプテスマ)という言い方には、旧約聖書的背景がない。マルコ福音書の初読者は、「洗礼」といえばイエス自身の「洗礼」のこと(マルコ一9–11)を想起するであろう。そのとき天から聞こえた「わたしの愛する子」という声は、山上におけるイエスの変容の際にも「雲の中から」聞こえてきた(マルコ九7)といわれる。そして、すぐそのあとの文脈(マルコ九9)で、イエスが「神の子」であることは「死者の中から復活」したあとに公にされることが暗示されている。つまり、洗礼と変容の際に、神によって承認された、イエスの「神の子」性は、イエスの死と復活のあとで、キリスト信徒たちによって公認される、というのである。ここで、洗礼(と変容)の意味は「死」を介して明らかとなる、という連想がはたらくであろう。他方、マルコの時代のキリスト教には、洗礼を受けて信徒となったキリスト者について、「キリスト・イエスに結ばれるために洗礼《バプテスマ》を受けたわたしたちが皆、またその死にあずかるために洗礼《バプテスマ》を受けた」という洗礼理解があった(ローマ六3)、つまり、マルコ福音書の初読者が受けた「洗礼」は、その意味内容においてイエスの「死」と結びついていた。同様に、聖餐の「杯」もイエスの死、とりわけ「血」に結びついている(マルコ一四24-25。Iコリント一一25-26をも参照)。とすれば、イエスの「死」を「杯」と「洗礼」という象徴語で語られても、マルコ福音書の初読者にとってそれほど理解困難ではなかったはずである。

いずれにしても、マルコの意図は、終末の時に「栄光の中で」登場するキリストは、「受難」のイエスなのであり、その「受難」を追体験する者こそが、真実の意味におけるキリスト者なのであって、だれがキリストと共に「栄光の座」に着くかは、神の判断に委ねるべき事柄なのである。

ちなみに、39節ではヤコブとヨハネの死が予告されているので、これを二人の弟子の殉教死に対する「事後預言」とみる見解がある(「事後預言」とは、事柄が実際に起こった事後にその事柄を預言する形式で語る、語りの手法の一つ)。確かにゼベダイの二人の兄弟のうちヤコブは、紀元四〇年代のはじめ頃、ヘロデ・アグリッパ一世によって斬首刑に処せられている(使徒行伝一二2参照)。しかし、そのときヨハネも一緒に処刑されてはいない。四八年に開催されたと想定されるエルサレム使徒会議において、ヨハネは、イエスの兄弟ヤコブとケファ(つまりペトロ)と共に、エルサレム教会の「柱と目されるおもだった人たち」の一人として登場しているからである(ガラテヤ二9)。ヨハネの最期についての歴史的証言がないので、正確なことは何もわからないが、おそらくマルコはヤコブの殉教死のことを知っていて、それを手掛りに、ヤコブと共にその兄弟ヨハネの殉教死をも暗示するイエスの言葉を38‐39節に挿入したのではないかと思われる。

さて、42後半‐45節のイエスの言葉は、すでに指摘したように、35‐40節に前提される伝承とは、元来異なる伝承に属していた。この言葉は、マルコ福音書をはじめ他の三つの福音書でも数少ない、イエスによる権力者批判になっている。ただ、残念なことに「新共同訳」の文言では、この「訳」が正確さを欠くために、イエスによる批判の射程が権力者にまで届いていない。

問題は、42後半‐43節前半の「新共同訳」である。――「[42]あなたがたも知っているように、異邦人の間では、支配者と見なされている人々が民を支配し、偉い人たちが権力を振るっている。[43]しかし、あなたがたの間では、そうではない」。

42節の「間では」は原文にない。これはおそらく「新共同訳」の訳者により、43節の「間では」と対照をなすように挿入されたものと思われる。その結果、「支配者」が権力を振るうのは「異邦人の間」だけであって、「あなたがたの間では、そうではない」、すなわち、「あなたがた」(「弟子たち」)、マルコ福音書の読者にとっては「キリスト者」)は「支配者」の支配領域にない、ということになってしまう。しかし、原文では42節の主語は、「諸国民(新共同訳では「異邦人」。原語 ethnē はどちらにも訳しうる)の支配者と見なされている人々」であり、彼らが支配する「民」の中に「あなたがた」も入る可能性が十分にある(田川建三『新約聖書1』三四頁参照)。この可能性を訳文で排除してしまうと、この言葉は権力者批判にならず、むしろ権力者によって支配されている領域から「あなたがた」信徒たちの領域が切り離され、43節の後半以下で勧められている事柄は、教会の内部で――信徒たちの間で――実践さるべき「教会内倫理」にとどまってしまう。しかし、この事柄が教会内に限定されないことは、44節からみても明らかであろう。――「いちばん上になりたい者は、すべての人の僕になりなさい」。

その上、この言葉の聴衆、あるいは読者に対して、ここで批判されている権力者は、歴史的にも直接その支配権力を振るっていたと思われる。

イエス時代のユダヤは、皇帝アウグストゥス(紀元前二七―紀元後一四年在位)の直轄属州であった(イエスに死刑を宣告したことで有名なポンテオ・ピラトはユダヤ州における皇帝の「代官」)。私には、43節で「偉い人」と訳されている原語(ギリシア語の「メガス」、ラテン語では「マイヨール」――直訳すれば「大いなる者」)も、44節で「いちばん上の者」と訳されている原語(ギリシア語の「プロートス」、ラテン語では「プリームス」または「プリンケプス」――文字どおりには「第一人者」)も、ローマ皇帝の本質と称号に関係があると思われる。すなわち、アウグストゥス以来、歴代の皇帝は、ローマ市民を代表する元老院議員よりも「大いなる」(マイヨール)権限を掌握しており、彼らは、「元首」(「プリンケプス」、つまり「第一人者」)と称していた。

さらに、マルコ福音書の初読者にとって、皇帝カリグラ(三七―四一年在位)が皇帝礼拝を要求し、紀元四〇年にエルサレム神殿に自らの立像を建立させようとした事件は、強く印象に残っていたに違いない。最近の研究によれば、イエスが荒れ野で悪魔からの誘惑を受けた際、悪魔がイエスに要求した「跪拝《きはい》」(ひれ伏し拝むこと――マタイ四9、ルカ四7)は、カリグラがヘレニズム世界からはじめてローマの宮廷に導入して、属国王にも強要したものであり、マルコ一三14における、明らかに「読者」を意識した「弟子たち」に対するイエスの警告「憎むべき破壊者が立ってはならない所に立つのを見たら――読者は悟れ――、そのとき、ユダヤにいる人々は山に逃げなさい」の中の「憎むべき破壊者」も、カリグラのことを暗示しているといわれる。しかもこのカリグラは、パレスチナにおいても属国王の首を次々にすげ替えた。――ヘロデ・アグリッパ一世をフィリポの後継に据え、ガリラヤの領主ヘロデ・アンティパスを追放して、その領地をヘロデ・アグリッパ一世に追加付与している。また、もしマルコ福音書が第一次ユダヤ戦争（六六―七〇年）のあとに公にされたと想定するならば、その初読者は、六九年に帝位に即《つ》いたヴェスパシアヌスのことを念頭において、マルコ一〇42―44のイエスの言葉を読んだに違いない。ヴェスパシアヌスは、この戦争を皇帝ネロ（五四―六八年在位）の命を受けて指揮したが、六八年にネロが自殺すると、エジプトとシリアで次代皇帝としての歓呼を受け、息子のティトゥスに戦争指揮を委ねてローマに帰国し、四皇帝乱立の間を縫って、自ら帝位に即き、七九年までその位にあった。この間、七〇年にエルサレムはその神殿を含めティトゥスによって徹底的に破壊され、多くのユダヤ人は流民と化する。しかもヴェスパシアヌスは、――当時のユダヤ人歴史家ヨセフスによれば――東方から現れて世界を統一支配する「メシア」であるとユダヤ人によって「誤解」されたとまでいわれている。

　イエスは、このような「諸国民の支配者」の権力下に置かれている「あなたがた」に対し、「あなたがたの中で大いなる者になりたい者は、皆に仕える者になり、第一人者になりたい者は、すべての人の僕（文字どおりには、奴隷）になりなさい」と戒めている。だからこそ、この弟子たちに対する戒めは、結果として、権力者批判として機能するのである。

　最後にイエスは、この「仕える者」、まさに「奴隷」として「仕える者」のありようを、「人の子」の使命を提示することによって基礎づける。――「人の子は仕えられるためではなく仕えるために、また、多くの人の身代金として自分の命を献げるために来たのである」。

イエスの死を「多くの人の身代金(lytron)」とみなすのは、福音書ではこの箇所とこれに並行するマタイ二〇28だけである。新約聖書全体の中でも、これに最も近い表現は、パウロの名によって書かれたテモテへの第一の手紙二6に見出されるだけである。――「この方(イエス・キリスト)はすべての人の贖い(antilytron)として御自身を献げられました」。この「リュトロン」あるいは「アンティリュトロン」は、奴隷解放のために差し出される「身代金」あるいは「贖い金」のことであるが、これがイエスの死の意味づけに適用されると、イエスの死は、罪の虜になっている「多くの人」あるいは「すべての人」をその罪から解放するために支払われた「贖い金」ということになる。ただこの「リュトロン」という名詞を直接使わずに、あるいは他の名詞――たとえば「贖いの業」(アポリュトローシス)や「罪を償う供え物」(ヒラステーリオン)――によって、イエスの死を「贖罪死」とみなす考え方は、マルコの時代、あるいはそれ以前の時代にキリスト教界でパウロなどによって広く採用されていた(Iコリント一五3、ローマ三24-25など)。この考え方がマルコ福音書に反映しているもう一つの箇所は、イエスが最後の晩餐の際に語った「杯の言葉」(マルコ一四24)である。――「これは、多くの人のために流されるわたしの血、契約の血である」。

マルコは、このような伝統的キリスト教の贖罪思想を福音書の中でイエスの生涯に即して組織的に展開はしていない。彼はむしろ、自ら奴隷として人々に「仕える」命の究極に、これを取り込んだとみてよいであろう。

マルコによれば、イエスは確かに終末の時に「栄光の中に」来臨し、諸国民を裁き、統治する権威あるキリストである。しかし、このキリストは、何よりもまず時の権力者(「祭司長たちや律法学者たち」)によって苦しみを受け、万人に仕える命を死に至るまで全うし、多くの人の罪を贖う身代金として自らの命を献げた人の子であった。だからこそ、このキリストに信従する「あなたがた」は、いたずらに上昇志向に明け暮れることなく、キリストの苦難にあずかり、支配者の権力下にあって、彼らのごとき「大いなる者」ではなく万人に「仕える者」に、彼らのごとき「第一人者」ではなく万人の「奴隷」となるように、というのが「ヤコブとヨハネの願い」に対する応答によせた、マルコのメッセージであろう。

マタイ版との差異

最後に、この「ヤコブとヨハネの願い」のマタイ版(マタイ二〇20‐28)とマルコ版との差異に短く言及しておこう。

20そのとき、ゼベダイの息子たちの母が、その二人の息子と一緒にイエスのところ
に来て、ひれ伏し、何かを願おうとした。21イエスが、「何が望みか」と言われると、
彼女は言った。「王座にお着きになるとき、この二人の息子が、一人はあなたの右に、
もう一人は左に座れるとおっしゃってください」。22イエスはお答えになった。「あな
たがたは、自分が何を願っているか、分かっていない。このわたしが飲もうとしてい
る杯を飲むことができるか」。二人が、「できます」と言うと、23イエスは言われた。
「確かに、あなたがたはわたしの杯を飲むことになる。しかし、わたしの右と左にだ
れが座るかは、わたしの決めることではない。それは、わたしの父によって定められ
た人々に許されるのだ」。24ほかの十人の者はこれを聞いて、この二人の兄弟のこと
で腹を立てた。25そこで、イエスは一同を呼び寄せて言われた。「あなたがたも知っ
ているように、異邦人の間では支配者たちが民を支配し、偉い人たちが権力を振るっ
ている。26しかし、あなたがたの間では、そうであってはならない。あなたがたの中
で偉くなりたい者は、皆に仕える者になり、27いちばん上になりたい者は、皆の僕に
なりなさい。28人の子が、仕えられるためではなく仕えるために、また、多くの人の
身代金として自分の命を献げるために来たのと同じように」。

第一は、マタイ版でこの「願い」が「ヤコブとヨハネの母の願い」となっていることである。こうしてマタイは、イエスによる弟子ナンバー・ツウに対する批判を、彼らの母の愚かさ(現在の教育ママの愚かさ?)にずらした。これは、マタイ福音書全体において、マルコの弟子批判と女性評価が弱められている傾向(この問題については拙著『新約聖書の女性観』八九―一二三頁参照)と関係しているであろうか。

もう一つは、マルコ一〇44の「すべての人の僕になりなさい」が、マタイ二〇27では「あなたがたの僕になりなさい」と書き換えられていることである(この差異がマタイ二〇27の新共同訳「皆の僕になりなさい」ではまったく無視されている!)。これは、本書で私がしばしば指摘した、マタイに特徴的な、イエスの教えの射程を「共同体内倫理」の中にとどめてしまう傾向に一致しているであろう。

このような「差異」を無視して、マタイ福音書の特徴をマルコ福音書の中に読み込んではなるまい。

マルコ一一15－19

第一八講　「強盗の巣に」
――神殿粛正――

イエスとその一行がエルサレムに入城して二日目、イエスは、神殿から商人を追い出すという過激な行動に出る。このいわゆる「神殿粛正」の物語をめぐっては、その解釈が大きく分かれているだけに、とりわけ慎重にテキストを読み解く必要があろう。

まず、マルコ福音書の本文（一一15－19）を読んでみよう。

15それから、一行はエルサレムに来た。イエスは神殿の境内に入り、そこで売り買いしていた人々を追い出し始め、両替人の台や鳩を売る者の腰掛けをひっくり返された。16また、境内を通って物を運ぶこともお許しにならなかった。17そして、人々に教えて言われた。「こう書いてあるではないか。

『わたしの家は、すべての国の人の

祈りの家と呼ばれるべきである』。

ところが、あなたたちは

それを強盗の巣にしてしまった」。

18
祭司長たちや律法学者たちはこれを聞いて、イエスをどのようにして殺そうかと謀った。群衆が皆その教えに打たれていたので、彼らはイエスを恐れたからである。

19
夕方になると、イエスは弟子たちと都の外に出て行かれた。

編集と伝承

この本文のうち、まず15節前半と19節は、「神殿粛正」物語の伝承と「いちじくの木を呪う」物語(マルコ一一12-14、20-25)の伝承を時間的前後関係に置き、同時にマルコに特徴的な――第一五講で指摘した――「挟み込み」の手法によって物語の意味づけを意図するものである。したがって、この最初と最後の節の二つの文章は、明らかにマルコの編集句である。

同様に、18節も全体としてはマルコの加筆であろう。イエスの言行に神殿と最高法院に拠るユダヤの支配者たち――祭司長、(長老)、律法学者たち――が憤って、イエスを亡きものにしようと謀るが、民衆に囲まれているイエスを恐れたという動機は、このあとの文脈でも、そのような「民衆」を恐れたのでその場でイエスを逮捕できなかったという動機と結びついて、ステレオタイプ的に繰り返され(マルコ一二12、一四2)、遂にはイエスの逮捕・裁判・処刑に至る物語進行の動機づけとなっているからである。ただし、一般的にみて、イエスの神殿粛正あるいは神殿批判が、ユダヤの支配者たちによるイエス殺害計画にその端緒を与えたであろうことは、歴史的事実とみて差し支えないと思われる。

いずれにしても、マルコ福音書の本文では、一一15の後半「イエスは神殿の境内に入り……」から17節における旧約聖書引用までが、マルコが福音書を編む際の資料として採用した伝承であった、ということになろう。

伝承の古層の復元

とすれば、この伝承部分にどの程度史実が反映しているであろうか。この問いに答えるための手段としての資料批判は、他の福音書におけるこの物語の並行記事(マタイ二一12-17/ルカ一九45-48/ヨハネ二13-22)との比較校合によって果たされる。しかし、この物語のマタイ版とルカ版は、いずれもマルコ福音書の本文に拠っているので、マタイ版とルカ版によってマルコ福音書の記述の史実性を識別することはできない。残るのはヨハネ版である。このヨハネ福音書の本文は、他の三福音書よりはかなりあとの時代(一世紀末)に成立したものであるが、マルコ福音書をはじめとする共観福音書とは直接の文献的依存関係がない。それだけに、史上最初に編まれたマルコ福音書と――「正典」四福音書の中では――最後に著されたヨハネ福音書とに、共通の物語が存在し、その中に重なる部分が見出される場合、その部分にイエスの史実が反映している可能性が強いことになる。

そこで、「神殿粛正」物語のヨハネ版(二13-22)を読むことにしよう。

13ユダヤ人の過越祭が近づいたので、イエスはエルサレムへ上って行かれた。14そ
して、神殿の境内で牛や羊や鳩を売っている者たちと、座って両替をしている者たち
を御覧になった。15イエスは縄で鞭を作り、羊や牛をすべて境内から追い出し、両替
人の金をまき散らし、その台を倒し、16鳩を売る者たちに言われた。「このような物
はここから運び出せ。わたしの父の家を商売の家としてはならない」。17弟子たちは、
「あなたの家を思う熱意がわたしを食い尽くす」と書いてあるのを思い出した。18ユ
ダヤ人たちはイエスに、「あなたは、こんなことをするからには、どんなしるしをわ
たしたちに見せるつもりか」と言った。19イエスは答えて言われた。「この神殿を壊
してみよ。三日で建て直してみせる」。20それでユダヤ人たちは、「この神殿は建てる
のに四十六年もかかったのに、あなたは三日で建て直すのか」と言った。21イエスの

言われる神殿とは、御自分の体のことだったのである。22イエスが死者の中から復活されたとき、弟子たちは、イエスがこう言われたのを思い出し、聖書とイエスの語られた言葉とを信じた。

このヨハネの本文とマルコの本文を比較してみると、最も共通する部分は、ヨハネ二14―15とマルコ二15後半、つまりイエスが神殿の境内で犠牲獣を売っている者たちと両替人を追い出し、彼らの台や腰かけをひっくり返したという、イエスによる神殿批判のパフォーマンスの描写である。一般的にみて、イエスにかかわる描写は、ヨハネ福音書の場合がマルコ福音書の場合よりも具体性に乏しく、それだけに抽象的・思弁的・神学的なのである(「初めに言《ことば》〔ギリシア語で「ロゴス」〕があった」で始まる、ヨハネ福音書の冒頭に置かれた「ロゴス賛歌」からしてその傾向がうかがわれる)。ところが、この「神殿粛正」物語におけるイエスの振舞い描写に関する限り、ヨハネ福音書の本文のほうがマルコ福音書よりも具体性に富み、迫真性がある。おそらく、ヨハネ福音書の本文に、より史実に近いイエスの行動が反映しているとみてまちがいないであろう。

なお、マルコ版の二16に、「また、境内を通って物を運ぶこともお許しにならなかった」とある。これは、「近道をする」か、「祭具を運ぶ」か、どちらかの意味であろう。前者にとれば、イエスは「聖域」の浄化を、後者にとれば、神殿祭儀そのものの停止を意図したことになる。

次に、ヨハネ版ではイエスが「鳩を売る者たち」に言った言葉、およびそれに対する「弟子たち」の解釈が続く(ヨハネ二16、17)のに対し、マルコ版ではイエスが「人々に教えて言った」言葉(マルコ一一17)が配されている。両方で共通しているのは、「……と書いてある」という導入句をもって旧約聖書の言葉が引用されていることであろう。もっとも、引用されている旧約聖書の本文が違っている。ヨハネ版の場合は、詩篇六九10(「あなたの神殿に対する熱情がわたしを食い尽くしている」)で、マルコ版の場合は、イザヤ書五六7(「わたしの家は、すべての民の祈りの家と呼ばれる」)とエレミヤ書七11(「わたしの名によって呼ばれるこの神殿は、お前たちの目に強盗の巣窟と見えるのか。そのとおり。わたしにもそう見える」)である。

なぜこのように旧約引用が違うのか。それは、イエスによる神殿批判の振舞いに関する伝承(ヨハネ二13–15、マルコ一一15–16)を言い伝えていった人々(伝承者)が異なるからである。ヨハネによって採用された伝承の伝え手は、イエスの振舞いを詩篇の言葉に重ねて理解し、それを弟子の口に入れた。他方、マルコによって採用された伝承の伝え手は、同じイエスの振舞いをイザヤ書とエレミヤ書の二つの言葉に即するものとして意味づけ、これをイエス自身の口に入れた。その結果、ヨハネとマルコの本文では、引用箇所に違いが出たのである。したがって、旧約引用を含むこれらの節(ヨハネでは17節、マルコでも17節)は、それぞれ先行する節(ヨハネでは14-16節、マルコでは15後半-16節)に伝承過程において、それぞれ異なる伝承者により付加された部分とみてよいであろう。

このように拡大された伝承の部分でヨハネ本文とマルコ本文では引用された旧約の箇所は異なるけれども、それはいずれもイエスによる神殿批判の意味づけであり、この意味づけは根本において同種である。すなわち両本文において、イエスは神殿そのものを真っ向から否認しているのではなく、神殿を「思う熱意」から(ヨハネ二17)、そこに「巣」くう「強盗」つまり商人を追放して、「すべての国の人の祈りの家」という神殿の本来の役割を復興しようとしている。それはまさに神殿の「粛正」であり、「浄化」を意図してなされたものである(一時代前までこの物語は「宮浄め」と呼ばれた)。しかし果たしてイエスの振舞いは、元来「宮浄め」を意図したものであったのであろうか。イエスの振舞いがそこに色濃く映されている伝承の古層(ヨハネ本文の14-16節、マルコ本文の15後半-16節)からして、私にはむしろそれは、神殿の存立の基盤そのものを揺るがすものであったと思われる。その理由については後ほど述べることにして、その前にマルコ本文にはこの物語の枠内では並行記事がない、ヨハネ二18-22について言及しておこう。

この記事が全体としてヨハネに由来することは、ほぼまちがいないであろう。まず、18節でユダヤ人はイエスに「しるし」を要求している。イエスの奇跡行為を、イエスが父(神)から遣わされた「神の子」であることの「しるし」、つまり象徴とみなすのはヨハネの特徴である。次に19節でイエスは、「この神殿を壊してみよ。三日で建て直してみせる」と答え、20節でユダヤ人はこれを文字どおりにとって戸惑うが、21-22節で、イエスの言う「神殿」とは自らの「体」のこと、とりわけ「死者から復活する」「体」のことである、と説明される。とすれば、19節のイエスの言葉は、明らかにイエスの死と復活を前提した「事後預言」であり、しかも、21-22節における「神殿」の象徴的解釈はヨハネに独特な解釈なのである。

こうして、18-22節は全体としてヨハネによって構成された記事であるが、この中の19節のイエスの言葉には、何らかの形で史実が反映しているのではないかと私には思われる。――「この神殿を壊してみよ。三日で建て直してみせる」。

この種のいわゆる「神殿破壊」の言葉は、「神殿粛正」の物語のマルコ版にはない。しかし、その後イエスが逮捕され最高法院で裁判にかけられるに際し、イエスを死刑にする目的で最高法院側が立てた証人の「証言」に「神殿破壊」の言葉が出てくる。――「この男〔イエス〕が、『わたしは人間の手で造ったこの神殿を打ち倒し、三日あれば、手で造らない別の神殿を建ててみせる』と言うのを、わたしたちは聞きました」(マルコ一四58)。

この言葉は、「最高法院におけるイエスの裁判」のマタイ版には収録されているが(マタイ二六61)、ルカ版(ルカ二三66-71)にはない。ところがこれは、同じルカが著した「使徒行伝」において、キリスト教史上最初の殉教者ステファノが逮捕され、最高法院で裁判にかけられる記事の中に再び出てくるのである。すなわち、ここでも最高法院の側から立てられた証人が、次のように証言する。——「わたしたちは、彼(ステファノ)がこう言っているのを聞いています。『あのナザレの人イエスは、この場所(神殿)を破壊し、モーセが我々に伝えた慣習(律法とその細則)を変えるだろう』」(使徒行伝六14)。

いま挙げた三か所の証言(マルコ一四58、マタイ二六61、使徒行伝六14)の文脈で、この証言はいずれの場合も「偽証」とされている(マルコ一四57、マタイ二六60、使徒行伝六13)。しかし、この証言は果たして歴史的にも「偽証」であったであろうか。少なくともヨハネ二19では、イエス自らがこれに類似した言葉を語っている。この種の神殿冒瀆が、神殿勢力とそれに依拠する最高法院の議員たち(祭司長、長老、律法学者たち)に、イエスを逮捕し、裁判にかけ、死刑に処する絶好の口実を与えたことは想像にかたくないであろう。この言葉はあまりにもラディカルだったので、イエスの無罪性を信じ、あくまでそれを主張しようとした教会の伝承者が、これを「偽証」としたのではなかろうか。

以上挙げたいくつかの論拠から、「神殿粛正」物語の伝承の古層を構成してみると、ほぼ次のようになるであろう。

イエスは神殿の境内で犠牲獣を売っている者たちと、両替をしている者たちを見、自分で鞭を作り、羊や牛をすべて境内から追い出し、両替人の金をまき散らし、その台を倒して、言った。「この神殿を打ち倒し、三日で建て直してみせる」と。

右のような伝承の古層の復元は、ほぼヨハネの本文に拠っているが、ヨハネ福音書では、「神殿粛正」の時期がイエスの公生涯の冒頭となっている。これに対し、マルコをはじめとする共観福音書では、イエスの生涯の終わり、すなわち彼が処刑される「過越祭」の時期の数日前の出来事とされている。ヨハネもまたこの物語を「過越祭が近づいた」(ヨハネ二13)頃に設定しているので、これは史実を反映していると思われるが、この出来事そのものをイエスの公生涯のはじめにもっていったのは、ヨハネであろう。ヨハネ福音書では、共観福音書と異なって、イエスがその生涯のうちで三度エルサレムに上京していること(共観福音書では最後に一度のみ)、しかもイエスは、はじめから地上を歩む「神の子」の「しるし」として奇跡行為をしていることが特徴となっているからである。とすれば、この出来事が起こった時期については、マルコの証言のほうが史実に近いということになろう。

神殿批判の意味するところ

さて、エルサレム神殿は、宗教的のみならず、政治的にも経済的にも、ローマ皇帝の直轄属州ユダヤに許容された自治組織において、まさに中枢的役割を果たしていた。

神殿「祭司」のトップに「大祭司」が君臨したが、彼は「議会」にあたる「最高法院」でもトップの座を占めていた。彼の側近に、その大半が貴族祭司からなる、十数名の「祭司長たち」が存在し、彼らは——現代的にいえば——「首相」にあたる「大祭司」の「閣僚」的存在であった。しかもその中に、一人の「神殿守衛隊長」が入っており、軍事の全権を掌握していたのである。

他方、神殿の財庫は、ユダヤ州の自治を成立せしめる中心的金融機関であった。そしてこれは、ユダヤの全成人に課された神殿税(二分の一シェケル＝二ドラクメ(ドラクメはデナリオンと等価))、十分の一税(地の産物の十分の一、あるいはそれに相当する貨幣値)と、国の内外から持ち込まれるおびただしい数にのぼる奉納品と、とりわけ祭ごとに購われる犠牲獣によって支えられていたのである。しかも、神殿税にしても、犠牲獣を購う代金にしても、当時流通していたローマその他の貨幣を、神殿内で通用する古代ヘブライの貨幣かフェニキアのティルス貨幣に両替しなければならなかった。つまり、犠牲獣や両替の商売なしにユダヤの神殿支配体制は成り立ちえなかったのである。

　このような事情を背景として、イエスが神殿の境内から、そこで商売をしている人々を追い払い(あるいは祭具の搬入を阻止し)、神殿破壊の言葉を口にしたとすれば、これは明らかに、商売人の背後にあって民衆を搾取している神殿勢力そのものを的とした強烈な神殿批判行動とみなされねばなるまい。

　ところで、対ローマ解放戦争、いわゆる第一次ユダヤ戦争を最も積極的に担ったユダヤ人の「過激派」に「熱心党」(ギリシア語で「ゼーロータイ」)がある。彼らは、すでに紀元後六年に、ユダヤがローマ帝国の直轄属州の中に組み入れられ、ローマ側から直接税査定のために実施された「住民登録」(ルカ二2)に反対して蜂起し、ローマ人をはじめとする異邦人、あるいはこれに協力するユダヤ人を殺害して、遂にはローマ帝国に対するユダヤ人の全面蜂起(六六年)を組織化し、指導するまでに至った。彼らは律法に対する「熱心」から、このような過激な行動に出たのであり、律法と神殿の「清浄」を守り、その「世俗化」に反対していた。イエスの十二弟子の中にも、「熱心党のシモン」がいたといわれる(ルカ六15)[†1]。

このような熱心党あるいはこの党のシンパサイザーには、イエスによるラディカルな神殿批判は、終末をもたらす「メシア」的あるいは「預言者」的行為として受けとられたに相違ない(ゼカリヤ書一四20-21参照)。事実、たとえばマタイは——もちろん彼自身が熱心党的志向を有していたのではないが——このイエスの行動をメシア的振舞いとして編集しようとしている(マタイ二一12-17、とくに14-16節参照)。

12 それから、イエスは神殿の境内に入り、そこで売り買いをしていた人々を皆追い
出し、両替人の台や鳩を売る者の腰掛けを倒された。13 そして言われた。「こう書い
てある。
『わたしの家は、祈りの家と呼ばれるべきである』。
ところが、あなたたちは
それを強盗の巣にしている」。
14 境内では目の見えない人や足の不自由な人たちがそばに寄って来たので、イエス
はこれらの人々をいやされた。15 他方、祭司長たちや、律法学者たちは、イエスがな
さった不思議な業を見、境内で子供たちまで叫んで、「ダビデの子にホサナ」と言う
のを聞いて腹を立て、16 イエスに言った。「子供たちが何と言っているか、聞こえる

か」。イエスは言われた。「聞こえる。あなたたちこそ、『幼子や乳飲み子の口に、あなたは賛美を歌わせた』という言葉をまだ読んだことがないのか」。17 それから、イエスは彼らと別れ、都を出てベタニアに行き、そこにお泊まりになった。

そしてこの記事を根拠に、現代の若干の歴史家たちも、——とくに一九六〇年代後半の過激な「学生闘争」の頃——このイエスの行動をなにがしかメシア的革命運動の一環として位置づけようと試みている。しかし、このような位置づけを、私は当時から現在に至るまで採っていない。そもそも、マタイがマルコの記事を前提として、それをマタイの視座から編集し直していることは、聖書学者たちの常識である。

ところがマルコは、「いちじくの木を呪う」話を——いわゆる「挟み込み」の手法により——「神殿粛正」の枠として用いることによって(マルコ一一12-14、20-25)、イエスの行動を、実りをもたらさぬ不信のイスラエル、とりわけ祭司長や律法学者たちに対する反対意志を表明するための預言者的「象徴行為」とみており(エレミヤ書八13参照)、必ずしもマタイのごとく「メシア的行動」とはみていない。マルコの場合、神殿は元来、「すべての国の人の祈り」の場所としてユダヤ人以外の異邦人にも開かれている(ちなみにマタイは、これに並行する二一13で「すべての国の人の」という文言を削除している)。さらに、マルコによればイエスは、その神殿をユダヤ人が「強盗の巣にしてしまった」と言うが、一世紀の末に『ユダヤ戦記』を著しているユダヤ人歴史家ヨセフスは、「熱心党」のことを「強盗」とも呼んでいる。とすれば、少なくともマルコが描くイエスの行動には、熱心党的要素を読み込む余地はないであろう。

いずれにしても、イエスが、ローマ帝国に依拠する神殿勢力を武力で打ち倒し、純粋にユダヤ的神殿体制を打ち建てようとする熱心党と同じ論理の水準で行動したことを裏書きする典拠を、私は示すことができないのである。

しかし他方において、イエスを政治的革命家に仕立て上げるよりももっとよくないのは、イエスの行動に不可避的に伴わざるをえない政治的局面をまったく無視して、彼を、政治とはかかわりのない宗教的次元に押し込み、人間に「魂の悔い改め」あるいは「内面の自由」を迫ったいわゆる「宗教家」として理解しようとする試みである。そして、この種の試みのほうが現代のキリスト教界ではむしろ一般的であろう。しかし、当時イエスが――本書のとくに第二講(「心の貧しい人々は、幸いである」)と第八講(「罪人を招くために」)で強調したように――民衆、とりわけ宗教的＝政治的に、すなわち社会的に差別の対象とされていた民衆の位置に立って振舞ったということは、すでにそれだけで、彼の行動が宗教的＝政治的であったのである。それに対し、民衆の指導者と称しつつも最高法院の一翼を担う律法学者たちが介入してきた結果、イエスはすでにガリラヤにおいて、彼らの依拠する律法に「反対命題」を突きつけ、それを根底から揺るがさざるをえなくなる。さらに彼がエルサレムにおいて、律法の政治的・経済的そして可視的「象徴」ともいえる神殿を批判せざるをえなくなったとき、通常は与野党として対立していた祭司長たちと律法学者たちとが結束して彼の殺害を謀ったとすれば、これはどうみても宗教的次元においてのみ説明できる出来事ではないのである。

いずれにしても、神殿を批判したイエスの行動は、おそらく「ハプニング」として起こり、しかもそれは、彼の日頃の振舞いが体制の象徴的存在の不正に直面したときにとらざるをえなかった、いわば「対抗象徴行動」であったのではなかろうか。イエスが自ら縄で作った鞭で商売人たちを神殿の境内から追い払ったとしても、それが民衆の蜂起につながる術のないことを、イエス自身が十分に知っていたのではなかったであろうか。

それにしても、このような過激な行動は、イエスの「平和」の教え(マタイ五9)、とりわけ「愛敵」の教え(マタイ五44)に矛盾するのではないか、といわれるかもしれない。確かに、論理的には矛盾するであろう。この行動は、「敵」に対する「愛」の「鞭」としかいいようがない。そしてこの鞭が、イエス自らに死を招いたのである。

ともかくイエスは、不正に対して怒ることを知らない、世の宗教家の一人ではなかった。

†1　ルカ六15ではシモンが「ゼーローテース」(「ゼーロータイ」の単数形)と呼ばれているが、これに並行するマルコ三18、マタイ一〇4では「カナナイオス」と呼ばれている。後者は「熱心な人」を意味するアラム語「カナン」のギリシア語音写であり、前者はそのギリシア語訳。岩波版は前者を「熱心党員《ゼーローテース》」、後者を「熱心者《ねっしんしゃ》」と訳し分けている。新共同訳はいずれも「熱心党《ねっしんとう》」。

第一九講　「皇帝のものは皇帝に、神のものは神に」

――納税問答――

マルコ一二13―17

日本国憲法は、「信教の自由」と、それを実質的に保障するための原則として「政教分離」を認めている。念のために、この「信教の自由」と「政教分離」にかかわる憲法の条文を引用しておこう。

第二十条　信教の自由は、何人に対してもこれを保障する。いかなる宗教団体も、国から特権を受け、又は政治上の権力を行使してはならない。

②何人も、宗教上の行為、祝典、儀式又は行事に参加することを強制されない。

③国及びその機関は、宗教教育その他いかなる宗教的活動もしてはならない。

第八十九条　公金その他の公の財産は、宗教上の組織若しくは団体の使用、便益若しくは維持のため、又は公の支配に属しない慈善、教育若しくは博愛の事業に対し、これを支出し、又はその利用に供してはならない。

問題は、これらの規定が、日本において現実には脅かされているのではないかと思われることである。たとえば、靖国神社の国による維持・管理は「宗教的活動」でないとする見解を前提として「靖国神社法案」を推進する動き、あるいは同じ見解に基づき、何人かの首相や閣僚が靖国神社公式参拝を強行した事実。他方、津地鎮祭違憲訴訟や自衛官合祀拒否訴訟において、いずれも下級審では違憲判決が出ているにもかかわらず、最高裁では逆転して合憲の判決が下っている事実。「忠魂碑」をめぐる違憲訴訟の最終判決も、原告側の敗訴に終わっていること。

私は、このような判決の連続に、「信教の自由」や「政教分離」の理念は、結局のところ、日本の精神的土壌に根づかないのではないか、という危機感を抱くものの一人である。しかし、もちろん私はここで、この問題に立ち入って論ずるつもりはない。問題は、このような判決に反対する側からだけではなく、これを事実上支持する側からも、よく引き合いに出されるのが、この講のテーマとして選んだイエスの言葉である、という事実である。――「皇帝のものは皇帝に、神のものは神に返しなさい」。それだけに私どもは、この言葉を物語の頂点にもつ、イエスとファリサイ派やヘロデ派の人々との問答をとりわけ慎重に読み解いていく必要があろう。

それではまず、この物語（マルコ一二13-17）を読んでみよう。

13さて、人々〔岩波版では「彼ら」〕は、イエスの言葉じりをとらえて陥れようとして、
ファリサイ派やヘロデ派の人を数人イエスのところに遣わした。14彼らは来て、イエ
スに言った。「先生、わたしたちは、あなたが真実な方で、だれをもはばからない方
であることを知っています。人々を分け隔てせず、真理に基づいて神の道を教えてお
られるからです。ところで、皇帝に税金を納めるのは、律法に適っているでしょうか、
適っていないでしょうか。納めるべきでしょうか、納めてはならないのでしょうか」。
15イエスは、彼らの下心を見抜いて言われた。「なぜ、わたしを試そうとするのか。
デナリオン銀貨を持って来て見せなさい」。16彼らがそれを持って来ると、イエスは、
「これは、だれの肖像と銘か」と言われた。彼らが、「皇帝のものです」と言うと、
17イエスは言われた。「皇帝のものは皇帝に、神のものは神に返しなさい」。〔すると〕
彼ら〔岩波版では「人々」〕は、イエスの答えに驚き入った。

この文言からマルコの編集句と伝承部分を区別することは、比較的に容易である。編集句は、おそらく最初と最後の文章、つまり13節と17節の後半であろう。

まず13節は、この物語の伝承を、他の伝承に基づく前の文脈に結びつけるために、マルコが書き込んだ句と思われる。とすれば、イエスはここでも、三12の最後の文章の「その場」にいることとなり、「その場」とは、一15、27、三35、一三1から判断して、「神殿の境内」ということになる。そして、三13の「人々(彼ら)」とは、一27の「祭司長、律法学者、長老たち」、つまりユダヤの最高法院を代表する勢力ということになろう。

この「人々(彼ら)」は、「イエスの言葉じりをとらえて陥れる」意図をもっていた。この意図は、イエスが神殿の境内から商人を追い出すという事件に直面して以来、彼らが実現を期した、イエス逮捕・殺害計画(マルコ一18、三12)に沿うものであることを、マルコは読者に改めて示そうとする。しかし、この意図は、17節前半のイエスの言葉によって挫かれてしまう。すると「彼ら(人々)」つまりイエスの周りにいた「群衆」(三12)は、「イエスの答えに驚き入った」。イエスの業(多くの場合、奇跡行為)にだけではなく、その教えに「驚く」という動機を聴き手の反応として強調するのは、マルコ福音書の特徴である(マルコ一22、27、六2、九15、一〇24、26など)。こうしてみると、三14－17節前半が、マルコ以前の伝承部分ということになろう。その場合、14節の「彼ら」は、伝承段階で「ファリサイ派とヘロデ派の人々」となっていたとみてまちがいなかろう。

ファリサイ派とヘロデ派――皇帝税をめぐって

ところで、「ファリサイ派」と「ヘロデ派」は、皇帝税納入の是非をめぐっては、元来対立関係にあったはずである。「ファリサイ派」は、すでに何度も指摘したように、「律法学者たち」のエリート集団で、律法を知らない「不浄な民」から自らを「分離」して(「ファリサイ」は「分離」を意味するヘブライ語「ペルーシーム」に由来)、その「清浄」を誇っていた。しかし、彼らは最高法院では「律法学者」として、いわば「内閣組織」にあたる「祭司長たち」の与党的党派「サドカイ派」に対して、野党的立場にあり、皇帝税納入には反対を表明していた。他方、「ヘロデ派」については、「ファリサイ派」ほど明確な情報はないけれども、ガリラヤの領主ヘロデ・アンティパスの支持者集団であることは確実で、このヘロデはローマ皇帝の傀儡的存在であったから、「ヘロデ派」は当然皇帝税に対してはこれを容認する立場にあったと想定される。

さて、前講で言及したように、紀元後六年にユダヤとサマリアとイドマヤ(アルケラオの旧領地)が「ユダヤ州」として皇帝の直轄下に置かれ、「住民登録」(ルカ二2)に即して皇帝税が課せられたとき以来、これに武力をもって抗い続けたのが「熱心党」(ゼーロータイ)であった。実はこの「熱心党」は、「ファリサイ派」から分かれた、同派のいわば「過激派」なのである。そして、この熱心党を中核として、対ローマ帝国解放戦争、いわゆる第一次ユダヤ戦争が貫徹されるのであるから(六六―七〇年)、イエスの時代からマルコ福音書の成立時にかけて、ユダヤ教徒にとってもユダヤ人キリスト教徒にとっても、皇帝税に対する態度決定は極めて重要な問題の一つであったと思われる。成立しつつあるキリスト教のメンバー――マルコもまたその中の一人であった――が、皇帝税納入、あるいは皇帝税を象徴とするローマ皇帝に対する服従義務遂行の是非の解決を、この「税金問答」に求めたであろうことは想像にかたくないであろう。

このように皇帝税に対しては相対立する立場を採る二派が、揃ってイエスの前に立ち、納入義務の是非をイエスに問うのであるから、問いに先立ってなされるイエス称賛は、当然お世辞であり、問いそのものに「下心」(15節)があることは、イエスならずとも、この言葉の聞き手、あるいはこの物語の初読者にはすぐわかることである。すなわち第一に、この問題の是非をめぐってどちらに答えても、イエスはファリサイ派をもヘロデ派をも超える存在でないことが明白になる。第二に、どう答えたとしても、イエスもまたローマ人を敵とするか、大部分の民衆の期待を裏切るか、そのいずれかとなる。この問いは、はじめから「問い」ではなく、イエスを貶めようとする「罠」なのだ。

デナリオン銀貨

15節によれば、イエスは彼らのこのような「下心」を見抜いて、「なぜ、わたしを試そうとするのか」と問い、さらに、「デナリオン銀貨」の提示を求める。「デナリオン」はローマ通貨の一単位で、それは一枚の「銀貨」であった。

16節で、イエスはこの銀貨を指し、「これは、だれの肖像と銘か」と尋ねると、彼らは「皇帝のものです」と答えたという。

私はこの「デナリオン銀貨」の実物を所有している。私がドイツのエルランゲン大学に留学中、私の指導教授であったエーテルベルト・シュタウファー教授は、原始キリスト教史のゼミナールを主宰しておられたが、同時に「古銭学」(Numismatik)の権威でもあられ、古代イスラエルやギリシア・ローマの貨幣を数多く収集・所蔵しておられた。私が同教授のもとで博士論文を書き、学位認定試験に合格した数日後の夕方、教授は私のためにお祝いの「シンポジウム」(「饗宴」)。原意は「共飲」。ワインをくみかわしながら談論に興じる集い)を開いてくださった。宴もたけなわになった頃、教授は立ち上がって祝辞を述べられ、そのあとに小さな包を私に手渡された。それを開いてみると、何と「デナリオン銀貨」が一枚出てきたのである。

この貨幣は、想像していたよりも小さく、日本の貨幣でいうと一円硬貨とほぼ同じほどの大きさである。その表面には、皇帝ティベリウス(一四―三七年在位)の胸像が浮彫りにされている。ティベリウスは、ものすごいわしっぱなで、頭には神的威厳を表す月桂冠を戴いている。政教一致のシンボルであろうか。その刻銘には、右下から右上にかけてTI CAESAR DIVIの記号が、左上から左下にかけてAVG F AVGVSTVSの記号が用いられている。これを解くと、ラテン語で、Tiberius Caesar Divi Augusti Filius Augustus(ティベリウス・カエサル・アウグストゥス、神的アウグストゥスの子)となる。ここで「アウグストゥス」は二重に用いられている。「神的アウグストゥス」の場合の「アウグストゥス」は、ティベリウスの義父、ローマ帝国に「元首制」を導入したといわれるオクタヴィアヌスに贈られた尊称。その尊称がティベリウスにも付されて「ティベリウス・カエサル・アウグストゥス」となっている。

この「アウグストゥス」の元来の意味については、マルコ一〇42の「偉い人」によせて第一七講で言及したが、この「アウグストゥス」という言葉が当時ローマ帝国の――パレスチナを含む――東方でどのように理解されていたかは、デナリオン銀貨の同じ刻銘をギリシア語で表しているシリア出土の貨幣によって知られる。これには、ギリシア語でTiberius Kaisar Theou Sebastou Hyios Sebastos と刻まれている。すなわち、ラテン語の「アウグストゥス」がギリシア語の「セバストス」(「セバストス」は「崇拝すべき者」、「崇高なる者」の意)に移されており、しかもここでは「セバストス」が名詞ではなく形容詞として用いられている。――「崇高なる神の子、崇高なる皇帝ティベリウス」。

要するに、同じデナリオン銀貨の刻銘が、ラテン語からギリシア語に移されると、ティベリウスの「神の子」性が、ラテン語表記よりも明確になる(「神的アウグストゥスの子」→「崇高なる神の子」)ということである。ファリサイ派やヘロデ派の人々が持っていたデナリオン銀貨の刻銘がラテン語であったか、あるいはギリシア語であったかは明らかでない。しかし、ユダヤ州に隣接するシリア州の同銀貨の刻銘はギリシア語であるから、問題の銀貨にもギリシア語で銘が刻まれていた可能性のほうが高いであろう。

ところで、この刻銘は、実は銀貨の裏面にも続いている。裏面の中央に神々の王座についているリウィア・アウグスタ(アウグストゥス帝の妻、ティベリウス帝の義母)の浮彫りがある。彼女は右手にオリュンポスの長い王笏を持ち、左手にはオリーブの樹の枝を持っているが、このオリーブの枝の右側に、下から上にかけてPontifex の刻銘が、王笏の左側に、上から下にかけてMaximus の刻銘が認められる。そして、このPontifex

Maximus とは、ラテン語で「最高神官」の意味である。この刻銘も合わせて読めば、デナリオン銀貨の刻銘は全体として次のようになるであろう。――「神的アウグストゥスの子、皇帝にして最高神官なるアウグストゥス・ティベリウス」。

ところが、興味深いことに、シリア出土の同銀貨の裏面には、ラテン語の Pontifex Maximus にあたる刻銘が、一語のギリシア文字で Archieleus となっている。この Archieleus は、もちろん「最高神官」のことであるが、実は同じ名詞が、エルサレム神殿に仕える祭司たちのトップであると同時に、ユダヤの最高法院のトップでもある「大祭司」のギリシア語にも用いられていることである。いずれにしても、デナリオン銀貨のギリシア語の刻銘は、全体として次のようになる。――「崇高なる神の子、崇高なる皇帝にして大祭司なるティベリウス」。

さて、以上のような肖像と刻銘が「皇帝のもの」であることを確認した上で、イエスはマルコ一二17で、「皇帝のものは皇帝に、神のものは神に返しなさい」と言う。

マルコ一二17をめぐって

この文章は、(A)「皇帝のものは皇帝に返しなさい」、(B)「神のものは神に返しなさい」という二つの文章が「そして」を意味するギリシア語の接続詞 kai で結ばれた、いわゆる並列構文になっている。ここでイエスは、とりあえず皇帝に対する納税義務を認めたことになろう。なぜなら、第一に、(A)の「皇帝のもの」は、前の文脈を受けて、皇帝ティベリウスの「肖像と銘」が刻まれた「デナリオン銀貨」に象徴される「皇帝」税を意味する。第二に、「返しなさい」と訳されている動詞(ギリシア語でapodidōmi)は、その原意はともかくとして(これについては後述)、「税金を納める」という意味で一般的に用いられているからである(たとえば、ローマ一三7の「税を納めなさい」にも同じ動詞が用いられている)。問題は、(B)が(A)に対してどのようにかかわるかということ、また、(B)の「神のもの」が何を意味するかということである。

第一に、(A)と(B)が「そして」で結ばれて並置されており、「神のもの」は一般的に「神に属するもの」ととる場合。この場合は、イエスが政治的領域と宗教的領域を分離し、両方の領域で課されている義務を同時に果たすことを勧めた、ということになる。これは一見して「政教分離」の立場を採りながら、政治の領域と宗教の領域に二元的にかかわるために、時の政治的体制に順応しながら、宗教上の義務を精神的・内面的に果たすことになる。しかし、この立場では、なぜイエスが時の政治権力によって抹殺されたのかという問いに、まともに答えることができない。

第二は、これとは逆に、イエスは(B)の文言をもって、皇帝税の納入を拒否したという立場である。これによって、かの納税拒否運動を武力をもって遂行した「熱心党」と同列にイエスを並べるのであるが、(A)の文言を削除しない限り(実際にこの立場を採る人々は(A)を後期の挿入とみる)、これは無理である。また、すでに前講で指摘したように、イエスが熱心党のごとく、「神の国」(=「神支配」)を実現するために、ローマ支配体制を覆そうとしたことを、私は裏付けることができないのである。

第三は、問題のイエスの言葉を、(A)と(B)の並列構文とみるが、これを結びつけるkaiを「そして」ではなく、「しかし」の意味にとる立場である。この立場からみると、イエスは(A)で皇帝への納税義務を認めた、しかし(B)の原則がすべてのものに先行する。こうして、「政教」を「分離」した上で、(B)の原則に抵触しない限り、政治的権力を承認するが、この権力が「神のもの」を要求しだしたとき(デナリオン銀貨の「肖像」、とりわけシリア出土の同銀貨の「銘」は、まさに「神のもの」を要求している!)、これに断固抵抗しなければならない、ということになる。こうしてこの立場は、実践の規範をも提供するだけに、これに、「信教の自由」を守ろうとするキリスト教市民運動も依拠することとなる。この場合、「神のもの」は、一般的には「宗教的・精神的領域に属するもの」の意にとられるが、これを、神の「かたち」として創造された、いわゆる「神のかたちとしての人間」(創世記一27)ととる場合もある。

これが、「信教の自由」と「政教分離」の原則の典拠をマルコ一二17のイエスの言葉に求める、最も代表的な立場である。しかし問題は、ギリシア語の接続詞kaiを、「そして」ではなく、「しかし」(ギリシア語ではalla)の意味にとるのは、ギリシア語ではほとんど例外的にしか認められないことであろう。

第四は、(A)と(B)を結ぶkaiを「そして」ととる(田川建三『新約聖書1』三八頁)か「すなわち」ととる(岩波版)かは別として、この文章を質問者に対するイエスのまともな返答ではなく、「皮肉」とみる立場である(田川、同書、三八三頁、岩波版、五一頁、注一一参照)。

私はすでに小著『イエスとその時代』(一七二頁)において、問題の(A)(B)文章の並列構造を生かし、「返しなさい」という動詞の用語法に注目した上で、この文章の次のような敷衍訳を提案した。——「あなたがたが自分の存在をローマの皇帝に負っているのならば、その負債を皇帝に、自分の存在をユダヤの神に負っているのならば、その負債を神に償還したらよいだろう」。この場合、一方の「負債」(「皇帝のもの」)は皇帝税を、他方の「負債」(「神のもの」)は神殿税(および神殿に納むべき一切のもの)を意味することになる。こうしてイエスは、ローマの皇帝支配体制にしても、ユダヤの神支配体制にしても、いずれにしても支配体制を本質的に容認するという論理の水準に立った上での質問に対し、同じ論理水準で答えることを拒否して、むしろ彼らの問いを、彼ら自身の主体性を問う形で返している。そして私は、このように「皇帝のもの」も「神のもの」も同時に相対化して解釈できる可能性を、紀元二世紀中葉に成立した外典『トマスによる福音書』が示唆していることに注意を促しておいた。「皇帝のものは皇帝に、神のものは神に渡しなさい。しかし、私のものは私に渡しなさい」(語録一〇〇)。

私はここで、このような私案を補強するものとして、次の二点を挙げておきたい。

第一に、「皇帝のもの」が「皇帝税」であるとすれば、これに並列される「神のもの」は論理必然的に「神殿税」となる。これに加えて、ここでイエスが「神殿税」を引き合いに出した動機として、この「納税問答」が「神殿の境内」でなされていること、また、デナリオン銀貨のギリシア語銘に、「崇高なる神の子、崇高なる皇帝にして大祭司なるティベリウス」と刻まれていることを想定できるのではなかろうか。

第二に、敵対者の質問に対して、彼らの問いに前提されている論理水準で答えることを拒否し、むしろ彼らの問いを彼ら自身の主体性に問う形で投げ返すというイエスの姿勢は、その部分的並行例がマルコ福音書に認められる(マルコ一一27-33の「権威問答」)だけではなく、マルコ福音書とは直接的関係のない、ヨハネ福音書に編まれている「姦通の女」の物語(ヨハネ七53-八11)にも見出される(第二〇講参照)。とすれば、このような姿勢は、イエス自身にさかのぼるとみてよいのではなかろうか。

マルコ一二17「皇帝のものは皇帝に、神のものは神に返しなさい」をこのように解釈することがゆるされるとすれば、「信教の自由」とは、政治にかかわる「信仰者の主体性の自由」ということであり、「政教分離」は、この「主体性」を保障すべきものとなろう。もしこの「主体性」を侵すものであるならば、それが政治的権力であれ、宗教的権力であれ、――それはむしろ政治的＝宗教的権力であるが――命を賭してそれに抗わざるをえない。それを身をもって貫徹したのがイエス自身であった。

〔追　記〕

本稿について、特にマルコ一二17の読みと解釈をめぐる第四の立場に対する私見は、拙稿「『皇帝のもの』『神のもの』そして『私のもの』――マルコ福音書一二章17節とトマス福音書・語録一〇〇」を参照されたい。

ヨハネ七53―八11

第二〇講「あなたを罪に定めない」

――「姦通の女」の物語――

レンブラントをはじめ、古今東西の多くの画家たちが、「姦通の女」の物語をテーマとした名作を後世に遺している。それほど、「姦通の女」は、イエス物語の中でも、とりわけ有名である。ところがこの物語は、四世紀に至るまでヨハネ福音書の中に存在しなかった。なぜであろうか。この問いに答える前に、まず物語の本文（ヨハネ七53―八11）を読んでみよう。

53人々はおのおの家へ帰って行った。8 1イエスはオリーブ山へ行かれた。2朝早
く、再び神殿の境内に入られると、民衆が皆、御自分のところにやって来たので、座
って教え始められた。3そこへ、律法学者たちやファリサイ派の人々が、姦通の現場
で捕らえられた女を連れて来て、真ん中に立たせ、4イエスに言った。「先生、この

女は姦通をしているときに捕まりました。5こういう女は石で打ち殺せと、モーセは
律法の中で命じています。ところで、あなたはどうお考えになりますか」。6イエス
を試して、訴える口実を得るために、こう言ったのである。イエスはかがみ込み、指
で地面に何か書き始められた。7しかし、彼らがしつこく問い続けるので、イエスは
身を起こして言われた。「あなたたちの中で罪を犯したことのない者が、まず、この
女に石を投げなさい」。8そしてまた、身をかがめて地面に書き続けられた。9これ
を聞いた者は、年長者から始まって、一人また一人と、立ち去ってしまい、イエスひ
とりと、真ん中にいた女が残った。10イエスは、身を起こして言われた。「婦人よ、
あの人たちはどこにいるのか。だれもあなたを罪に定めなかったのか」。11女が、「主
よ、だれも」と言うと、イエスは言われた。「わたしもあなたを罪に定めない。行き
なさい。これからは、もう罪を犯してはならない」。

「姦通の女」の物語は元来ヨハネ福音書にはなかった

この物語は、岩波版では［　］に入っているが、新共同訳聖書では〔　〕の中に入っている。この印は、新約聖書では、後代の挿入とみるのが一般的とされている箇所の前後につけられるものである。元来、ヨハネ福音書のギリシア語本文は、シナイ写本(四世紀)、ヴァテ

イカン写本(四世紀)、アレクサンドリア写本(五世紀)、ボドマー・パピルス(三世紀初期)などの古写本やパピルスを比較校合し、この福音書がはじめて公にされたとき(一世紀末)の本文に最も近い本文として復元されたものである(このような本文の復元を目的とする学問を、本文批評学という)。ところが、右に挙げた古写本には、「姦通の女」の物語は入っていない。具体的にいえば、七52から八12へと直接続いている。

ギリシア語の本文で、この箇所が入っているのは、六世紀に成立したベザ写本である。これは、一般的に「西方型」と呼ばれる系統に属する写本であるが、この系統の写本がラテン語訳新約聖書の底本となった。

ところで、カトリック教会で新約聖書の底本としている『ヴルガータ』と呼ばれるラテン語訳聖書は、史上最初にして最大の「聖書学者」といわれるヒエロニムスによって四世紀の後半から五世紀のはじめにかけて作成されたものである、その際ヒエロニムスは、それ以前に流布していた聖書のラテン語訳本文をギリシア語本文と比較して、より良質のラテン語訳本文を復元したのである。こうして成立した『ヴルガータ』には、「姦通の女」の物語は入っている。とすれば、彼がラテン語訳本文の復元のために用いたギリシア語の本文は、前述した「ベザ写本」に代表される西方型の本文であった、ということになろう。ただ、「ベザ写本」は六世紀のものであり、ヒエロニムスが用いたと想定される、四世紀に流布していた、しかもその中に「姦通の女」の物語が入っているギリシア語写本は、現存していないのである。

ところが最近、「盲者」といわれるディデュモスという人物が書いた、旧約聖書の中の「コーヘレト書」(あるいは「伝道の書」とも呼ばれる)の注解がエジプトで発見され、その中で「姦通の女」の物語が引用されていることがわかった。ディデュモスは四世紀にアレクサンドリアで活躍した聖書学者で、ヒエロニムスの教師であった人物であるから、私どもは現在、四世紀に流布していた「姦通の女」の物語のギリシア語本文を、少なくともディデュモスの本文から知ることができるのである。それを私訳すれば、次のとおりである。

さて、我々はいくつかの福音書の中に、次のような物語を見出す。それによると、ある一人の女が罪のゆえにユダヤ人によって告発され、石打ち刑にされるために、それが行われる場所に送り出された。救い主は彼女を見、彼女が石で打たれそうになっていることが分かって、石を投げつけようとしている人々に向かって言った、「罪を犯したことのない者が、石を取って、それを投げつけるがよい」。もしだれかが罪を犯したことがないと自覚しているなら、石を取って、彼女を打て、というのである。だれもそれをする者がいなかった。彼らは何らかのことで自ら罪を犯していることに気づき、それを知っていたからである。

注目すべきは、このディデュモスの証言の冒頭に「我々はいくつかの福音書の中に、次のような物語を見出す」といわれていることである。つまり、ディデュモスの生存中(四世紀)、複数の福音書に「姦通の女」の物語があった、ということになる。それらの福音書の中の一つがヨハネ福音書であるとすれば、これは、「姦通の女」の物語がヨハネ福音書の中に編まれていたことについての最初の証言ということになろう。

元来は「外典」にあった

実は、もう一つの福音書に、しかもすでに二世紀の終わり頃に、「姦通の女」の物語が書かれていたという証言がある。ただし、その福音書は、私どもが手にする新約聖書の中に収録されていない、いわゆる「外典」(外典については三二三頁参照)の福音書の一つ、『ヘブル人による福音書』である。ヒエラポリスの司教パピアス(三世紀のはじめに活躍)によると、「多くの罪のゆえに主の前で責められた女についての報告」が『ヘブル人福音書』の中に書かれている、といわれる。この福音書は、二世紀の後半に、エジプト在住の「ユダヤ人キリスト者」(エジプトのアレクサンドリアには多くのユダヤ人が在住していた。ここにキリスト教が布教され、これらユダヤ人の中からキリスト教徒になった者のことを「ユダヤ人キリスト者」と呼ぶ。『ヘブル人による福音書』は、この「ユダヤ人キリスト者」によって著された福音書のことである）によって著されたと想定されているので、先に言及したディデュモスのいう「いくつかの福音書」の一つが『ヘブル人福音書』である可能性が大きいのではなかろうか。

もう一つ、これは「福音書」ではなく、『使徒戒規』という、「使徒たち」の名によって書かれた、教会員が守るべき戒め集の中に、「姦通の女」の物語について言及されている。これは、二世紀の終わりから三世紀のはじめにかけて、シリアのユダヤ人キリスト教を背景として成立した、やはり「外典」の中の一つである。

> もしあなたがたが憐れみを知らず、改悛者を受けいれないなら、あなたは主なる神に対して罪を犯すものである。なぜならあなたは、われらの救い主と神に従わず、救い主がかの罪ある女になしたもうたようになさないからである。――長老達が彼女を彼（イエス）の前に据え、裁きに付して立ち去った。心を探りたもう主は、彼女にたずねた、「娘よ、長老達はおまえを罰しないのか」。彼女が彼に答えた、「いいえ、主よ」。そこで彼は彼女に言った、「お帰りなさい。私もおまえを罰しない」。

以上要するに、「姦通の女」の物語がヨハネ福音書の現在の文脈の中に挿入されたのは、四世紀に入ってからのこと、しかもおそらく西方型系の写本の中に採用された、ということである。ヒエロニムスがそれを底本としてラテン語訳聖書、つまり『ヴルガータ』を編み、これがその後カトリック教会の「正典」となったために、この物語は広くキリスト教界に知られることとなった。しかし、四世紀のはじめ以前の時代には、この物語は、ローマからみると東方に位置する、アレクサンドリアやシリアの教会で、しかもユダヤ人キリスト教徒の間に流布していたようである。それは、二世紀から三世紀にかけて、『ヘブル人福音書』や『使徒戒規』に見出されるが、これらの文書はいずれも、「正典」ではなく、「外典」である。

なぜ「正典」に採用されなかったか

それでは、なぜ「姦通の女」の物語は、四世紀に入るまでヨハネ福音書の中に採用されなかったのであろうか。その理由は二つある、と私には思われる。第一は、「姦通」の罪を犯した女に対し「あなたを罪に定めない」と言い切ったイエスの言動が、「姦通罪」をキリスト教の「大罪」の一つとみなしつつあった、当時の教会の「新律法主義」(ユダヤ教の「律法主義」に対して、成立しつつあるキリスト教の「道徳主義」のことを「新律法主義」という)にとって、あまりにもラディカルであったためである。第二に、二―三世紀にこの物語は、ようやくキリスト教の主流となりつつあった、ローマを中心とする「異邦人」(非ユダヤ人)キリスト教からみると「異端」視されるようになっていく「ユダヤ人」キリスト教の「聖文書」の中に採用されていたからであろう。現行『新約聖書』に収録されている二七文書のみを「正典」とし、その他の「聖文書」を「外典」として退けたのは、ローマ・カトリック教会では、ヒッポの司教会議(三九三年)とカルタゴの司教会議(三九七年)においてである。しかし、それ以前の時代においても、ローマ・カトリック教会に連なる「正統的教会」においては、すでに二世紀末頃から「正典」結集の作業が開始されており、『ヘブル人福音書』や『使徒戒規』は「外典」視されつつあったのである。しかし、それ以前の時代、つまりキリスト教の成立(三〇年代)から二世紀の中頃までは、もちろん「正典」とか「外典」の区別はなかった。教会が「聖文書」として採用していた諸文書の数は、地方や時代によって異なっていたのである。

四世紀に採用された理由

それでは、どのようにして「姦通の女」の物語が、四世紀になってから、「正典」福音書の一つであるヨハネ福音書の中に採用されたのであろうか。それは、先に挙げた『使徒戒規』の引用文の書き出しにも見出されるように、この物語の主人公「姦通の女」を「改悛者」(罪を悔い改めた者)のメタファ(隠喩)と解釈した結果と思われる。

周知のように、コンスタンティヌス大帝が三一三年にミラノでいわゆる「寛容令」を発布し、キリスト教徒迫害を中止して、キリスト教徒に信教の自由を認めた。キリスト教はその後、次第にローマ帝国において国教の地位を占めていくのであるが、その際に問題になったのが、迫害下にあってキリスト教から脱落した、いわゆる「背教者」の扱いであった。彼らが「背教」の罪を悔い改めて「改悛者」となった場合、それを再び教会に迎え入れることの是非をめぐり、それを是とする「穏健派」と、それを非とする「厳格派」との間に大論争が行われた。最終的には「穏健派」がローマ・カトリック教会の大勢となる。カトリック教会は、その聖書的根拠として、「姦通の女」の物語を、ヨハネ福音書の現在の文脈に挿入した。その際、「姦通の女」は、「背教」という、キリスト教に対する「姦通罪」を犯した者のメタファと解釈されたのである。「姦通の女」が悔い改めた結果、イエスによってその罪を赦されたように、「背教者」も改悛すれば、その罪は赦される、というのである。ただし、いったん悔い改めた者は、「もう罪を犯してはならない」(ヨハネ八11後半)というのである。なお、この物語がヨハネ福音書七53–八11に挿入されたのは、その前の文脈(ヨハネ七24)と後の文脈(ヨハネ八15)で、イエスが人をうわべだけで裁くことを禁じているからであろう。

しかし、「姦通の女」は、この物語成立の当初から、「改悛者」のメタファだったのであろうか。この物語を締めくくるイエスの戒め「これからは、もう罪を犯してはならない」から推定されるように、そもそもこの物語の中で「姦通の女」は、悔い改めを必要とする「罪人」とみなされていたのであろうか。私にはそうではないと思われる。この物語の本文そのものをもう一度読んでみよう。

本文を読む

ヨハネ八2によれば、場面は神殿の境内である。ここでイエスは、民衆に教えを説いていた。3節——そこへ、律法学者やファリサイ派の人々が、姦通の現場で捕らえられた女を連れてきた。そして4-5節で、イエスに向かい、姦通をしているときに捕らえられた者は石打ち刑にせよとモーセは律法の中で命じているが、どう考えるか、と質問する。

レビ記二〇10と申命記二二22には、姦通の罪を犯した者は、男女共に死刑に処せられる、と規定されている。ただし、ここには「石打ち刑」と特定はされてはいない。石打ちの刑に処せられる規定は、申命記二二23-24前半にあるが、ここでは「婚約中の処女」が別の男と通じた場合、男女共に適用されている。「姦通の女」は「婚約中の処女」だったのであろうか。いずれにしても「モーセ」が「律法の中で命じている」のは、姦通の罪を犯した場合、当事者にあたる男女が死刑に処せられる、ということである。それなのに、なぜこの物語では、女だけが引き立てられてきたのか。古今東西、法というものは、社会的「弱者」に厳しく、しかも不当に適用されるものである。この物語にも、当時女性がそのもとに抑圧されていた「男性社会」が反映されているのであろうか。

6節によると、ユダヤの宗教的指導者たちが、イエスに対して「モーセの律法」をもち出したのは、「イエスを試して、訴える口実を得るため」であった。実際、イエスが彼らに、「女を殺せ」と答えたならば、首尾一貫して社会的に抑圧されていた者の位置に立って振舞ってきたイエスは、その「立場」を失ってしまう。しかも、ローマの属州ユダヤにおいて、ユダヤ側が死刑執行権そのものを失っていたとすれば(ヨハネ一八31参照)、イエスの答えは、ローマの権力に対する反逆となる。他方、ここでイエスが、「女を殺すな」と答えれば、モーセの律法に違反することとなる。どう答えても、ローマあるいはユダヤの当局に「訴える口実」にはなろう。

ところが、「イエスはかがみ込み、指で地面に何か書き始められた」。多くの聖書学者は、ここでエレミヤ書一七13(「あなたを離れる者は土に名をしるされます」〔聖書協会訳〕。なお、新共同訳は「土」を「地下に行く者として」と意訳)などを引き合いに出して、イエスが地面に何を書いたかを、いろいろと詮索している。しかし私は、この描写の中に、律法学者たちの質問の論理的水準に立っては答えない、というイエスの拒否的・示威的姿勢が文学的に表現されている、ととりたい。実際にイエスは、他の箇所でも、ユダヤの宗教的指導者の質問に、彼らの論理的水準に立って答えてはいないのである(たとえば、マルコ一一27-33の「権威問答」三一四頁参照)。

さて、イエスは7節で、しつこく問い続ける彼らに、「あなたたちの中で罪を犯したことのない者が、まず、この女に石を投げなさい」と言う。そうしたら、9節——「これを聞いた者は、年長者から始まって、一人また一人と、立ち去ってしまった」という。

ここで思い起こされるのは、イエスの「山上の説教」中の第二の「アンチテーゼ」(マタイ五27-28)である。

27「あなたがたも聞いているとおり、『姦淫するな』と命じられている。28しかし、わたしは言っておく。みだらな思いで他人の妻を見る者はだれでも、既に心の中でその女を犯したのである」。

私は、28節の新共同訳「みだらな思いで他人の妻を見る者」を適訳ではないと思う。ここは文字どおりに「情欲をいだいて女を見る者」ととるべきであろう。いずれにしても、少なくとも「姦通の女」の物語におけるイエスの言動に視点を置いて、この第二の「アンチテーゼ」を解釈する限り、イエスはここで姦通を禁ずるモーセの十戒(出エジプト記二〇14)を人間の心情に至るまで徹底して守ることを勧めている、ととってはならないことになる。イエスはむしろ、律法を徹底・強化することにより、人間はもともと律法を守りきれるものではない、つまり人間は原初的に「罪人」なのだ、という人間の限界を露わにしている、ととるべきであろう。イエスに問いを突きつけた者の中に、この意味で「罪を犯したことのない者」は、一人もいなかった。だから、彼らは「立ち去って」(9節)「だれも女を罪に定めなかった」(10節)のである。11節の前半で、イエスは、一人残った女に、「わたしもあなたを罪に定めない。行きなさい」と言う。私は、この物語は元来ここで終わっていたと思う。これに続く、11節後半「これからは、もう罪を犯してはならない」という戒めは、この物語が四世紀のはじめにヨハネ福音書に挿入されたときに、書き加えられたものと考えている。以下に、その理由を述べよう。

元来11節前半で終わっていた

第一に、先に言及した、この物語に関する三つの証言――パピアス、ディデュモス、『使徒戒規』――のどれをとってみても、物語は11節後半の戒めで終わっていない。もっとも、パピアスの証言は、物語の形をなしておらず、『使徒戒規』は、はじめから「姦通の女」が「憐れみ」の対象となる「改悛者」のメタファであることを前提している、といわれるかもしれない。パピアスの場合は、確かにこの物語を、「多くの罪のゆえに主の前で責められた女についての報告」と要約しているだけであるから、ヨハネ八11の結びの言葉があったかどうかを、これだけの証言から判断することは不可能である。しかし、『使徒戒規』の場合はどうであろうか。この証言の前半は、読者、つまり二、三世紀のシリア教会のメンバーに対して、イエスが「罪ある女」を受け入れたように、あなたがたも「改悛者」を受け入れるように、という戒めであって、「罪ある女」の話そのものは、この証言の後半に引用されており、それは「私もお前を罰しない」で終わっている。

ディデュモスの証言は四世紀のものであるから、「姦通の女」の物語がヨハネ福音書に挿入された時代(四世紀)に最も近いといえよう。にもかかわらず、ヨハネ八11後半の結びの言葉「これからは、もう罪を犯してはならない」は、ディデュモスの証言にもない。

少なくとも、以上二つの証言は、私どもの物語が元来、ヨハネ福音書でいえば、11節前半の「わたしもあなたを罪に定めない。行きなさい」で終わっていた事実の有力な外証となるのではなかろうか。

次に、「正典」福音書の内側から――。

マルコ福音書の「レビの召命」物語は、イエスの次の言葉で締めくくられていた。「私が来たのは、正しい人を招くためではなく、罪人を招くためである」(マルコ二17)。この場合の「罪人」とは、この物語の中で、イエスが「徴税人や罪人」と食事を共にしたことを非難した「ファリサイ派の律法学者たち」が、律法やタブー性を判断基準に置き、「律法を守らない者」「不浄な民」として交わりを絶った「被差別者」であった。その代表的存在が、「徴税人」や「娼婦たち」である。

「姦通の女」も、この意味における「罪人」のカテゴリーに入れられていたのではないか。実際、私どもの物語の中で、彼女を「姦通の現場で捕らえ」たのは、「律法学者やファリサイ派の人々」である。確かに「姦通」はモーセの律法に違反する。その意味で、彼女は「罪人」である。私はこれを否定するものではない。しかし、当時、絶対的に「男性優位」のユダヤ社会において、とくに女性の場合、結婚相手はほとんど例外なく「家父長」によって決められ、当人の自由意志は、事実上認められていなかった。いったん婚約し、結婚したら、夫は「何か理由があれば」妻を離縁できたのに(マタイ一九3参照)、妻には事実上離縁する権利が認められていなかった。このような状況下にあって、婚約中の処女、あるいは妻となった女が、「姦通の罪」を犯した、あるいは犯さざるをえなかったとき、その女を(しかも女だけを!)捕らえて、モーセ律法のゆえに「石打ち刑」で抹殺する権利が男たちにあるのか。もともと人間は、律法を「心の中」にまで徹底して守ることのできない存在である。その意味で「罪を犯したことのない者」などはいないはずだ。男たちは「一人また一人と、立ち去った」。一人残された女に向かって、イエスが言った。「わたしもあなたを罪に定めない」――というのが、元来のこの物語の筋であったのではなかろうか。

もっとも、「レビの召命」物語のルカ版では、この物語を結ぶイエスの言葉が、「わたしが来たのは、正しい人を招くためではなく、罪人を招いて悔い改めさせるためである」(ルカ五32)となっていた。ここで「罪人」は「悔い改め」を必要とする存在とみなされている。このような「罪人」理解から判断すれば、「姦通の女」の物語が、「これからはもう罪を犯さないように」というイエスの戒めで終わっていても不思議はなかろう。四世紀に、この言葉と共に「姦通の女」の物語をヨハネ福音書に挿入した「寛容派」は、このような「罪人」理解の延長線上において「姦通の女」を悔い改めを必要とする「背教者」のメタファと解釈したのであろう(「姦通の女」の物語を締めくくるイエスの言葉(「これからは、もう罪を犯してはならない」)がルカの「罪人」理解を前提していることを一つの理由に、この物語は元来ルカ福音書の文脈の中にあったという仮説を立てる学者が多い。そしてこの場合、用語法からみてもルカ二38の後〔三1の前〕が最もふさわしい文脈とみる〔井上洋治『福音書をよむ旅』一九八頁以下もこの仮説を採っている〕。しかし、この仮説を支持するルカ福音書の写本は、いずれも比較的に後世のものであり、古い写本にはすべてこの物語が欠けている。また、この物語が元来ルカ福音書の中にあったと仮定した場合、なぜそれがヨハネ福音書の文脈に移されたのか——その理由を十分に説明することができないのである。いずれにしても、この物語は「エルサレム神殿」を背景にして展開されており〔ヨハネ八1。——ルカ二38をも参照〕、イエスの受難物語〔ヨハネ一一45以下、ルカ三1以下〕に編まれているので、本書でもこれを、第一九講と第二一講の間に配して読み解くことにした〕。

私が生前親交のあった故堀田雄康神父——彼は新約聖書学者でもあった——が、この「姦通の女」の物語について、次のようなコメントを書いている。——「それにしても、イエスは女の罪を見逃してやったということだろうか？　けっしてそうではない。『行きなさい。これからは、もう罪を犯してはならない』という言葉は、女に悔い改めをうながし、真人間として再出発を勧めている。イエスは、女が犯した罪に目をおおったのではなく、罪に陥った女を憐れみ、赦したのである」〔荒井献・嘉門安雄監修『絵伝イエス・キリスト』七六頁〕。

これが「姦通の女」の物語に対する、教会における一般的解釈である。もしこの物語が、堀田神父が引用しているイエスの言葉で、はじめから終わっていたとすれば（井上洋治神父〔前掲書、二一三頁〕も同じ見解）、私もこの解釈を許容しよう。しかし、私は、以上に挙げたいくつかの理由により、かなりの自信をもって、この物語は元来、「わたしもあなたを罪に定めない。行きなさい」で終わっていたと思う。この言葉から解釈すれば、イエスは「姦通の女」を「悔い改め」を必要とする「罪人」とはみていない。イエスは彼女をまるごと無条件に受け入れた。――どちらの解釈を採るか、読者の判断に委ねることとしよう。

第二一講 「彼女を記念して」
——ベタニアの女の油注ぎ——

マルコ一四3-9

「彼女を記念して」

シュスラー・フィオレンツァの大著『彼女を記念して——フェミニスト神学によるキリスト教起源の再構築』が、私の若い友人山口里子さんの翻訳でわが国においても公刊された。フィオレンツァは、アメリカのフェミニスト神学者を代表する女性新約聖書学者の一人である。彼女は、従来圧倒的に多数の男性新約聖書学者たちが見過ごしてきた、あるいは彼らに固有な男性中心的解釈により歪曲されてきた、新約聖書における女性的諸要素を、フェミニスト視点から発見・修正し、それらを手掛りとして、原始キリスト教史の「再構築」を試みている。私は同書を女性新約聖書学者による最初で最大の、しかも本格的新約聖書研究として高く評価し、東京大学に在職中、同書の原著を「キリスト教思潮」のクラスでテキストに採用し、このクラスに参加した山口里子さんをはじめとする男女の学生たちと三年間にわたって原始キリスト教史を「再検討」したことがある。その成果の一つが山口さんの訳業であり、もう一つの成果が私の著書『新約聖書の女性観』なのである。

ところで、このように新約聖書研究史上にフェミニスト視点から一時代を画したと評価されるフィオレンツァの著書のタイトルが、「彼女を記念して」となっていることに注目したい。この句は、私がこの講で「読み解き」の対象として選んだ聖書テキスト、すなわち「ベタニアの女の油注ぎ」の物語(マルコ一四3―9)の最後を飾るイエスの言葉(9節)から採られたものである。この言葉は、新共同訳では、「はっきり言っておく。世界中どこでも、福音が宣べ伝えられる所では、この人のしたことも記念として語り伝えられるだろう」となっており、この句は、「記念として」にあたる。ただし、この句を含む文章を原語に即して直訳すれば、「彼女のしたことも彼女を記念して語り伝えられるだろう」となり、「彼女を記念して」というタイトルは、ここから文字どおりに採られているのである。

要するに、フィオレンツァは、ベタニアでイエスに油を注いだ女を記念して、フェミニスト視点からキリスト教起源の再構築を試みた、といっても過言ではないのである。私どももも、このことを憶えて、彼女の「油注ぎ」の物語を読み解いていくことにしよう(マルコ一四3―9)。

3イエスがベタニアで重い皮膚病の人シモンの家にいて、食事の席に着いておられ
たとき、一人の女が、純粋で非常に高価なナルドの香油の入った石膏の壺を持って来
て、それを壊し、香油をイエスの頭に注ぎかけた。4そこにいた人の何人かが、憤慨
して互いに言った。「なぜ、こんなに香油を無駄使いしたのか。5この香油は三〇〇
デナリオン以上に売って、貧しい人々に施すことができたのに」。そして、彼女を厳
しくとがめた。6イエスは言われた。「するままにさせておきなさい。なぜ、この人
を困らせるのか。わたしに良いことをしてくれたのだ。7貧しい人々はいつもあなた
がたと一緒にいるから、したいときに良いことをしてやれる。しかしわたしはいつも
一緒にいるわけではない。8この人はできるかぎりのことをした。つまり、前もって
わたしの体に香油を注ぎ、埋葬の準備をしてくれた。9はっきり言っておく。世界中
どこでも、福音が宣べ伝えられる所では、この人のしたことも記念として語り伝えら
れるだろう」。

マルコ版・ルカ版・ヨハネ版の関係

この物語には、マタイ版(マタイ二六6-13)とルカ版(ルカ七36-50)のほかにヨハネ版(ヨハネ一二1-8)もある。マタイ版は、マルコ版と同じように、この物語をイエスの受難物語の冒頭

に置いており、内容的にもマルコ版とそれほど大きく異なっていない(マルコ一四5の後半「そして、彼女を厳しくとがめた」と一四6の前半「するままにさせておきなさい」を削除)。これに対してルカ版は、この物語を受難物語の枠から外して、イエスの生涯の前半に、すなわちガリラヤにおける宣教活動の中に移し、マルコ版の「重い皮膚病の人シモンの家」(マルコ一四3)を「ファリサイ派の人」の「家」に(ルカ七36)、マルコ版の「一人の女」(マルコ一四3)を「一人の罪深い女」(つまり遊女)に(ルカ七37)、それぞれ替えているだけではなく、内容的にもマルコ版とはかなりの相違がある(ルカ七36-50)。

36さて、あるファリサイ派の人が、一緒に食事をしてほしいと願ったので、イエス
はその家に入って食事の席に着かれた。37この町に一人の罪深い女がいた。イエスが
ファリサイ派の人の家に入って食事の席に着いておられるのを知り、香油の入った石
膏の壺を持って来て、38後ろからイエスの足もとに近寄り、泣きながらその足を涙で
ぬらし始め、自分の髪の毛でぬぐい、イエスの足に接吻して香油を塗った。39イエス
を招待したファリサイ派の人はこれを見て、「この人がもし預言者なら、自分に触れ
ている女がだれで、どんな人か分かるはずだ。罪深い女なのに」と思った。40そこで、
イエスがその人に向かって、「シモン、あなたに言いたいことがある」と言われると、

シモンは、「先生、おっしゃってください」と言った。41イエスはお話しになった。
「ある金貸しから、二人の人が金を借りていた。一人は五〇〇デナリオン、もう一人
は五〇デナリオンである。42二人には返す金がなかったので、金貸しは両方の借金
を帳消しにしてやった。二人のうち、どちらが多くその金貸しを愛するだろうか」。
43シモンは、「帳消しにしてもらった額の多い方だと思います」と答えた。イエスは、
「そのとおりだ」と言われた。44そして、女の方を振り向いて、シモンに言われた。
「この人を見ないか。わたしがあなたの家に入ったとき、あなたは足を洗う水もくれ
なかったが、この人は涙でわたしの足をぬらし、髪の毛でぬぐってくれた。45あな
たはわたしに接吻の挨拶もしなかったが、この人はわたしが入って来てから、わたし
の足に接吻してやまなかった。46あなたは頭にオリーブ油を塗ってくれなかったが、
この人は足に香油を塗ってくれた。47だから、言っておく。この人が多くの罪を赦
されたことは、わたしに示した愛の大きさで分かる。赦されることの少ない者は、
愛することも少ない」。48そして、イエスは女に、「あなたの罪は赦された」と言われ
た。49同席の人たちは、「罪まで赦すこの人は、いったい何者だろう」と考え始めた。
50イエスは女に、「あなたの信仰があなたを救った。安心して行きなさい」と言われ
た。

女がイエスに香油を注ぐ、あるいは香油を塗る、という動機において、このルカ版はわずかにマルコ版と共通している（それにしても、マルコ版ではイエスの頭あるいは体に香油を注ぐのに対し（マルコ一四3、8）、ルカ版ではイエスの足に香油を塗っている（ルカ七38、46））。しかし、マルコ版では物語のテーマが一貫してベタニアの女の「油注ぎ」であるのに対し、ルカ版ではテーマがイエスに対する「罪深い女」の「愛」と、それに応じたイエスによる女の「罪の赦し」になっている（ルカ七47）。「ベタニアの女」の物語と「罪深い女」の物語は、これほど違っているために、後者は前者のルカ版ではなく、ルカは「ベタニアの女」の物語伝承とは直接関係のない、「罪深い女」の物語伝承を採用して自らの福音書の中に編み込んだと想定する学者も多いのである。

しかし、一方においてマルコ福音書の「ベタニアの女」の物語に、他方においてルカ福音書の「罪深い女」の物語に、それぞれ類似する要素をもつ「ベタニアのマリアの物語」が、ヨハネ福音書に編まれている（一二1-8）。

1 過越祭の六日前に、イエスはベタニアに行かれた。そこには、イエスが死者の中
からよみがえらせたラザロがいた。
2 イエスのためにそこで夕食が用意され、マルタ

は給仕をしていた。ラザロは、イエスと共に食事の席に着いた人々の中にいた。3 そのとき、マリアが純粋で非常に高価なナルドの香油を一リトラ（一リトラは約三二六グラムに当たる）持って来て、イエスの足に塗り、自分の髪でその足をぬぐった。家は香油の香りでいっぱいになった。4 弟子の一人で、後にイエスを裏切るイスカリオテのユダが言った。5「なぜ、この香油を三〇〇デナリオンで売って、貧しい人々に施さなかったのか」。6 彼がこう言ったのは、貧しい人々のことを心にかけていたからではない。彼は盗人であって、金入れを預かっていながら、その中身をごまかしていたからである。7 イエスは言われた。「この人のするままにさせておきなさい。わたしの葬りの日のために、それを取って置いたのだから。8 貧しい人々はいつもあなたがたと一緒にいるが、わたしはいつも一緒にいるわけではない」。

この物語のうち、マリアが「香油」を「イエスの足に塗り、自分の髪でその足をぬぐった」という描写（3節）は、ルカ福音書の「罪深い女」の振舞い（ルカ七38、46）と共通している。

その他は、細部において確かにマルコ福音書の「ベタニアの女」の物語と異なっている部分がある。マルコ版では物語が過越祭の「二日前」（マルコ一四1）に、ヨハネ版ではその

「六日前」(ヨハネ三1)に、それぞれ設定されている。マルコ版で女の振舞いを非難するのは「そこにいた人の何人か」となっているのに(マルコ一四4。マタイ二六8は「弟子たち」)、ヨハネ版では、「弟子の一人で、後にイエスを裏切るイスカリオテのユダ」に特定されている(ヨハネ三4)。しかし、ヨハネ版の物語のテーマは、マルコ版の物語のテーマと重なっており、いずれもイエスの「埋葬」と関係づけられている(マルコ一四8、ヨハネ三7)。その上、「するままにさせておきなさい」というイエスの命令は、マルコ版(マルコ一四6)とヨハネ版(ヨハネ三7)で共通している。

こうしてみると、ベタニアの女の頭への「油注ぎ」か、足への「塗油」かをめぐっては、マルコ型の伝承とヨハネ＝ルカ型の伝承が存在していたことになろう。しかしその他の点、とくにイエスが、ベタニアの女をその振舞いに対する男(たち)の抑圧から解放し、彼女の振舞いをイエスの「埋葬」の先取りとみなす点ではお互いに共通するマルコ＝ヨハネ型の伝承が、マルコあるいはヨハネによりそれぞれの福音書の中に——適当な修正・加筆の上で——採用される以前に存在していた、と想定される。ルカは、自らの福音書の受難物語(ルカ三1以下)を編む際に、彼が資料として拠ったマルコ福音書の受難物語から、その冒頭にある「ベタニアの女」の物語を外した。そして、ヨハネ＝ルカ型の「塗油」物語をガリラヤにおけるイエスの宣教活動の場面に採用し、それを、ルカに独自な立場(愛の行為とそれに基づく罪の赦し)から「罪深い女」の物語に改変した、とみてよいであろう。

「ラ゠マッダレーナ゠ペニテンテ」

ちなみに、西洋美術史においてほとんど一つの「ジャンル」にさえなっている、作品のテーマの一つに、「ラ゠マッダレーナ゠ペニテンテ」(改悛するマグダレーナ)があるが、このテーマの最も重要な素材となっているのが、ルカ福音書の「罪深い女」の物語なのである。この「マッダレーナ」あるいは「マグダレーナ」は、元来「マグダラの女」の意、具体的には「マグダラのマリア」がこれにあたる。しかし、マグダラのマリアが「罪深い女」と結びつけられたのは、紀元後二世紀よりもあとのことであって(教皇グレゴリウス一世がこれを公に宣言したのは六世紀)、ルカ福音書そのものでは、この二人は明らかに別人である。マグダラのマリアが「罪深い女」とされたのは、この女の物語のすぐあとの文脈(ルカ八2-3)に、イエスと十二弟子の宣教活動に「奉仕していた」「何人かの婦人たち」、とりわけその中の「七つの悪霊を追い出していただいたマグダラのマリア」に言及されているために、このマリアこそ「改悛した」元娼婦、つまり「罪深い女」に違いない、という男性による勝手な解釈に由来する。当時の男性社会において、女が「悪霊に憑かれる」のは、つまり精神に異常をきたすのは、淫乱の結果だとみなされる場合が多かった。

その上、そもそも「エデンの園」の太古から、蛇の誘惑に最初に陥り、しかも最初にアダムを誘惑したのはエバである(創世記三1-7)。つまり「罪」は女に由来するという男性中心的人間観が牢固としてあった。聖書の中でさえ、「罪深い女」は「罪人」のキーワードとして存在するが、「罪深い男」という表現は皆無なのである。

いずれにしても、このような「マッダレーナ」像が、ルカ福音書の「罪深い女」のみならず、ヨハネ福音書の「ベタニアのマリア」、さらにはマルコ福音書の「ベタニアの女」をも取り込んで、美術や文学や映画(たとえば「ジーザス・クライスト・スーパースター」や「パッション」)の中に拡がっている。しかし、少なくとも「ベタニアの女の油注ぎ」の物語は、強烈な男性批判と女性解放のメッセージを内包しているのである。

マルコ版の伝承と編集

さて、この辺でこの講のテーマになっている「ベタニアの女」のマルコ版にもどることにしよう。これをヨハネ版と比較してみて、すぐわかることは、「油注ぎ」あるいは「塗油」というテーマに沿う物語の展開(マルコ一四3-8、ヨハネ一二1-8)は、二つの版でほぼ対応しているということである。マルコ福音書とヨハネ福音書は、文書としての依存関係なしに成立したものであるだけに、いま確認した対応部分(マルコ版では一四3-8)は、伝承にさかのぼるとみてほぼまちがいないであろう。したがって、この対応部分からはみ出る、マルコ版の物語を締めくくるイエスの言葉(9節)は、マルコの編集句ということになる。――「はっきり言っておく。世界中どこでも、福音が宣べ伝えられる所では、この人のしたことも記念として語り伝えられるだろう」。この言葉でマルコは、前の文脈の、より包括的イエスの宣言「しかし、まず、福音があらゆる民に宣べ伝えられねばならない」(マルコ一三10)を想起することを、読者に促しているのかもしれない。

ただし私には、この9節の前、8節後半のイエスの言葉「つまり、前もってわたしの体に香油を注ぎ、埋葬の準備をしてくれた」も、――「埋葬」という事柄との結びつきはすでに伝承にあったとしても(ヨハネ一二7と事柄として対応)――文言としてはマルコに由来する、と思われる。とりわけ、マルコ一四3で女が香油をイエスの「頭」に注ぎかけているのに、それを8節の後半で「体に注ぎ」という文言で受け、「油注ぎ」という女の振舞いをイエスの死の射程の中に位置づけているからである。とすれば、この物語のマルコ版のうち、3-8節の前半が伝承部分ということになろう。

伝承――「共感」のレベル

3節――「イエスがベタニアで重い皮膚病の人シモンの家にいて、食事の席に着いておられたとき、……」。状況の設定からして異常である。当時、重い皮膚病の人は、レビ記の掟により(レビ記一三3、45-46)、不浄な存在として家の片隅か屋外に隔離されていた。重い皮膚病の人を出した「家」は、ひたすらそのことを世に隠していたはずである。イエスがそのような「家にいて」、しかも「食事の席に着いていた」といわれる場合、彼は二重にユダヤ社会のタブーを破ったことになる。一つは「不浄」との接触のタブー、もう一つは「不浄」な場での共食のタブー。すでに、「レビの召命」の物語(マルコ二13-17)によせて第八講(「罪人を招くために」)で指摘したように、当時のユダヤ社会で「食事」は、「不浄」を排除してとられる、メシアの「聖宴」の日常生活における先取り的性格をもっていた。

その食事の席に闖入してきた「一人の女」の振舞いも異常である。「ナルド」は、インドおよび東アジアの原産で、オミナエシ科に属する植物(日本名「甘松香《カンショウコウ》」)のこと。その根から高価な「ナルドの香油」が調合された。これが「入った」といわれる「石膏」(アラバスト)の壺も高価なものである。女は「それを壊し、香油をイエスの頭に注ぎかけた」という。

女は、なぜこのような異常な行動に出たのか。これを——あとでも言及するように——8節後半-9節におけるマルコの編集のレベルで解釈すれば、イエスに対するこの女のパフォーマンスによる「キリスト告白」と意味づけられよう。第一講で説明したように、

「キリスト」はヘブライ語「メシア」のギリシア語表記で、いずれも「油を注がれた者」――預言者によってその頭に油を注がれて王位についた者を意味し、ユダヤ教では、こうして王となったダビデの子孫から終末の時に「メシア」＝「キリスト」が現れて、イスラエルのために国を復興する、と信じられていた（使徒行伝一6参照）。――人々のために、この世にあって虐げられている人々のために、十字架上で死に、葬られるイエスこそが「キリスト」であるという無言の告白が、この女の油注ぎである、というのである。この意味で、シュスラー・フィオレンツァは、このベタニアの女を「預言者」と位置づけている。

しかし、このような女の振舞いの「キリスト論的解釈」はともかくとして、伝承、とりわけ伝承の古層のレベルでは、これを、イエスに対してこの女が日頃抱いていた「共感」のしるしとみるほうが、私には自然だと思われる。女がイエスの何に共感したのか、それはこの物語の文脈から不明である。しかし、マルコ福音書をはじめからここまで読み下してきた読者ならば、容易に想像がつくのではないか。「不浄な民」「罪人」として差別されていた、貧しい者、病人や障害者、そして「女子ども」の位置に立ち、彼ら彼女らに対するタブーを平然と破って生きたイエスに、ベタニアの女は共感していたのだ。その「共感のしるし」として、彼女は、一般的に高価というよりは、むしろ彼女にとって最も大切な「ナルドの香油」をイエスの頭に注ぎかけたのである。客人に香油を振りかけるのは、古代オリエントに比較的一般的に見出される習慣であった。ただ、それがあまりにも異常なだけに、ここにイエスに対する彼女の「共感」に基づく情念、あるいは恋情を想定しては、不謹慎というものであろうか。

4-5節によると、果たして「そこにいた人の何人か」(マタイ二六8では「弟子たち」、ヨハネ一二4では「イスカリオテのユダ」、いずれにしてもおそらく男たち)が、「憤慨して互いに言った。『なぜ、こんなに香油を無駄使いしたのか。この香油は三〇〇デナリオン以上に売って、貧しい人々に施すことができたのに』」。女の非常識な振舞いに対する男たちの反応は、常識的、合理的、そして合法的である。とくに貧民への施しは、イスラエルでは古来、聖書の「法」によって命じられている最大の美徳の一つであった(申命記一五11参照)。しかし、情念はもともと常識や合理性、とりわけ合法性を超えるものである。

6節でイエスは、まず、「〔彼女を〕するままにさせておきなさい」と戒める。第一六講で「子どもを祝福する」イエスの物語(マルコ一〇13-16)によせて、子どもの人権について考察した際に、私が一〇14のイエスの言葉を「子どもたちをわたしのところに来るままにさせておきなさい」と訳し、今、問題としているイエスの言葉「彼女をするままにさせておきなさい」との対応関係に言及した。そこで指摘したように、一〇14の場合と同様に、ここでも「するままにさせておきなさい」という命令形にはギリシア語の aphete が用いられており、その原形のaphiēmiは元来「解き放つ」の意である。とすれば、ここは「彼女を解き放ちなさい」とも訳せるわけで、いずれにしてもイエスは、女の情念解放への抑圧を男たちに禁じているのである。

しかもイエスは、彼女のしたことを「わたしに良いことをしてくれた」と称賛した上で、7–8節で、「貧しい人々はいつもあなたがたと一緒にいるから、したいときに良いことをしてやれる。しかし、わたしはいつも一緒にいるわけではない。この人はできるかぎりのことをした」と言う。貧民救済という合法的行為は持続的に可能なのだ。しかし、人と人、とりわけ女と男の出会いは一回限りなのだ。――ここで伝承部分は終わっていた、と私は想定したい。

編集――「共苦」のレベル

8節後半「つまり、前もってわたしの体に香油を注ぎ、埋葬の準備をしてくれた」は、すでに述べた理由によって、少なくともその文言を私はマルコの編集句とみる。とすればマルコは、伝承のレベルに見出された、イエスに対するベタニアの女の「共感のしるし」としての油注ぎを、「共苦のしるし」としての油注ぎに引き上げたことになる。こうして私ははじめて、「苦難のイエス」に対する「キリスト告白」としてこの女の油注ぎを位置づけることができると思う。彼女の「キリスト告白」は、ペトロの「キリスト告白」といかにも対照的である。ペトロは声高に、「あなたはキリストです」とイエスに向かって告白したのに、その舌の根が乾かないうちに、イエスの受難への道行きを遮ろうとした。このペトロをイエスは、「サタン、引き下がれ。あなたは神のことを思わず、人間のことを思っている」と叱責した(マルコ八27-33)。このペトロの場合とは極めて対照的に、「共苦のしるし」を介する、ベタニアの女による無言の「キリスト告白」を、イエスは――私の敷衍訳で示せば――「はっきり言っておく。世界中どこででも、福音が宣べ伝えられる所では、この女がわたしに対する共苦のしるしとしてしたことも、彼女を記念して語り伝えられるだろう」と称賛するのである(9節)。

もっとも、「共苦」という表現は日本語としてなじまない、といわれるかもしれない。実際、『広辞苑』や『大辞林』などに、この言葉は載っていない。しかし、日本語で「同情」とか「共感」と訳される英語の sympathy は、語源的にはギリシア語で「共に」を意味する前綴 syn- と「情念、受苦、苦難」を意味する pathos と同根の patheia との合成名詞で、pathos は英語の passion の語源である。そして英語で passion といえば、「激しい感情、情念」などのほかに「受苦」、とりわけ「キリストの受難」(the Passion) の意味がある。要するに、「共感」(感情を共にすること)と「共苦」(苦難を共にすること)は、少なくともそれに対応する英語では語源的にも切り離しえない。一般的にみても、「共感」の究極が「共苦」といえるであろう。この意味でも、「共感」のレベルを切り捨てた「共苦」は、血も涙もない抽象である。「ベタニアの女の油注ぎ」の物語を、はじめからキリスト論的に、あるいは神学的に読み解くべきではない、というのが私の主張である。

最後に、この物語が、その前後の文脈で、祭司長や律法学者たちによる「イエス殺害の計略」(マルコ一四1-2)と「ユダの裏切り計企」(マルコ一四10-11)で、挟まれていることに注意を促しておきたい。「ベタニアの女」の振舞いを「光」とすれば、それを挟む「計略」と「計企」は「闇」となる。このあと、受難物語において「闇」の部分が次第に拡大し、ユダのみならず、弟子たち、あのペトロさえイエスを否認し、遂に「全地は暗くなり」、イエスは十字架上に息絶える(マルコ一五33、37)。「光」は消え失せたかにみえる。しかし、十字架の下でイエスを見守っていたのは、ガリラヤからエルサレムまでイエスに「従って来て仕えていた」女たちであった(マルコ一五40-41)。彼女らがイエスの死体に「油を塗りに行く」。そして彼女らに、イエスの復活が告知される。イエス復活の朝、闇は消えて光輝く(マルコ一六1-8)。こうして、イエスの受難・復活物語は、「ベタニアの女」の物語ではじまって、十字架の下に立つ女たち、とりわけイエス復活の最初の証人となる女たちの物語で終わる。——「光は暗闇の中で輝いている」(ヨハネ一5)。

〔追記〕

本講については、絹川久子『女性たちとイエス』一六一―一八四頁、山口里子『マルタとマリア』二二六―二六二頁、荒井英子『弱さを絆に』一三五―一五五頁をも参照。

第二二講　「御心に適うことが行われますように」

――ゲッセマネの祈り――

マルコ一四32―42

受難物語伝承の性格

前講でテーマとした「ベタニアの女の油注ぎ」の物語(マルコ一四3―9)の前の文脈、つまり「イエス殺害の計略」(マルコ一四1―2)から、イエスのいわゆる「受難物語」(マルコ一四1―一五47)、あるいは「受難・復活物語」(マルコ一四1―一六8)がはじまる。本書の第一講で、マルコは、すでに彼以前に言い伝えられていたイエスにかかわる諸伝承を資料として採用し、それらを編集して「福音書」を著したことを確認している。その際にマルコが用いたイエス伝承の性格が、実は、福音書の一―一三章までの場合と、一四―一五章ないしは一六章までの場合とでは異なるのである。すなわち、一三章までの場合、マルコが採用した諸伝承の各単元――イエスの言葉、言葉で終わる物語、物語そのものなど――には元来時間的前後関係がなく、各々が単独で言い伝えられていた。それに歴史的前後関係をつけ、ガリラヤからエルサレムに至るイエスの生涯の物語(つまりマルコ福音書の一―一三章)の中に編み込んだのがマルコなのである。

これに対して、一四章以下の受難物語あるいは受難・復活物語の場合、マルコが採用した受難(復活)伝承は、各々単元に分かれながらも(イエス殺害の計略とユダの裏切り計企、ベタニアの女、過越の食事あるいは主の晩餐、ペトロの離反予告、ゲツセマネの祈り、ユダの裏切りとイエスの逮捕、最高法院での裁判、ペトロの否認、ピラトの尋問と死刑の判決、十字架刑とイエスの死、埋葬、復活)、すでに伝承の段階で、これらの単元に時間的前後関係がつけられ、特定の立場から一つにまとめられ、「受難(復活)物語」として存在していた。そして、この伝承段階における「受難物語」には、内容的にみて二つの特徴がある。

その一つは、受難のイエスを、旧約聖書、とりわけ「詩篇」に登場する「苦難の義人」に重ねて描こうとする傾向である。実際、受難物語におけるイエスの振舞いや言葉に「苦難の義人」を思わせる要素が多いのである。もう一つは、イエスの受難、とくにその死と共に、ユダヤ教の黙示文学(この世の終末が来た時に起こるもろもろのしるしを「啓示」あるいは「黙示」する文学)で預言されていた「終末のしるし」が実現された、あるいは実現されつつあると解釈する傾向である。受難物語にはじめからこの二つの特徴があったのか、それとも、第一の特徴で一貫していた受難物語(A)が基層にあって、それから第二の特徴を有する受難物語(B)へと拡大していったのか、それとも(A)と(B)の二つが併存していたのか、――これらの問題をめぐっては学者間の意見が分かれている。いずれにしても、受難のイエスこそが「神の子」キリストであるという「信仰告白」(マルコ一五39)が受難物語の背後に貫かれていることは疑いえないであろう。

このような受難物語伝承が形成されていった「場」(これを聖書学の専門用語で伝承の「生活の座」という)は、最初期のキリスト教における「受難(復活)記念礼拝」であったと想定されている。イエスの受難あるいは復活を記念する礼拝の中で、司式者が暗唱する――成文化されていれば朗読する――聖書テキストがこれにあたる。もちろんこれは、一年に一回、受難週やそれに続く復活節礼拝に用いられたのであるが、そもそも毎週礼拝がもたれた「主の日」(日曜日)は、主イエス・キリストの復活の日(マルコ一六2)を記念して設定されたものである。このいわゆる「イースター」は、キリスト教の成立と共に古く(使徒行伝二〇7、ヨハネ黙示録一10、十二使徒の教訓《ディダケー》(一〇〇年頃に成立した教会規則)14・1参照)、四世紀に入ってから一般的になったイエス生誕記念礼拝、いわゆる「クリスマス」とは、元来比較にならないほど重要な礼拝であった。

いずれにしても、このように教会の礼拝を「生活の座」として形成された受難・復活伝承の本文は、まさに本文の送り手と受け手との「象徴的相互行為」なのである。とくに、本文のテーマが「死に直面するイエスの行動」である場合、この「ドラマ」(英語の drama は元来「行動」を意味するギリシア語の drāma に由来する)のシナリオライターである教会のメンバーは、自ら迫害下にあって死に直面しているのであるから、イエスの「行動」に自らの「行動」を重ねてシナリオを形成していったはずである。それだけに、この種の伝承からイエス自身の行動を抽出することは極めて困難である。しかし他方、歴史の「事実」はともかくとして、その「真実」は、歴史の受け手の「追体験」を介して、はじめて伝えられるものである限り、この種の伝承には、歴史(イエス自身の行動)の真実性が反映している、とみることもできるのである。

ところで、マルコは、ひとまとまりとして存在していた受難・復活物語伝承を素材として、自らの福音書の一四章以下を書き継いだ。その際彼は、この伝承を一四章以下に機械的に結合したのではなく、部分的に修正・加筆しながら、一―一三章の場合と同様に、それてこの場合に対応させて「編集」し、「福音書」を全体として統一あるものにしたのである。ただし、一四章以下の場合は、一―一三章の場合と異なって、伝承の幅が広いので、マルコの編集句は比較的に少なくなる。それでも、私どもが一三章までに確認してきた、マルコ福音書に固有な特徴――たとえば、弟子批判や女性評価など――が一四章以下にも認められ、その部分が必ずしも前後の文脈に適合しない場合、その部分はマルコの編集句と判定してよい、ということになろう。

マタイ福音書の受難物語は二六章からはじまるが、その資料としては、ほぼ一貫してマルコ福音書の受難物語を用いている(もちろん編集の視点は、マタイはマルコと異なるし、部分的にマタイの特殊資料で補っている場合があるにしてもである)。他方、ルカの受難物語(ルカ二二章以下)も、マルコ福音書に拠ってはいるが、ルカはそのほかに、比較的に統一性のあるもう一つの受難・復活物語伝承をもっていた可能性がある。マルコやマタイの物語と大幅に相違する部分がルカ福音書の物語に認められるからである。

ヨハネ福音書の場合、共観福音書に対応する受難物語は、一一45からはじまるが、受難以前のイエスの生涯を綴る際と同様に、受難物語においても、共観福音書とは異なる系統の伝承に拠っている。すでに前講で確認したように、「ベタニアの女の油注ぎ」の日付が、マルコ福音書(マルコ一四1「過越祭の二日前」)とヨハネ福音書(ヨハネ一二1「過越祭の六日前」)では違っていた。イエスが処刑された日も、マルコ福音書では過越祭の第一日であるのに対し(マルコ一四12。一五1、6参照)、ヨハネ福音書では「過越祭の準備の日」(ヨハネ一三1、一八28、一九14)であった。このように、マルコ福音書をはじめとする共観福音書とヨハネ福音書とでは、それぞれが採用している伝承の系統が違っているだけに、両系統に共通する部分が見出された場合、その部分の歴史性が高いと判断してよいことになる。

受難物語伝承につき、以上のことを確認した上で、まずイエスの「ゲッセマネの祈り」のマルコ福音書の本文を読み解いていくことにしよう(一四32-42)。

32一同がゲッセマネという所に来ると、イエスは弟子たちに、「わたしが祈ってい
る間、ここに座っていなさい」と言われた。33そして、ペトロ、ヤコブ、ヨハネを伴
われたが、イエスはひどく恐れてもだえ始め、34彼らに言われた。「わたしは死ぬば
かりに悲しい。ここを離れず、目を覚ましていなさい」。35少し進んで行って地面に
ひれ伏し、できることなら、この苦しみの時が自分から過ぎ去るようにと祈り、36こ
う言われた。「アッバ、父よ、あなたは何でもおできになります。この杯をわたしか
ら取りのけてください。しかし、わたしが願うことではなく、御心に適うことが行わ
れますように」。37それから、戻って御覧になると、弟子たちは眠っていたので、ペ
トロに言われた。「シモン、眠っているのか。わずか一時も目を覚ましていられなか
ったのか。38誘惑に陥らぬよう、目を覚まして祈っていなさい。心は燃えても、肉体
は弱い」。39更に、向こうへ行って、同じ言葉で祈られた。40再び戻って御覧になる
と、弟子たちは眠っていた。ひどく眠かったのである。彼らは、イエスにどう言えば

よいのか、分からなかった。41イエスは三度目に戻って来て言われた。「あなたがたはまだ眠っている。休んでいる。もうこれでいい。時が来た。人の子は罪人たちの手に引き渡される。42立て、行こう。見よ、わたしを裏切る者が来た」。

イエスの恐れ、悲しみ、苦しみ——弟子たちの弱さ

32節——場面は「ゲツセマネ」。ヨハネ一八1によれば、「キドロンの谷の向こう」側東方にある「園」(ちなみに、この谷の西方にエルサレムがある)。イエスと弟子たちは、ここに来る前に、エルサレムの「都」で(マルコ一四13)、「過越の食事」(「主の晩餐」)をとり(マルコ一四18-25)、「一同は賛美の歌をうたってから、オリーブ山へ出かけた」といわれている(マルコ一四26)。その途中で、イエスはペトロの離反を予告し(マルコ一四27、30。三六二頁参照)、それから弟子たちと共に「ゲツセマネという所に来る」ということになっている。したがってゲツセマネは、オリーブ山西側の山腹にあることになる(ルカ二二39-40では「オリーブ山」の「いつもの場所」)。イエスは弟子たちに、自分が祈っている間、ここに座っているように命じた。

ところが、33節で、イエスは「ペトロ、ヤコブ、ヨハネ」の三人を連れて行った、という。この三人は、十二弟子の中でもトップに挙げられるいわば「内弟子」(マルコ三16-17)で、

彼らだけがイエスの奇跡行為の現場(マルコ五37)や山上の変容の場面(マルコ九2)に伴われており、イエスがオリーブ山で「終末のしるし」について語ったのも、「ペトロ、ヤコブ、ヨハネ、アンデレ」のひそかな問いに応じたものであった(マルコ一三3以下)。しかし他方、第一七講で問題にしたように、「イエスが栄光を受けるとき、その左右に座らせてほしい」というヤコブとヨハネの願いは、イエスによって厳しく退けられていた(マルコ一〇35-40)。しかも、この物語の直前に、イエスによる三度目の、そして最後の「受難・復活予告」が編まれていたのである(マルコ一〇32-34)。

要するに、マルコ福音書において弟子、とりわけ「内弟子」の三人(アンデレも含めれば四人)に対する評価はアンビヴァレント(両義的)である。一方において、彼らはイエスの側近中の側近として特別の地位にありながら、他方において、ほかの弟子たちよりも厳しい批判の対象とされている。

33節の「内弟子」像は、あとの文脈からみると、ちょうどこのような、つまりマルコに特徴的な両義性をもってこの箇所に導入されたのではなかろうか。イエスが必死の祈りから戻ってみると、おそらく文脈からみて、この三人をはじめとする弟子たちは眠っていた(37節)。ペトロがイエスによる叱責の対象となる。しかも同じことが三度繰り返されるのである(40、41節)。

もっとも、三度にわたる弟子たちの居眠りに対する言及のうち、一度目には「ペトロ」が名指されているから、イエスによる叱責の対象はペトロに代表される「内弟子」と思われるが、その後の二度は、「内弟子」であるのか、他の八人の「弟子」であるのか、あるいは「内弟子」を含む十一人の「弟子」であるのか、よくわからない。そもそも、37節の第一回目の言及以後、33節における「内弟子」の選別のことは前提されていない可能性がある。少なくとも、あとの二回、とくに最後の三回目は、「弟子」全体に向けて語りかけられていることは疑いえない。

その上、ルカ版(ルカ三39-46)には「内弟子」に対する言及がない。もちろんルカが、マルコ福音書の本文における「内弟子」の箇所を削除した可能性はある。しかし彼は、先に言及したように、受難物語執筆の際に、マルコ福音書のほかにもう一つの受難物語伝承を用いたと想定されている。とすれば、この伝承のほうには、「内弟子」への言及がなかったかもしれない。

以上要するに、33節前半の「ペトロ、ヤコブ、ヨハネを伴われたが」は、マルコの編集句である可能性が高い、ということである。実際、この句をパスして、32節から33節後半に続けて読んだほうが、この物語における弟子の描写に全体として矛盾がないのである。33節後半-34節「イエスはひどく恐れてもだえ始め、彼らに言われた。『わたしは死ぬばかりに悲しい。ここを離れず、目を覚ましていなさい』」。「悲しい」と訳されているギリシア語 perilypos は、「詩篇」における「苦難の義人」の「嘆きの歌」にも用いられている。――「なぜうなだれる〔ギリシア語訳では悲しむ〕のか、わたしの魂よ／なぜ呻くのか」(詩篇四二6、12)。ここで、死に直面するイエスの恐れと悲しみが、「苦難の義人」のそれに重ねられていることがわかるであろう。

他方、ペトロ、ヤコブ、ヨハネに対する、「目を覚ましていなさい」という命令は、直接的にはやはりこの三人(とアンデレ)に向けて語られているイエスの終末預言(マルコ一三5以下)、とりわけ終末に備えて「目を覚ましていなさい」という戒め(マルコ一三32以下)を受けている。ここで注意すべきは、一三章におけるイエスの終末預言とそれを前提とする戒めが、直接的にはイエスの「内弟子」に向けられているが、実際にはマルコ福音書の初読者全員に向けられていることである。このことは、この預言と戒め全体を締めくくる次の言葉からみて明らかであろう。――「あなたがたに言うことは、すべての人に言うのだ。目を覚ましていなさい」(マルコ一三37)。したがって、同じことが一四34後半にも妥当する。ここで「ペトロ、ヤコブ、ヨハネ」をはじめとする「弟子たち」に、マルコがそこに向けて福音書を編んでいる、マルコ時代のキリスト教共同体のメンバー、つまりマルコ福音書の初読者が重ねられている。彼らは――そして私ども現代に生きる読者もまた――死を前にするイエスの死ぬほどの悲しみを知りながら、目を覚まして、イエスのために祈ることができない。彼らはだらしなく眠りこけてしまう、まことに弱い「弟子たち」なのである。しかも、このことが繰り返し、三度もイエスによって確認されている(37、40、41節)。

この「三度」は、「ゲツセマネの祈り」の直前の文脈に見出される、イエスによる「ペトロの離反予告」(マルコ一四27-31)の中の「三度」と対応していることは、単なる偶然であろうか。

27イエスは弟子たちに言われた。「あなたがたは皆わたしにつまずく。
『わたしは羊飼いを打つ。すると羊は散ってしまう』
と書いてあるからだ。28しかし、わたしは復活した後、あなたがたより先にガリラヤ
へ行く」。29するとペトロが、「たとえ、みんながつまずいても、わたしはつまずきま
せん」と言った。30イエスは言われた。「はっきり言っておくが、あなたは、今日、
今夜、鶏が二度鳴く前に、三度わたしのことを知らないと言うだろう」。31ペトロは
力を込めて言い張った。「たとえ、御一緒に死なねばならなくなっても、あなたのこ
とを知らないなどとは決して申しません」。皆の者も同じように言った。

この予告は、イエスがこのあと逮捕され、最高法院で大祭司から死刑の判決を受けたのちに、最高法院の中庭で実現する。ここでペトロは、イエスの仲間であることを見咎められる。ペトロが最初それを否認したときに、鶏が鳴いた。三度目に否認したとき、再び鶏が鳴いた。――「ペトロは、『鶏が二度鳴く前に、あなたは三度わたしを知らないと言うだろう』とイエスが言われた言葉を思い出して、いきなり泣きだした」(マルコ一四72)。

ペトロの三度にわたるイエス否認は、イエスの恐れ、悲しみ、苦しみをよそに、「目を覚ましている」ことさえできず、三度も眠り込むペトロと弟子たちの弱さに対応しているのではないか。いずれの場面でも、「心は燃えても、肉体は弱い」のである(マルコ一四38)。そして、これを対応させたのがマルコであったとすれば(ちなみに、ルカ版〔ルカ二二39―46〕にはこの「三度」の繰り返しがない)、「目を覚まして(祈って)いなさい」というイエスの戒め(マルコ一四34、38)をも含めて、弟子たちの三度の眠りに物語を拡大したのはマルコである可能性があろう。

イエスの祈り

35節――イエスは、「少し進んで行って地面にひれ伏し」神に「祈った」――「できることなら、この苦しみの時が自分から過ぎ去るように」と。イエスは死が不可避であることを知りながら、それまでの「苦しみの時」をできうる限り回避されることを神に祈っている。物語によれば、このイエスの「苦しみの時」に弟子たちはいない。たとえ比較的近くにいたことが前提されていたとしても、彼らは眠っている。つまり、孤独なイエスの「苦しみの時」の証人はいないのである。とすれば、36節に直接引用されている祈りの内容をも含めて、このイエスのいわば苦悩からしぼり出された祈りは、その証人を介して後世に伝承されるはずはないであろう。だからこの祈りは、イエスが実際に祈った祈りというよりは、むしろイエスの苦しみを追体験している最初期のキリスト信徒の祈りであり、彼らが自らの祈りをイエスの祈りに同一化しているとみるべきであろう。

ただ、それにしても、マルコ福音書とは文書として直接依存関係にないヨハネ福音書にも、死を前にしたイエスの苦悩の祈りに言及されている。——「今、わたしは心騒ぐ。何と言おうか。『父よ、わたしをこの時から救ってください』と言おうか」(ヨハネ三27)。さらに、「福音書」とはまったく別の文学的ジャンルに属し、そこで採用されているイエス伝承も福音書伝承とは別系統の「ヘブル人への手紙」にも、次のような証言が見出される。——「キリストは、肉において生きておられたとき、激しい叫び声をあげ、涙を流しながら、御自分を死から救う力のある方に、祈りと願いとをささげ、その畏れ敬う態度のゆえに聞き入れられました」(ヘブル五7)。

こうしてみると、最初期のキリスト教徒が自らの祈りをそこにアイデンティファイ(同一化)することのできたイエス自身の祈りが——どこまでがイエス自身(送り手)の祈りか、キリスト教徒(受け手)の祈りか、はっきり分けるわけにはいかないとしても——何らかのルートによって伝承されていた可能性も否定できないのである。いずれにしても、本文は送り手と受け手との「象徴的相互行為」なのである。

36節のイエスの有名な祈りも、その例外ではないであろう。——「アッバ、父よ、あなたは何でもおできになります。この杯をわたしから取りのけてください。しかし、わたしの願うことではなく、御心に適うことが行われますように」。「アッバ」はアラム語(イエス時代のパレスチナ地方の日常語)で、子どもが父親を親しみを込めて呼ぶときに用いる「お父さん」を意味する用語であるといわれる。そしてこの呼びかけ語は、初代のキリスト信徒の間でも、アラム語のまま、祈りの冒頭で用いられていた(ローマ八15、ガラテヤ四6)。つまりこの言葉は、教会の祈禱文にいわば定型語として採用されていたのである。とすれば、「アッバ」の原意までここで意識されていたとは思われない。

しかし、マルコのレベルにこの言葉を位置づけると、彼が原意を意識していたか否かは別としても、その原意が生きてくる、と私には思われる。すなわち、とりわけマルコ福音書において、イエスは「女子ども」の位置に立ち、彼ら彼女らを「するままにさせておく」ようにと、それを押しとどめようとした弟子たち、あるいは男たちを戒めていた（マルコ一〇14、マルコ一四6。第一六講、第二一講参照）。イエスはここでも、「女子ども」の一人になりきって、神に対し「お父さん」と呼びかけたことになる。

この祈りの前半は、35節の地の文のいわば「言葉化」となっている。「杯」は、一〇38におけると同様に（第一七講参照）、「死」の象徴語である。イエスは、神の万能を知りながらも、「死」という不可避性の回避を神に祈願する。しかし、その後半で、究極的には己が身を不可避性に開く。自分の願いではなく、神の御心に己れをまるごと委ねるのである。死は、あらゆる手段を用いて回避したい、しかしそれは最終的には受け入れられるべきものであり、少なくともつくり出されるべきものではない。これが、イエス伝承を介して形成されたマルコの死生観であったのではなかろうか。

いずれにしても、この祈りに神は沈黙している。このことは、イエスの苦難の苛酷さを強めこそすれ、弱めるものではない。この点で、古代ギリシアやローマの英雄たち（たとえばソクラテスやセネカ）の死にざまとイエスのそれは根本的に違っている。彼らの死にざまは、言葉どおり「男らしい」（ギリシア語で「アンドレイオス」。これは男子の最大の美徳であった）。それに比較すれば、死を前にするイエスの言動は、いかにも「弱々しい」。しかし、だからこそイエスの死は、女性をはじめとする民衆にとって「救い」となったのではないか。

最後に、この物語を締めくくる41節後半–42節を読み解いて、この講の終わりとしたい。この言葉のうち、「時が来た。人の子は罪人たちの手に引き渡される。……見よ、わたしを裏切る者〔文字どおりには「引き渡す者」〕が来た」は、明らかに、イエスによる第三回目の、そして最後の「受難予告」を受けている。――「今、わたしたちはエルサレムへ上って行く。人の子は祭司長たちや律法学者たちに引き渡される。……」(マルコ一〇33)。したがってこの部分はマルコの編集句であろう。これに対して、42節の「立て、行こう」は、ギリシア語原文ではそのまま文字どおりにヨハネ一四31に繰り返されている。とすれば、これは伝承句である。

いずれにしても、この「立て、行こう」を41節の「あなたがたはまだ眠っている。休んでいる。もうこれでいい」から続けて読めば、私どもはここに、弟子たちに対するイエスの叱責というよりもむしろ――慈父のような――励ましと、死という不可避性に毅然として立ち向かおうというイエスの促しを読み取ることができるのではなかろうか。

第二三講　「わが神、わが神、なぜわたしをお見捨てになったのですか」

——イエスの死——

マルコ一五33−41

「ゲッセマネの祈り」から「イエスの死」まで

前講でテーマとした「ゲッセマネの祈り」から、この講でテーマとする「イエスの死」に至るまでの受難物語の経過を、マルコ福音書の記述に沿ってたどってみると、ほぼ次のとおりである。

ゲッセマネの祈りの後、イエスがまだ弟子たちと話しているうちに、イエスを裏切った弟子の一人、イスカリオテのユダの先導により、祭司長、律法学者、長老たち(つまり最高法院)から遣わされた者たちによって、イエスは逮捕される(マルコ一四43−49)。弟子たちは皆、イエスを見捨てて逃げ去る(マルコ一四50−52)。イエスは最高法院で裁判を受け、自ら「神の子、キリスト」であることを認めたため、大祭司により死刑の判決を受ける(マルコ一四53-65)。ペトロは、大祭司の屋敷の中庭でイエスを否認する(マルコ一四66-72)。——以上が過越祭の第一日(ヨハネ福音書によれば、その前日)の夜半から夜明け前にかけて起こった出来事である。

夜が明けるとすぐ(ただし、ユダヤでは日没から翌日の日没までが一日と数えられるので、「過越祭の第一日」はまだ続いていることになる)、最高法院はイエスの身柄をローマのユダヤ総督ポンテオ・ピラトに引き渡す(マルコ一五1-5)。ちなみに、マルコ福音書にはその理由が記されていないが、ヨハネ一八31によると、ユダヤ当局には死刑の執行権がなかったことがその理由とされている。

ピラトは、祭司長たちの扇動による群衆の要求を容れ、イエスに十字架刑の判決を下す(マルコ一五6-15)。兵士たちはイエスを侮辱したあげく、十字架につけるために外へ引き出す(マルコ一五16-20)。

イエスは、次のようにして十字架につけられる(マルコ一五21-32)。

21そこへ、アレクサンドロとルフォスとの父でシモンというキレネ人が、田舎から
出て来て通りかかったので、兵士たちはイエスの十字架を無理に担がせた。22そして、
イエスをゴルゴタという所——その意味は「されこうべの場所」——に連れて行っ

た。23没薬を混ぜたぶどう酒を飲ませようとしたが、イエスはお受けにならなかった。
24それから、兵士たちはイエスを十字架につけて、
　その服を分け合った、
　だれが何を取るかをくじ引きで決めてから。
25イエスを十字架につけたのは、午前九時であった。26罪状書きには、「ユダヤ人の
王」と書いてあった。27また、イエスと一緒に二人の強盗を、一人は右にもう一人は
左に、十字架につけた。〔〝28こうして、「その人は犯罪人の一人に数えられた」とい
う聖書の言葉が実現した〟この節は後世の加筆として新共同訳でも本文から削除され
ている。〕29そこを通りかかった人々は、頭を振りながらイエスをののしって言った。
「おやおや、神殿を打ち倒し、三日で建てる者、30十字架から降りて自分を救ってみ
ろ」。31同じように、祭司長たちも律法学者たちと一緒になって、代わる代わるイエ
スを侮辱して言った。「他人は救ったのに、自分は救えない。32メシア、イスラエル
の王、今すぐ十字架から降りるがいい。それを見たら、信じてやろう」。一緒に十字
架につけられた者たちも、イエスをののしった。

そして、イエスの死にざまは、以下のごとくであった(マルコ一五33-41)。

33昼の十二時になると、全地は暗くなり、それが三時まで続いた。34三時にイエス
は大声で叫ばれた。「エロイ、エロイ、レマ、サバクタニ」。これは、「わが神、わが
神、なぜわたしをお見捨てになったのですか」という意味である。35そばに居合わせ
た人々のうちには、これを聞いて、「そら、エリヤを呼んでいる」と言う者がいた。
36ある者が走り寄り、海綿に酸いぶどう酒を含ませて葦の棒に付け、「待て、エリヤ
が彼を降ろしに来るかどうか、見ていよう」と言いながら、イエスに飲ませようとし
た。37しかし、イエスは大声を出して息を引き取られた。38すると、神殿の垂れ幕が
上から下まで直っ二つに裂けた。39百人隊長がイエスの方を向いて、そばに立ってい
た。そして、イエスがこのように息を引き取られたのを見て、「本当に、この人は神
の子だった」と言った。40また、婦人たちも遠くから見守っていた。その中には、マ
グダラのマリア、小ヤコブとヨセの母マリア、そしてサロメがいた。41この婦人たち
は、イエスがガリラヤにおられたとき、イエスに従って来て世話をしていた（「仕えて
いた」と訳すべき！）人々である。なおそのほかにも、イエスと共にエルサレムへ上
って来た婦人たちが大勢いた。

マルコ福音書の場合

まず、この「イエスの死」をめぐるマルコ福音書の本文を読み解くことにしよう。

33節――この現象が実際に起こったととれば、「日蝕説」が有力である。しかし、過越祭の第一日は春分にあたり、満月の頃であるから、気象学的にみても、この頃に日蝕は起こりえないし、それが三時間も続くはずがないのである。ここはやはり、イエスの死を終末の出来事ととり、「その日には……真昼の太陽が沈み、その日には地上で光が闇となるであろう」という聖書の預言（アモス書八9〔ギリシア語訳聖書からの私訳〕）が成就したという、受難物語作者による「イエスの死」の意味づけとみなすべきであろう。あるいは、マルコ福音書の読者ならば、イエス自身による「人の子」来臨に伴う天地異変の預言を想起するはずである。――「それらの日（終末の日）には、このような苦難の後、太陽は暗くなり、月は光を放たず（イザヤ書一三10）、星は空から落ち、天体は揺り動かされる」（マルコ一三24-25）。

「エロイ、エロイ、レマ、サバクタニ」は、「わが神、わが神、なぜわたしをお見捨てになったのですか」を意味するアラム語である。ただし、これも、イエスが臨終に際して実際に語った言葉ととるよりも、イエスの苦難を「詩篇」の「義人」の苦難に重ねて解釈した物語作者によりイエスの口に入れられた言葉ととるべきであろう。実際に、詩篇二二篇はこの言葉ではじまる(詩篇二二2)。それだけではなく、「イエスの死」の前の文脈、すなわち先に引用したイエスが「十字架につけられる」場面の描写に、すでに二回、同じ詩篇二二篇と並行する文章が見出される。マルコ一五24――「それから、兵士たちはイエスを十字架につけて、その服を分け合った、だれが何を取るかをくじ引きで決めてから」(詩篇二二19参照)。マルコ一五29――「そこを通りかかった人々は、頭を振りながらイエスをののしって言った」(詩篇二二8参照)。

なお、この詩篇二二篇で「苦難の義人」は、確かにその冒頭で神に向かい、「なぜわたしをお見捨てになるのか」と嘆き、この嘆きをその後も繰り返しているが、一見神に見捨てられつつも、実際には神に、そして神にのみ依り頼み(詩篇二二4-6)、究極的には神を信頼しつつ、この「嘆きの歌」を終えている。ここから多くの学者たちや文学者たち(日本では内村鑑三や遠藤周作)は、マルコ一五34でも、イエスは神に見捨てられながらも、究極的には――ルカ二三46のごとく(ここでイエスは、「父よわたしの霊を御手にゆだねます」と叫んで息を引き取っている)――神に全幅の信頼を置いて、静かに死についた、と想定している。確かにイエスはここで、神にさえ見捨てられるという孤独感にとらわれながらも、なおかつ、「わが神、わが神」と神に呼びかけ、神に祈っている。絶望はしているが、神を呪ってはいない。

しかし、私はここに神への信頼を読み込んで、イエスの死に対する、マルコとルカの解釈上の差異を曖昧にしてはならないと思う。マルコ福音書の場合、イエスは、人間からだけではなく、神からさえ見捨てられたという徹底した孤独感をもって、いわば非業の死を遂げたのである。たとえ詩篇二二篇を口にしたとしても、神への絶望を言い表す冒頭の句しか口にすることができなかったのである。「他人は救ったのに、自分は救えない」(マルコ一五31)、そのような最も惨めな死にざまをしたからこそ、それを見て、ローマの百人隊長が「本当に、この人は神の子だった」と告白したのである(マルコ一五39)。34節のイエスの最期の言葉に神への信頼を読み込んでは、最も惨めな存在こそが最も尊い存在であるという、マルコ福音書に固有な「神の子」イエスの逆説が生きてこないのである。

それはともかくとして、35節にもどると、この言葉を聞いて、「エリヤを呼んでいる」と誤解した者がいたという。「エロイ、エロイ」を「エリヤ」と聞き違えた、というのであろう。しかし、もしそうだとすれば、詩篇二二2をアラム語ではなく、ヘブライ語で唱えたほうが、聞き違えの可能性が大きくなるはずである(ちなみに、ヘブライ語はイエス時代のユダヤ人にとって「聖書」の言語、いわば「古語」であった)。実際、マタイはその可能性を考慮してか、「エロイ、エロイ……」を「エリ、エリ、レマ、サバクタニ」とヘブライ語に直している(マタイ二七46)。

そもそも、「そばに居合わせた」ユダヤ人が、彼らの日常語でイエスが「エロイ、エロイ……」と叫んだのを、「エリヤ」と聞くなどということがありうるのであろうか。あるいは、彼らははじめからイエスをなぶり物にするために(前の文脈の一五29-32の言葉、後の文脈の一五36〔この句についてはすぐあとで説明する〕参照)、「エリヤ」と聞き違えたふりをした、というのであろうか。あるいは、イエスが呼んだのは、「エリヤ」ではなく「エロイ」、つまり「神」であることを明確化し、それを「エリヤ」と誤解してイエスを揶揄したユダヤ人と、このイエスを「神の子」と告白したローマの百人隊長とのコントラストを、受難物語作者が際立たせようとしたのであろうか。

いずれにしても、列王記下二11によれば、預言者エリヤは天に上って行ったので、ユダヤ教の伝説によれば、天上で祝福を受けている人々の間に留まり、地上にあるユダヤ人が困窮に陥っているとき、救助に出現するといわれていた。

だから36節によれば、エリヤがイエスを助けに来て彼を十字架から降ろすかどうか見ていよう、ということで、ある者がイエスに酸いぶどう酒を飲ませようとした。渇く者に、水ではなく酢を飲ませようとするのは、詩篇六九22からみて、イエスを「侮辱する」行為(マルコ一五31)の繰り返しであろう(ルカ三三36では、このことが明記されている。ただし、岩波版、六九頁、注六によれば、「ここではイエスの末期を長引かせる、気付け薬的役を果たす」)。

他方、マルコ福音書の読者からみれば、このようなユダヤ人の行為ははじめから虚しいはずである。なぜなら、九13で、イエス自身が、すでに「エリヤは来た」と断言しており、続いて「人々は〔彼を〕好きなようにあしらった」と言って、ガリラヤの領主ヘロデ・アンティパスによって斬首された「洗礼者ヨハネ」が再来のエリヤであることを示唆しているからである(マルコ六14-29)。

37節――「イエスは大声を出して息を引き取られた」。この「大声」を、34節の場合と共に、終末の時に上げられる、「勝利者」の「雄叫び」ととる黙示文学的解釈がある。あるいは、ここでも詩篇二二篇を前提し、この「大声」を「苦難の義人」の「嘆きの声」と重ねる学者もいる(詩篇三一3、6、25。詩篇二七7、詩篇六九4をも参照)†1。

しかし私には、これを、史上最も残酷な処刑法といわれる十字架刑にかけられて最期の息を引き取ろうとしている孤独な存在の凄絶な呻き声ととったほうが自然に思われる。しかも、そのほうが、マルコ福音書のコンテキストからみれば、39節のローマの百人隊長による「神の子」告白の逆説性を際立たせるのではなかろうか。

38節――「神殿の垂れ幕」とは、エルサレム神殿の「聖所」と「至聖所」の間を隔てる帳で、パウロの名によって書かれた「エフェソ人への手紙」二14の「敵意という隔ての壁」がこれの象徴的表現である。この「垂れ幕」が「上から下まで真っ二つに裂けた」とは、イエスの死によってユダヤ教の神殿祭儀に終止符が打たれたことを示唆するものである。マルコ福音書の読者ならば、一五29におけるイエスに対するユダヤ人の嘲笑の言葉を思い出し、さらに、一四57-58におけるイエスに対するユダヤ人の「偽証」、そして一三2におけるイエス自身による「神殿崩壊の予告」を思い起こすであろう。本書の読者には、第一八講にテーマとした、イエスによる「神殿粛正」の場面(マルコ一一15-19)を想起していただきたい。こうしてみると、マルコは、この一五38の記事を前もって周到に用意してきたとみてよいであろう。マルコ福音書の初読者は、いずれにしてもこれを、紀元七〇年のローマ軍によるエルサレム神殿破壊に結びつけ、その「予徴」としてこれを読んだであろう。

39節——ローマの百人隊長が、このようにしてイエスが息を引き取ったのを見て、「本当に、この人は神の子だった」と告白した。当時エルサレムには、ローマ軍団と共にローマのユダヤ総督が常駐していたカイサリアから、一個大隊(いわゆる「千人隊」)が派遣されていた。その長が「千人隊長」であるが(ヨハネ一八12、使徒行伝二一31)、「百人隊長」はこれに次ぐ地位にあった、小隊(いわゆる「百人隊」)の長である。あとの文脈(マルコ一五44-45)から判断すると、彼はイエス処刑の責任者であったようである。しかし、この場面で「百人隊長」に言及した際のマルコの関心は、もっぱら、この場面で、つまりイエスの死にざまを眼前にして、はじめてイエスが、人により、しかもローマ軍の隊長によって、「神の子」と告白されたことに読者の注意を向けることである。

マルコ福音書は、「神の子イエス・キリストの福音の初め」という言葉をもって書き出されていた。そして、イエスが洗礼者ヨハネによって洗礼を受けたとき(マルコ一11)、あるいは、山上でイエスの姿が変わったとき(マルコ九7)、天から、または雲の中から、「わたしの愛する子」という声がした、といわれる。他方、第一四講で言及したように、悪霊がイエスを「神の子」と認めていた(マルコ三11)。しかし、イエスは悪霊に対し、そのことを公にしないようにと戒めているし(マルコ三12)、彼が変容の場面で雲の中から「わたしの愛する子」といわれたことも、復活の日までだれにも言わないようにと、弟子たちに命じている(マルコ九9)。また、イエスは奇跡を行ったのち、多くの場合、それをだれにも話さないようにと、命じている(マルコ一44、五43、七36)。

同様のことが、イエスに対するペトロの「キリスト告白」の場面にも妥当する。イエスは、自分についてだれにも話さないようにと、弟子たちに戒めている(マルコ八30)。しかも、その直後にペトロは、イエスの十字架への道行きを遮ったため、イエスによって「サタン」呼ばわりされていた(マルコ八33)。他方、このペトロとは対照的に、イエスの頭に「共苦のしるし」として油を注ぎ、身をもって「キリスト告白」をしたベタニアの女は、イエスにより、「はっきり言っておく。世界中どこでも、福音が宣べ伝えられる所では、この人のしたことも記念として語り伝えられるだろう」と最大限の称賛を受けている(マルコ一四9)。

こうしてみると、マルコによれば、イエスが人によって「神の子」と認められるのは、イエスが本質的に「神の子」であることを、超地上的存在(「天」、「雲」、「悪霊」)から開示され、それを自らの奇跡行為により証明したからでは必ずしもない。そうではなくて、何よりもイエスが、地上にあって「律法を知らない」「不浄な民」として差別され「呪われている」民衆の位置に立ち、否、むしろ自ら「呪い」となって十字架にかけられ(ガラテヤ三10-13参照)、人にも神にも見捨てられ、孤独の中に凄絶な死を遂げたがゆえにこそ、「神の子」として受容されたのである。

しかもそのことは、ペトロをはじめとするイエスの弟子によってではなく、ユダヤ人あるいはユダヤ人キリスト者にとって「敵」であるローマ軍の隊長によって、はじめて告白された。こうして「神の子イエス・キリストの福音」は、十字架によって敵意を滅ぼし(エフェソ二16)、民族主権主義を超えて万民のものとなる。――私どもは39節から、このようなマルコのメッセージをこそ聴きとるべきであろう。

最後にマルコは、40-41節で、十字架上のイエスを「遠くから見守っていた」女たちに言及して、イエスの死の描写を結んでいる。このうち、40節は伝承にさかのぼるであろう。

マルコ福音書とは文書的依存関係にはないヨハネ福音書にも、十字架の下に立つ女たちのさまが描かれており、少なくとも「マグダラのマリア」は両福音書で共通して見出されるからである(ヨハネ一九25-27。もっともここにはイエスの「愛する弟子」もいる。これは明らかにヨハネの挿入)。

ただし、マルコ一五40の「遠くから」はマルコの加筆である可能性がある。ペトロが「遠くから」(新共同訳の「遠く離れて」は意訳)イエスに従い、大祭司の屋敷の中庭まで入った様子(マルコ一四54)と、十字架上のイエスを「遠くから見守っていた」女たちの様子を、マルコは並行関係に置いているのだろうか。もしそうだとすれば、マルコは女たちにもペトロと同様な「弱さ」を認めていることになる。

それはともかくとして、次の41節は、明らかにマルコの編集句である。とくに、彼女らは、「イエスがガリラヤにおられたとき、イエスに従って来て仕えていた(新共同訳のように「世話をしていた」と訳すべきではない! 理由は後述)人々である」の一句には、イエスがガリラヤからエルサレムに向かう途上で提示した「弟子」たるべき者の条件、すなわち、イエスに十字架を背負って「従う」こと(マルコ八34)と「仕える」こと(マルコ九35、一〇43)を、男弟子たちではなく、女たちが満たした、というマルコのメッセージが込められている。しかも、この「従って」「仕える」ようにとの戒めは、いずれも、三回にわたるイエスによる「受難・復活予告」(マルコ八31、九31、一〇33‐34)のあとに置かれていた。とすれば、第一の「予告」の後にイエスが「弟子たちと共に呼び寄せて」「信従」を説いた「群衆」(マルコ八34)の中に、さらに第三の「予告」に先立って言及されている、「弟子たち」と共にイエスに「従う者たち」(マルコ一〇32)の中に、女たちがいたことを、マルコは前提していることになろう(だから、女たちはまことの「弟子」としてイエスに「仕えていた」〔岩波版〕のであって、イエスの身のまわりの「世話をしていた」のではない！)。

いずれにしても、マルコ福音書の受難物語は、イエスに「共苦のしるし」をささげたベタニアの女と、十字架に至るまでイエスに従って仕えた女たちで挟まれ、その中にイエスを裏切った、あるいはイエスから離反した男弟子たちが配されている。これは女と男の「明暗」のコントラストを際立たせる文学的手法でなくて何であろうか。

以上私どもは、マルコ福音書の受難物語における「イエスの死」の描写とその意味づけを読み解いてきた。これを他の三福音書と比較すると、「イエスの死」に至る経過は四福音書でほぼ一致しているのに(ただし、その日付は――すでに第二二講で指摘したように――共観福音書とヨハネ福音書とでは一日ずれている)、「イエスの死」の意味づけをめぐっては、四福音書にかなりの差異が見出される。それが最も明瞭に読み取れるのは、十字架上で発したイエスの最期の言葉と百人隊長の告白の内容からである。

†1　大貫隆(『イエスという経験』二一五頁)はこれを次のように解釈している。

むしろイエスの最期の絶叫は、文字通り、神への懸命な問いだったのだ。「なぜ自分は『神の国』の実現を見ることなく、かくも残虐な形で殺されなければならないのか」「俺は一体何だったのか」「俺のすべての働きは何のためだったのか」。イエスがこれまで「神の国」について編み上げ、それによって自分のすべての言動を意味づけてきたイメージ・ネットワークが今破裂してしまった。イエスの最期の絶叫はその破裂の叫びだったのだ。イエスは、遠藤周作が言うような予定の死を死んだのではない。覚悟の死を死んだのでもない。自分自身にとって意味不明の謎の死を死んだのである。否、謎の殺害を受けたのである。

マタイ、ルカ、ヨハネ福音書の場合

もっとも、マタイ福音書でイエスが最期に語る言葉は、マルコ福音書の場合と同一である(ただしマタイ二七46のイエスの言葉「エリ、エリ、レマ、サバクタニ」は、すでに指摘したように、アラム語ではなくヘブライ語)。また、百人隊長の告白の文言も、マルコ福音書の場合と同一である。しかし、百人隊長による「神の子」告白の動機が、マルコ福音書の場合とは異なっている。――「百人隊長や一緒にイエスの見張りをしていた人たち」は、イエスの死と共に「地震が起こり、岩が裂け、墓が開いて、眠りについていた多くの聖なる者たちの体が生き返った」などの終末的出来事を「見て、非常に恐れ」、「本当に、この人は神の子だった」と告白しているのである(マタイ二七51-54)。

ルカ福音書の場合は、イエスは、「父よ、わたしの霊を御手にゆだねます」と叫んで、息を引き取る(ルカ二三46)。ここでイエスは、神に対する徹底的信頼を表明し、静かに神に己が霊を委ねるのである。他方、百人隊長は、この出来事を見て、「本当に、この人は正しい人だった」と告白し、「神を賛美した」という(ルカ二三47)。イエスの奇跡を見て神を賛美するのは、とりわけルカ福音書の特徴である(ルカ七16、一七15、一八43、一九37。マルコ二8-9と比較せよ!)。またイエスを「正しい人」と呼ぶのは――(神から)「選ばれた者」という呼称同様に(ルカ九35)――ルカだけである(使徒行伝三14、七52)。要するに、ルカにとってイエスは、神から選ばれ、その意志に従順に従う、「正しい人」なのである。

ちなみにルカは、女たちについては、短く次のように言及するだけである。――「イエスを知っていたすべての人たちと、ガリラヤから従って来た婦人たちとは遠くに立ってこれらのことを見ていた」(ルカ二三49)。しかし、この短い記事の中で、ルカはマルコ一五40-41に重大な加筆をしている。それは、女たちと共に、「イエスを知っていたすべての人たち」がいた、ということである。ルカは、この「人たち」の中に「弟子たち」もいたことを示唆しようとしている。実際ルカは、「弟子たちは皆、イエスを見捨てて逃げてしまった」

というマルコの記事（マルコ一四50）をその並行記事（ルカ二三47―53）において削除している。第二一講で確認したように、ルカはマルコ福音書で受難物語の冒頭に編まれている「ベタニアの女の油注ぎ」の物語を、受難物語の文脈からはずしていた。

ルカは――多くの男性新約聖書学者が主張するごとき――「女性の福音書記者」などではないのである。

最後に、ヨハネ福音書において、イエスの最期の言葉は、「渇く」（ヨハネ一九28）と「成し遂げられた」（ヨハネ一九30）である。ヨハネによれば、イエスの死は、父なる神により子なるイエスに行うように与えられたすべての業が成し遂げられ（ヨハネ一七4）、併せて、聖書の言葉――詩篇六九22「人はわたしに苦いものを食べさせようとし、渇くわたしに酢を飲ませようとします」――が実現された「時」（ヨハネ一七1）なのである。

要するに、イエスの最期の言葉や百人隊長の告白が福音書によって異なるのは、そこに各福音書記者に固有な「イエスの死」の意味づけ、つまりイエス・キリスト理解が表出されているからである。

あなたならば、「イエスの死」をどのように意味づけるであろうか。

引用文献

荒井英子『弱さを絆に――ハンセン病に学び、がんを生きて』教文館、二〇一〇年
荒井献『イエスとその時代』岩波新書、一九七四年(第二八刷＝二〇〇七年)
――「『同伴者』イエス――『いなくなった羊の譬え』の伝承史的考察から」(『「同伴者」イエス――小論・講演集』新地書房、一九八五年および『荒井献著作集』第八巻、岩波書店、二〇〇一年所収)
――『新約聖書とグノーシス主義』岩波書店、一九八六年
――「Q資料におけるイエスの譬の特徴」(同右および同右『著作集』第四巻、二〇〇一年所収)
――「イエスの諸像と原像――いなくなった羊の譬の伝承史的・編集史的考察」(同右および同右『著作集』所収)
――「理念としての『貧者』――福音書・行伝記者ルカの『罪人』理解をめぐって」(同右および同右『著作集』第三巻、二〇〇一年所収)
――『新約聖書の女性観』岩波書店、一九八八年(第七刷＝二〇〇六年)
――『トマスによる福音書』講談社(学術文庫)、一九九四年(第一八刷＝二〇〇七年)

――『聖書のなかの差別と共生』岩波書店、一九九九年(第三刷＝二〇〇〇年)
――「聖書のなかの差別と共生――『よきサマリア人の譬』によせて」(同右所収)
――「女たちの沈黙――マルコ福音書一六章8節に関する『読者』の視点からの考察」(同右所収)
――「『野の花』はあざみ――イエスの自然観によせて」(同右所収)
――「神と人間と自然」(同右所収)
――「『男も女も』――ルカの女性観再考」(同右所収)
――「『皇帝のもの』『神のもの』そして『私のもの』――マルコ福音書一二章17節とトマス福音書・語録一〇〇」(同右所収)
――『イエス・キリスト(上)――三福音書による』講談社(学術文庫)、二〇〇一年(第四刷＝二〇〇六年)
――『イエス・キリスト(下)――その言葉と業』講談社(学術文庫)、二〇〇一年(第二刷＝二〇〇四年)
――「憐れみ――女と男の視点から」(『イエスと出会う』岩波書店、二〇〇五年所収)
――「『小さくされた者たち』の共同体――『原始キリスト教における家の教会』と宣教」(『初期キリスト教の霊性』岩波書店、二〇〇九年所収)
――・嘉門安雄監修『絵伝イエス・キリスト』小学館、一九八八年
井上洋治『福音書をよむ旅』日本放送出版協会、一九九四年

岩波版『新約聖書』新約聖書翻訳委員会訳、岩波書店、二〇〇四年（第五刷＝二〇〇八年）
岩波版『旧約聖書Ⅰ　律法』旧約聖書翻訳委員会訳、岩波書店、二〇〇四年
大江健三郎・江川卓「古典はどうしてもおもしろい」（『八事《やごと》』（中京大学評論誌）第五号、一九八九年所収）
大田堯『国連子どもの権利条約を読む』岩波書店、一九九〇年
大貫隆『福音書研究と文学社会学』岩波書店、一九九一年
――「ヨハネ福音書における『しるし資料』――様式史的考察」（同右所収）
――「初期キリスト教における信仰と自然」（『神の国とエゴイズム――イエスの笑いと自然観』教文館、一九九三年所収）
――「〝我が父よ〟――隠喩的真理の回復のために」（『隙間だらけの聖書――愛と想像力のことば』教文館、一九九三年所収）
――『イエスという経験』岩波書店、二〇〇三年
小口偉一・堀一郎監修『宗教学辞典』東京大学出版会、一九七三年
川島重成『イエスの七つの譬え――開かれた地平』三陸書房、二〇〇〇年
――「一つのものと多くのもの――ルカ福音書一〇38-42におけるマルタとマリア」（『ペディラヴィウム』51、二〇〇〇年所収）
絹川久子『女性たちとイエス――相互行為的視点からマルコ福音書を読み直す』日本基督教団出版局、一九九七年

栗林輝夫『荊冠の神学――被差別部落解放とキリスト教』新教出版社、一九九一年
阪口吉弘『ラビの譬え イエスの譬え』日本基督教団出版局、一九九二年
シュスラー・フィオレンツァ、E『彼女を記念して――フェミニスト神学によるキリスト教起源の再構築』山口里子訳、日本基督教団出版局、一九九〇年
新共同訳『聖書』日本聖書協会、一九八七年
田川建三『新約聖書 訳と註 1 マルコ福音書／マタイ福音書』作品社、二〇〇八年
日本聖書学研究所編『聖書外典偽典 別巻 補遺II』教文館、一九八二年
日本聖書学研究所編『死海文書――テキストの翻訳と解説』山本書店、一九九三年
ハルニッシュ、W『イエスのたとえ物語――隠喩的たとえ解釈の試み』廣石望訳、日本基督教団出版局、一九九三年(Harnisch, W., *Die Gleichniserzählungen Jesu. Eine hermeneutische Einfühlung.* 2. Aufl., Göttingen 1990)
堀田雄康「姦淫の女」(前掲荒井・嘉門監修『絵伝イエス・キリスト』所収)
モルトマン゠ヴェンデル、E『イエスをめぐる女性たち――女性が自分自身になるために』大島かおり訳、新教出版社、一九八二年
――『乳と蜜の流れる国――フェミニズム神学の展望』大島かおり訳、新教出版社、一九八八年
山口里子『マルタとマリア――イエスの世界と女性たち』新教出版社、二〇〇四年
山本将信「信徒と牧師の対話――悪霊につかれたゲラサ人をめぐって」(富坂キリスト教セン

ター編『心の病いとその救い』新教出版社、一九九一年所収)

初版「あとがき」より

昨年〔一九九三年〕の四月から九月まで半年間、NHK「こころをよむ」のシリーズ(ラジオ第2放送、日曜日、午前一一時〜一一時四五分)で、私は「イエス・キリストを語る」というタイトルのもとに放送を担当した。本書は、その際にテキストとして出版された『イエス・キリストを語る』上下二巻にさかのぼる。

ただし、本書は右の上下二巻の単なる合本ではない。誤植・誤記などの訂正はもちろんのこと、なお難解と思われる用語や文章は、より平易な表現に書き替えられている。さらに本書では、新たに注欄が設けられ、学術用語や専門用語には注が付されている〔ただし、本巻では、脚注の多くが本文の中に組み込まれている〕。

もう一つ特記すべきは、本書のために――放送用テキストの段階では無かった――新しいテーマをめぐる文章が書き下ろされたことである。それは第七講「空の鳥、野の花――山上の説教(6)」にあたる。ここで私は、ルカ福音書一二章二二―三二節を読み解きながら、イエスの自然観を論じた。放送用テキストあるいは本書で言及したように、私は「歴史的研究を踏まえながらも、イエスあるいはイエス・キリスト理解の意味を、現代に生きる読者に伝達しようと願っている」。とすれば、極めて現代的問題の一つである「キリスト教とエコロジー」にかかわるテーマをイエスによせて論ずる必要があるのではないか、と改めて思った次第である。

私の放送の最終回(昨年の九月二六日)に私は放送を終わるにあたって、アドリブで左記のような感謝の言葉を語ったと記憶している。

最後に、この六か月間、二六回にわたる私の「イエス・キリスト」についての語りに、予想以上の多くの方々が、あるいは電話で、あるいは手紙で、積極的反応を寄せてくださったことに対し、ここで心から感謝申し上げます。その一つ、家庭裁判所で調査官をされている未知の男性からいただいた長文の手紙は、ことのほか私にとって励ましとなりました。この方はお手紙の一部に次のように書いておられます。

「先生のお話は……大変な衝撃を私に与えました。同時に、これは大変なことを聞いてしまったものだという戸惑いさえ含んだ複雑な思いや感情にとらわれています。先生は『聖書をあなたはどのレベルで読み取るのか。』『イエスはあなたに問われている。あなたはどう答えるのか。』といわれています。

先生のお話しぬきにキリスト教を考えられなくなってしまいました。此の考察を知らないといえなくなりました。これから自分が安全なところにいて、批判だけしているわけにいかなくなりました。」

私が放送に込めた思いをここまで的確に受けとめられた聴取者がおられたことを知り、私は心から感謝すると共に、私のこれからの学問と信仰の道に対する激励として受けとらせていただきます。

私の放送に対して積極的反応が圧倒的に多かったことは事実である(たまたま乗ったタクシーの運転手の方から、「先生の放送を毎回楽しみにして聴いています」と言われ、驚いてしまったことが二度もある)。ただし、大変興味深いことに、このような好意的反応を寄せてくださった方の多くは、いわゆる「クリスチャン」ではない。「クリスチャン」の反応は総じて——もちろん例外もあるが——「先生の話は相変らず難しい」というものである。しかも、一件ではあるが、おそらく篤信のクリスチャンと思われる方から、私の勤務大学と所属教会に抗議の電話があったという。——聖書の記事のすべてを必ずしも事実ととらない私は、聖書を冒瀆するものだ、というのである。このような「原理主義者」

的拒絶反応に対しては、私は本書を、とりわけ「序」の部分を、虚心に読み直してほしい、としか言いようがない(と言っても無理であろうか?)。

最後に、本書のタイトルについて一言させていただく。このタイトルをめぐっては、私とNHK出版との間に何度もやりとりがあったが、最終的には、私の提案を容れて「問いかけるイエス」に決まったのである。

これは小著『イエスとその時代』(第一刷・一九七四年、岩波新書)以来の私の持論であるが、私見によればイエスは、完結した思想体系を人に押しつける形で教示することはしない。「神の国」の「たとえ」やそれを示唆する象徴行動などに典型的に現れているように、その教えのみならず振舞いをも、相手に対する「問いかけ」として提示している。しかも、この「問いかけ」に対する答えを自ら提出することはせず、それへの応答をむしろ相手に、その主体性と責任において提示するように促すのが、イエスの言行の特徴なのである。イエスの言葉や行動に関する伝承は、おそらく生前のイエスの問いかけに対する応答として形成され、言い伝えられたのであり、マルコ、マタイ、ルカ、ヨハネなどの福音書記者も、彼らが資料として採用した伝承や既存の福音書を介して、問いかけるイエスに対する応答の業として、それぞれの福音書を編んだのである。

もしそうだとすれば、本書における私自身による福音書の読み解きも、その過程においいて出会うイエスの問いかけに対する私自身の応答の試みということになろう。ここから必然的に、本書の読者に対する私の願いは、本書を一つの手掛りとして「問いかけるイエス」に出会っていただきたいということであり、できれば読者の一人ひとりが自らの主体性と責任においてイエスの問いかけに応えてほしいということである。

荒井　献

一九九四年

岩波現代文庫版あとがき

拙著『問いかけるイエス――福音書をどう読み解くか』(日本放送出版協会、第一刷・一九九四年、第五刷・二〇〇三年)は、その第四刷(一九九七年)が、改訂増補の上、『荒井献著作集』第二巻(岩波書店、二〇〇一年)に収録されている。本書はこの岩波版『著作集』を基礎としている。ただし、タイトルが「イエス・キリストの言葉――福音書のメッセージを読み解く」に変えられ、内容もこのタイトルに合わせて再編・改訂増補されている。

具体的には、底本全二七講のうち直接イエス・キリストの言葉を読み解いている二三講を本書に収録し、その他の四講(底本の第二、一七、一八、二七講)を削除して、全体がタイトルにふさわしくなるように再編した。聖書からの引用は、本書でも、底本におけると同じように、原則として新共同訳を用いているが、この間に一本として公刊された岩波版『新約聖書』を必要に応じて参照している。「読み解き」に用いた同時代史的データのうち古くなったものは新しいものに替えた。また、この間に出版された関係文献を追加し、その中でもとりわけ拙著に加えられた批判には、できうる限り、補注あるいは[追記]を付して応答を試みている。

拙著の内容は、もともと――本書にも収録した初版「あとがき」に記したように――NHKラジオの教養講座で放送されたものなので、筆者の著書の中では比較的にコンパクトで読みやすいこともあって、大学に在職中には「キリスト教概論」の講義に、退職後は「公開講座」や「生涯学習講座」に、それぞれテキストとして使用した。この間長期にわたり聴講者と豊かな質疑応答を繰り返したが、その成果も本書に反映するように試みた。熱心な学生・聴講者諸氏には深く感謝している。

本書の現代文庫入りを提案され、厄介な編集の労をとって下さった岩波書店現代文庫編集部の中西沢子さんには心から感謝しています。

二〇〇八年　待降節

荒井　献

本書は『問いかけるイエス――福音書をどう読み解くか』（一九九四年三月、日本放送出版協会）として刊行され、『荒井献著作集2 イエス・キリストと現代』（二〇〇二年一月、岩波書店）に収録されたものより、第二・一七・一八・二七講を省略し、再編・改訂増補した新編集版である。

底本には著作集版を使用した。

イエス・キリストの言葉
—福音書のメッセージを読み解く

2009年3月17日　第1刷発行
2024年6月5日　第5刷発行

著　者　荒《あら》井《い》　献《ささぐ》

発行者　坂本政謙

発行所　株式会社　岩波書店
〒101-8002 東京都千代田区一ツ橋 2-5-5

案内 03-5210-4000　営業部 03-5210-4111
https://www.iwanami.co.jp/

印刷・精興社　製本・中永製本

ISBN 978-4-00-600213-8　Printed in Japan

岩波現代文庫創刊二〇年に際して

二一世紀が始まってからすでに二〇年が経とうとしています。この間のグローバル化の急激な進行は世界のあり方を大きく変えました。世界規模で経済や情報の結びつきが強まるとともに、国境を越えた人の移動は日常の光景となり、今やどこに住んでいても、私たちの暮らしは世界中の様々な出来事と無関係ではいられません。しかし、グローバル化の中で否応なくもたらされる「他者」との出会いや交流は、新たな文化や価値観だけではなく、摩擦や衝突、そしてしばしば憎悪までをも生み出しています。グローバル化にともなう副作用は、その恩恵を遥かにこえていると言わざるを得ません。

今私たちに求められているのは、国内、国外にかかわらず、異なる歴史や経験、文化を持つ「他者」と向き合い、よりよい関係を結び直してゆくための想像力、構想力ではないでしょうか。

新世紀の到来を目前にした二〇〇〇年一月に創刊された岩波現代文庫は、この二〇年を通して、哲学や歴史、経済、自然科学から、小説やエッセイ、ルポルタージュにいたるまで幅広いジャンルの書目を刊行してきました。一〇〇〇点を超える書目には、人類が直面してきた様々な課題と、試行錯誤の営みが刻まれています。読書を通した過去の「他者」との出会いから得られる知識や経験は、私たちがよりよい社会を作り上げてゆくために大きな示唆を与えてくれるはずです。

一冊の本が世界を変える大きな力を持つことを信じ、岩波現代文庫はこれからもさらなるラインナップの充実をめざしてゆきます。

（二〇二〇年一月）

G457
現代《いま》を生きる日本史
須田努
清水克行

縄文時代から現代までを、ユニークな題材と最新研究を踏まえた平明な叙述で鮮やかに描く。大学の教養科目の講義から生まれた斬新な日本通史。

G458
小国
―歴史にみる理念と現実―
百瀬宏

大国中心の権力政治を、小国はどのように生き抜いてきたのか。近代以降の小国の実態と変容を辿った出色の国際関係史。

G459
〈共生〉から考える
―倫理学集中講義―
川本隆史

「共生」という言葉に込められたモチーフを現代社会の様々な問題群から考える。やわらかな語り口の講義形式で、倫理学の教科書としても最適。「精選ブックガイド」を付す。

G460
〈個〉の誕生
―キリスト教教理をつくった人びと―
坂口ふみ

「かけがえのなさ」を指し示す新たな存在論が古代末から中世初期の東地中海世界の激動のうちで形成された次第を、哲学・宗教・歴史を横断して描き出す。〈解説〉山本芳久

G461
満蒙開拓団
―国策の虜囚―
加藤聖文

満洲事変を契機とする農業移民は、陸軍主導の強力な国策となり、今なお続く悲劇をもたらした。計画から終局までを辿る初の通史。

2024. 5

G462
排除の現象学
赤坂憲雄

いじめ、ホームレス殺害、宗教集団への批判——八十年代の事件の数々から、異人が見出され生贄とされる、共同体の暴力を読み解く。時を超えて現代社会に切実に響く、傑作評論。

G463
越境する民
近代大阪の朝鮮人史
杉原達

暮しの中で朝鮮人と出会った日本人の外国人認識はどのように形成されたのか。その後の研究に大きな影響を与えた「地域からの世界史」。

G464
越境を生きる
ベネディクト・アンダーソン回想録
ベネディクト・アンダーソン
加藤剛訳

『想像の共同体』の著者が、自身の研究と人生を振り返り、学問的・文化的枠組にとらわれず自由に生き、学ぶことの大切さを説く。

G465
我々はどのような生き物なのか
—言語と政治をめぐる二講演—
ノーム・チョムスキー
福井直樹
辻子美保子編訳

政治活動家チョムスキーの土台に科学者としての人間観があることを初めて明確に示した二〇一四年来日時の講演とインタビュー。

G466
ヴァーチャル日本語 役割語の謎
金水敏

現実には存在しなくても、いかにもそれらしく感じる言葉づかい「役割語」。誰がいつ作ったのか。なぜみんなが知っているのか。何のためにあるのか。〈解説〉田中ゆかり

岩波現代文庫[学術]

G467

コレモ日本語アルカ？
―異人のことばが生まれるとき―

金水　敏

ピジンとして生まれた〈アルヨことば〉は役割語となり、それがまとう中国人イメージを変容させつつ生き延びてきた。〈解説〉内田慶市

G468

東北学／忘れられた東北

赤坂憲雄

驚きと喜びに満ちた野辺歩きから、「いくつもの東北」が姿を現し、日本文化像の転換を迫る。「東北学」という方法のマニフェストともなった著作の、増補決定版。

G469

増補 昭和天皇の戦争
―「昭和天皇実録」に残されたこと・消されたこと―

山田　朗

平和主義者とされる昭和天皇が全軍を統帥する大元帥であったことを「実録」を読み解きながら明らかにする。〈解説〉古川隆久

G470

帝国の構造
―中心・周辺・亜周辺―

柄谷行人

『世界史の構造』では十分に展開できなかった「帝国」の問題を、独自の「交換様式」の観点から解き明かす、柄谷国家論の集大成。佐藤優氏との対談を併載。

G471

日本軍の治安戦
―日中戦争の実相―

笠原十九司

治安戦(三光作戦)の発端・展開・変容の過程を丹念に辿り、加害の論理と被害の記憶からその実相を浮彫りにする。〈解説〉齋藤一晴

2024. 5

G472
網野善彦対談セレクション 1 日本史を読み直す
山本幸司編

日本史像の変革に挑み、「日本」とは何かを問い続けた網野善彦。多彩な分野の第一人者たちと交わした闊達な議論の記録を、没後二〇年を機に改めてセレクト。(全二冊)

G473
網野善彦対談セレクション 2 世界史の中の日本史
山本幸司編

戦後日本の知を導いてきた諸氏と語り合った、歴史と人間をめぐる読み応えのある対談六篇。若い世代に贈られた最終講義「人類史の転換と歴史学」を併せ収める。

G474
明治の表象空間(上) ―権力と言説―
松浦寿輝

学問分類の枠を排し、言説の総体を横断的に俯瞰。近代日本の特異性と表象空間のダイナミズムを浮かび上がらせる。(全三巻)

G475
明治の表象空間(中) ―歴史とイデオロギー―
松浦寿輝

近代の言説から既存の学問分類の枠を排し横断的に俯瞰。新たな輪郭線を描き出す。中巻では、進歩史観、システム、天皇制を論じる。

G477
シモーヌ・ヴェイユ
冨原眞弓

その三四年の生涯は「地表に蔓延する不幸」との闘いであった。比類なき誠実さと清冽な思索の全貌を描く、ヴェイユ研究の決定版。

2024.5